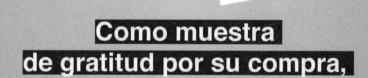

LA NATURALEZA
DE LA
DOCTRINA

Religión y teología
en una época postliberal

George A. Lindbeck

Editorial CLIE
www.clie.es

EDITORIAL CLIE
C/ Ferrocarril, 8
08232 VILADECAVALLS
(Barcelona) ESPAÑA
E-mail: clie@clie.es
http://www.clie.es

Publicado originalmente en inglés por Westminster John
Knox Press of Presbyterian Publishing Corporation bajo el
título *The Nature of Doctrine, 25th Anniversary Edition by
George Lindbeck*
© 2009 Westminster John Knox Press, Louisville, Kentucky.

Traductores al español: Roberto Casas y Deirdre Behal.

LA NATURALEZA DE LA DOCTRINA
ISBN: 978-84-16845-85-9
Depósito Legal: B 10469-2018
Teología cristiana
General
Referencia: 225052

Impreso en USA / *Printed in USA*

George A. Lindbeck

Profesor Emérito de la Cátedra Pitkin de Teología Histórica en Yale y mentor de muchas generaciones de estudiantes de esta universidad ha tenido una dilatada actividad docente en Yale durante más de cuatro décadas (desde 1951 hasta 1993). Este destacado teólogo luterano se Graduó en la Yale Divinity School en 1946 y obtuvo su doctorado en Religious Studies en esta misma universidad en 1955.

Nacido en 1923 e hijo de misioneros luteranos en China, llegó a los Estados Unidos a la edad de 17 años. Volcado en una intensa actividad ecuménica, fue enviado como observador por la Federación Luterana Mundial durante el Concilio Vaticano II. También fue miembro de los grupos de diálogo luterano/católico tanto a nivel nacional como internacional desde sus inicios hasta que dejó el cargo de co-presidente luterano del grupo internacional en 1987. Es miembro de la Academia Americana de las Artes y las Ciencias, recibió la Medalla Wilbur Cross de la Asociación de Antiguos Alumnos Graduados en Yale y en 2004 le fue concedido el Premio en Educación Teológica por los antiguos alumnos de Yale. Se le han concedido siete Doctorados Honoris Causa en EE.UU. y en otros países. Es autor de numerosos libros, entre los que cabe destacar *La naturaleza de la doctrina* (cuyo original es de 1984 pero que tuvo una edición conmemorativa en 2009 con motivo de los 25 años de su publicación) y, más recientemente, *The Church in a Postliberal Age* (*La Iglesia en una época postliberal*) (2002). Los autores que más han influido en su pensamiento han sido los también profesores en Yale Hans Frei, Paul Holmer y David Kelsey. Vive en West Burke, Vermont.

COLECCIÓN

BIBLIOTECA DE TEOLOGÍA ACTUAL

BTA

ÍNDICE

PRESENTACIÓN

UNA TRADUCCIÓN NECESARIA Y URGENTE

La mayoría de los libros sólo conocen una primera edición. Unos cuantos puede que sean reeditados varias veces. Pero sólo un reducido número llega a alcanzar la relevancia suficiente para que se celebre el aniversario de su publicación con una edición conmemorativa. Cuando esto ocurre, significa que esa obra se ha convertido en un verdadero clásico. *La naturaleza de la doctrina* pertenece a ese distinguido club. La edición que conmemora el 25º aniversario de su aparición, y que enriqueció la versión original con el prólogo que el propio Lindbeck escribió para la versión en alemán, un estudio introductorio del discípulo de Lindbeck Bruce D. Marshall y un epílogo también de Lindbeck, es la que ahora tenemos el honor de presentar al público hispanohablante.

La naturaleza de la doctrina vio la luz hace ya más de 30 años, en 1984, pero, no sólo no ha perdido vigencia, sino que su influencia en nuestros entornos teológicos más cercanos apenas está comenzando. No vamos a repetir lo que tanto Bruce Marshall como el propio George Lindbeck dirán más adelante sobre los avatares sufridos por el libro en su ya dilatada existencia. Ha sido, sin ningún género de dudas, la obra teológica más influyente del último tercio del siglo XX en el ámbito teológico anglosajón. No se puede entender la historia reciente de la teología en Norteamérica y Gran Bretaña sin acercarse mínimamente a este pequeño ensayo teológico. Lo sorprendente es que no se haya traducido antes. Esto se explica, en parte, porque en la teología continental en general la recepción de las ideas de Lindbeck ha sido escasa e intermitente. La traducción al alemán tardó ya una década en llegar (1994), y las versiones en francés e italiano son bastante más recientes (2003 y 2004 respectivamente). Sin embargo, el eco mundial de esta obra fue inmenso, llegando a ser traducida a lenguas tan poco comunes para un ensayo teológico como el chino o el japonés. El castellano era la única lengua relevante desde un punto de vista teológico a la que no se había traducido. No hay duda, por tanto, de que se trata de un vacío que era necesario rellenar cuanto antes.

Por otro lado, a la teología le está costando encontrar claves para dialogar con las corrientes filosóficas de las últimas décadas. Esta carencia es especialmente intensa en la teología de nuestros entornos culturales más cercanos. El libro que ahora ofrecemos proporciona valiosas claves para que la teología pueda recoger y utilizar las aportaciones más fructíferas de las corrientes filosóficas y antropológicas más recientes. En su contexto originario, esta fue una de las razones que convirtieron a esta obra en un verdadero revulsivo que convulsionó las bases sobre las que se suponía que se tenía que elaborar el pensamiento teológico, permitiendo abrir un nuevo camino que antes apenas se había explorado y que, tras *La naturaleza de la doctrina*, ha ido dejando un corpus teológico que ha alcanzado unas dimensiones considerables. Es, pues, realmente urgente que la teología realizada en los entornos hispanohablantes no pierda el tren del pensamiento que podríamos denominar, de un modo amplio, "postmoderno", como casi le ocurrió con el pensamiento de la Modernidad (como ejemplo del interés que empieza a despertar en nuestros contextos teológicos, hace muy poco, en 2015, se ha defendido en la Facultad de Teología de la Universidad de Comillas [Madrid] una tesis doctoral centrada en la teología postliberal que aborda parcialmente la figura de Lindbeck: Hugo F. Adán Fernández, *La articulación teológica contemporánea de la relación entre Escritura y Tradición. Las propuestas de George Lindbeck, Kevin Vanhoozer y Paul Avis*).

La labor concreta de traducir esta obra no ha sido una tarea fácil. El estilo literario de Lindbeck se caracteriza por una "austeridad estilística", como señala Bruce Marshall, que no hace apenas concesiones a la literatura, lo que exige al traductor una atención constante para evitar reiteraciones y frases confusas. Además, Lindbeck se refiere, a lo largo de una obra bastante corta, a una gran variedad de autores y disciplinas de pensamiento, lo que obliga al lector (y, por lo tanto, también al traductor) a un ejercicio continuo de ponerse al día con el conocimiento de tales referencias. En realidad, esto constituye una de las principales virtudes de este libro, que abre la reflexión teológica a las aportaciones de autores, disciplinas y ámbitos de conocimiento que, quizá, nunca habríamos imaginado que pudiesen incorporarse de este modo al pensamiento teológico.

Centrándonos en algunos aspectos específicos de esta traducción, conviene señalar, en primer lugar, que quizá sorprenda a los lectores socializados religiosamente en el catolicismo que Lindbeck, salvo cuando se refiere a alguna iglesia concreta o en citas literales, siempre escribe la palabra "iglesia" con minúsculas, opción que hemos respetado en esta traducción. Además, hay que advertir al lector que el inglés académico suele tener mucha más libertad que el castellano a la hora de crear palabras derivadas relativas a corrientes de pensamiento o planteamientos teóricos (por ejemplo, "anti-fundacionalismo", "cognitivismo", "experiencial-expresivismo", etc.). Por eso, siempre que ha sido posible, cuando aparecen estas palabras, que en castellano suelen tener una sonoridad un tanto desagradable, hemos procurado utilizar también alternativamente expresiones explicativas, para evitar cargar la redacción con estas palabras. En todo caso, siempre que hemos comprobado que cuentan con cierto uso académico, no hemos dejado de utilizarlas, aunque con una cierta sobriedad. Por otro lado, hemos realizado un importante esfuerzo para citar directamente de su traducción al castellano todas las referencias que provenían de obras que habían sido traducidas a esta lengua. Además, cuando la distancia entre su edición original y la traducción al castellano era significativa, hemos indicado también el año de su primera publicación. Por otro lado, las referencias bíblicas las hemos tomado de la Biblia de Jerusalén y las de la Suma Teológica de Tomás de Aquino de la edición de la Biblioteca de Autores Cristianos (Madrid) de 2001. El libro cuenta con una excelente bibliografía de Lindbeck y sobre él hasta su publicación, en 2009. Hemos añadido un puñado de obras que no habían sido incluidas en ella, pero nos hemos limitado a escritos publicados antes de la aparición de esta edición conmemorativa, para no adulterar la naturaleza de esa recopilación.

Esta traducción no habría sido posible sin la colaboración de muchas personas. Nos sentimos muy agradecidos a los profesores Miguel Ángel García Borts (Bilbao) y Néstor Artola (Colegio Santamaría, Portugalete) y al estudiante de postgrado Andoni Aguirre (Institut Superior de Ciències Religioses de Barcelona [ISCREB]) por haber leído partes del libro y por las valiosas sugerencias y correcciones que nos han ofrecido. Nos sentimos especialmente en deuda con el profesor Jokin Perea (Instituto Diocesano de Teología y Pastoral [Bilbao]), por su constante apoyo y orientación durante todo el proceso de redacción del texto y su generosa aportación a la hora de corregir y mejorar buena parte de la redacción final. También agradecemos la cercanía y disponibilidad mostrada por el profesor Bruce Marshall (Perkins School of Theology [SMU, Dallas]), ha sido de gran ayuda para traducir algunas partes especialmente difíciles del original. Mención especial merecen Alfonso Triviño y la Editorial CLIE por el entusiasmo que han compartido con nosotros a la hora de llevar adelante esta traducción. Comprendieron muy bien desde el principio la trascendencia de acercar, al fin, este paradigmático libro de George Lindbeck a los lectores de habla hispana. Guardamos un especial afecto a José Antonio Herrero, sin su incondicional apoyo y su generosa mediación este libro jamás habría visto la luz. Por último, esta obra no habría llegado a buen término sin la paciencia y el sostén incondicional de nuestras familias, sólo ellas saben lo que absorbe embarcarse en una empresa como esta.

Roberto Casas y Deirdre Behal

INTRODUCCIÓN

LA NATURALEZA DE LA DOCTRINA 25 AÑOS DESPUÉS

I

Ha pasado ya un cuarto de siglo desde que George Lindbeck publicara por primera vez *La Naturaleza de la Doctrina*[1]. Con el paso del tiempo, este pequeño escrito se ha revelado como uno de los trabajos más influyentes de la teología académica en inglés de los últimos 50 años. Sería difícil encontrar un teólogo en América del Norte o Gran Bretaña que no tenga una opinión sobre él, en muchos casos publicada, tal y como muestra la bibliografía del apéndice de esta edición conmemorativa. Se le atribuye a Lindbeck la creación de una nueva forma de hacer teología ("postliberalismo") o, junto con Hans Frei, la fundación de una nueva escuela teológica (llamada "de Yale", donde ambos enseñaron). En el fragmentado, incluso caótico, mundo de la teología anglófona contemporánea, *La Naturaleza de la Doctrina* es uno de los pocos libros del que prácticamente todo el mundo cree que debe saber algo.

Sin embargo, la influencia actual de Lindbeck ha traspasado las fronteras del mundo angloparlante. *La Naturaleza de la Doctrina* se ha traducido al alemán, algo poco usual para un libro de un teólogo americano y, algo todavía más inusual, al chino y al japonés. También se han publicado traducciones en francés e italiano[2]. La creciente difusión del libro ha hecho surgir una literatura

---

1. Esta introducción es una versión profundamente revisada de mi ensayo "Lindbeck Abroad", *Pro Ecclesia* 15, nº 2 (2006), pp. 223-241.

2. Para más detalles sobre la publicación de estas traducciones, véase 1984b en la bibliografía. Hasta donde yo sé, entre las principales lenguas teológicas en Europa, el castellano es la única en la que no se ha publicado aún una traducción.

sustancial y en aumento en torno a Lindbeck en las lenguas más importantes del pensamiento europeo, especialmente en inglés y alemán[3].

A ambos lados del Atlántico, *La Naturaleza de la Doctrina* parece haber prometido una manera de avanzar para la teología cristiana, tanto católica como protestante. En un temprano y, en general, elogioso artículo centrado en Lindbeck y el postliberalismo de 1990, el cardenal Walter Kasper (entonces obispo) señalaba el aire fresco que el proyecto de Lindbeck traía a su propio ámbito teológico:

> En la actual teología de lengua alemana las discusiones fundamentales se han vuelto escasas, y, cuando se producen, se han convertido en la mayoría de los casos en aburridos combates de trincheras de una guerra de posiciones entre conservadores y progresistas, o en escaramuzas de retaguardia de unas batallas hace tiempo libradas. Mientras tanto, en los Estados Unidos la escena teológica parece haberse puesto animadamente en movimiento. Allí se discuten con más naturalidad, y casi siempre más apolíticamente que entre nosotros, las aporías, más aún, la crisis en la que la moderna teología ha incurrido y se buscan salidas que no conduzcan a una restauración de la época precrítica, sino que lleven a una fase postcrítica, o sea, postliberal y postmoderna[4].

Algunos han sugerido que el libro pudiera ser un aliento de vida para las comunidades cristianas antiguas que ahora se desvanecen en la Europa postmoderna. El secularismo ha reducido la participación pública en la vida comunitaria cristiana a niveles que no se habían visto en Europa desde los días misioneros de la alta Edad Media, y la acomodación a una cultura hostil o indiferente ha alcanzado un punto donde un porcentaje notable de los pocos que aun van a la Iglesia manifiestan no creer en Dios. La sólida confianza de Lindbeck en la capacidad de la Iglesia para mantener un fuerte sentido de su propia identidad y tradición, aunque de una forma postmoderna y postconstantiniana, puede ser la respuesta teológica necesaria frente a esta nefasta situación[5].

Mirando atrás, no es difícil apreciar por qué el libro ha tenido tanto impacto. Su alcance es realmente amplio. Lindbeck proporciona explicaciones de

---

3. Véase la bibliografía.

4. Walter Kasper, "¿Una dogmática postmoderna?", *Communio* Vol. 12 II/90 (marzo/abril 1990), pp. 149-158. Para una evaluación reciente y equilibrada de la recepción de *La naturaleza de la doctrina* entre los teólogos católicos, véase Gilles Emery, OP, "L'intérèt de théologiens catholiques pour la proposition postlibérale de George Lindbeck", en Marc Boss, Gilles Emery y Pierre Gisel (eds.), *Postlibéralisme? La théologie de George Lindbeck et sa réception* (Ginebra: Labor et Fides, 2004), pp. 39-57.

5. Véase en particular Andreas Eckerstofer, *Kriche in der postmodernen Welt: Der Beitrag George Lindbeck zu ein neuen Verhältnisbestimmung* (Innsbruck y Viena: Tryolia-Verlag, 2001). Eckerstofer señala (p. 17) que el 10 por ciento de los que asisten semanalmente a la iglesia en Alemania confiesan no creer en la existencia de Dios –un porcentaje de ateos declarados que supera ligeramente el que se da en la población estadounidense en su conjunto.

la naturaleza de la religión, de la relación entre el cristianismo y otras religiones, de la doctrina cristiana y la resolución del conflicto doctrinal histórico entre las comunidades cristianas, y de la naturaleza y las tareas de la teología. Su tratamiento de estos temas teológicos básicos y extensos es admirablemente coherente, sin ser rígidamente prescriptivo o deductivo. Si tomamos en consideración cualquier punto, veremos claramente las conexiones que refuerzan sus vínculos mutuos con otros temas centrales. Las ideas de Lindbeck son, a su vez, sorprendentemente innovadoras. Su teoría cultural-lingüística sobre las religiones y sus pretensiones de verdad, su teoría regulativa de la doctrina cristiana, su enfoque postliberal de la teología, aunque inspirados por fuentes teológicas y extrateológicas que Lindbeck identifica, desbaratan las diferentes expectativas para pensar sobre estas cuestiones que eran habituales en la teología académica cuando el libro vio la luz. Lindbeck consigue todo esto en un volumen de menos de 150 páginas, escritas en un estilo denso pero accesible y libre de jerga, con la evidente intención de poder ser comprendido por sus lectores (hay que admitir que la brevedad y la claridad no son virtudes que se den habitualmente en los libros teológicos). Antes de *La Naturaleza de la Doctrina* Lindbeck era conocido fuera de su Yale nativo principalmente entre teólogos ecuménicos, en concreto por su trabajo en el diálogo luterano-católico. Este libro hizo de su autor uno de los teólogos más ampliamente comentados a nivel mundial.

Ser leído por muchos o ser influyente no es, por supuesto, lo mismo que estar de acuerdo con él. Buena parte de la recepción de *La Naturaleza de la Doctrina* ha sido crítica. Teólogos de todo tipo suelen encontrar convincente al menos una parte de la propuesta de Lindbeck. Pero esto ha hecho que las características de su proyecto que les parecían dudosas sean aún más problemáticas. Como resultado, mientras prácticamente todo el mundo ha encontrado algo que le gusta en *La Naturaleza de la Doctrina*, muchos también han encontrado elementos que suscitan una resistencia fuerte, incluso fiera. El mismo Lindbeck resumió bien la reacción a su trabajo 10 años después de que se publicara por primera vez. "La combinación de conceptos de vanguardia y compromiso con la doctrina histórica que se hace en el libro fue percibida como un ataque directo al liberalismo, por un lado, y como seductivamente peligroso para el conservadurismo, por el otro"[6].

En esta introducción voy a presentar las líneas generales en las que se ha leído *La Naturaleza de la Doctrina* y reflexionaré sobre la relación entre la respuesta al libro y lo que yo considero que son las afirmaciones más importantes que Lindbeck quiso proponer en dicho libro. Sin embargo, vamos a empezar por situar brevemente *La Naturaleza de la Doctrina* en la trayectoria teológica de Lindbeck.

---

6. "Prólogo a la edición alemana de *La naturaleza de la doctrina*"; véase 1994e, p. 198, en la bibliografía, y más abajo, pp. 26-30.

II

George Lindbeck vino a la Yale Divinity School en 1943, a la edad de 20 años, y logró su BD* en 1946[7]. Para cuando terminó el doctorado en 1955 ya llevaba varios años formando parte del claustro de la Divinity School. En Yale, su principal maestro fue Robert Lowry Calhoun, un teólogo virtualmente olvidado hoy en día, pero que fue un estudioso cuyo conocimiento especializado de la historia de la teología y la filosofía le llevó, según se dice, a ser conocido como "el Logos"[8] por sus alumnos y compañeros. Los primeros trabajos de Lindbeck se centraron en la teología y la filosofía medievales. Estudió en Toronto y París con dos de las figuras más reconocidas del siglo pasado en ese terreno, Etienne Gilson y Paul Vignaux, y escribió su tesis sobre la doctrina del ser en Escoto, mucho antes del renacimiento de los estudios sobre Escoto que ha tenido lugar durante la última generación (en cierta ocasión, en respuesta a por qué su tesis no se había publicado nunca, dijo que en su momento no habría en todo el mundo más de seis personas a quienes les hubiese interesado leerla). Sus primeras publicaciones se centraban fundamentalmente en temas medievales, especialmente teología filosófica escolástica.

Lindbeck podría haber seguido siendo principalmente un historiador del pensamiento medieval, si no llega a ser por el Concilio Vaticano II. La Federación Mundial Luterana le pidió que cubriera uno de los puestos que le habían ofrecido para observadores externos en el concilio. Siendo todavía un joven profesor, Lindbeck se convirtió en un observador luterano oficial en el vigesimoprimer concilio ecuménico de la Iglesia Católica. Mientras duró el concilio (1962-1965), pasó gran parte del tiempo en Roma y otras partes de Europa. Incluso antes de comenzar el concilio, ya había empezado a prestar atención a las cuestiones ecuménicas[9].

Si el periodo inicial en la carrera de Lindbeck se centraba en el tratamiento medieval de las cuestiones de teología fundamental (como se llamaría ahora), puede decirse que su trabajo desde finales de los 50 se centraba sobre todo en la Iglesia. ¿Cómo debería entender la comunidad cristiana su identidad y su finalidad en el mundo moderno, especialmente a la luz del pasado de la propia iglesia, su (más o menos probable) futuro y el escándalo de la división cristiana? Desde las vísperas

---

* BD (Bachelor's Degree) correspondería al primer nivel de estudios universitarios, lo que en el sistema universitario actual en España sería el Grado.

7. Linbeck ha ofrecido reflexiones autobiográficas en diferentes artículos y entrevistas, incluyendo 1967e, 1990d, 2004a (la de mayor extensión) y 2006. Los manuscritos de Lindbeck, conservados ahora en los archivos de la Yale Divinity School, contienen material adicional.

8. Lindbeck ofrece su evaluación de la contribución de Calhoun en 1998b.

9. Las reflexiones de Lindbeck sobre el Vaticano II y cómo el hecho de haber sido un observador en el concilio configuró su vocación teológica se pueden encontrar, además de en las obras mencionadas en la nota 7, también en 1993e (en 2003a) y en 1994d.

del Vaticano II y después, el proyecto teológico de Lindbeck puede considerarse principalmente como una dilatada reflexión sobre esta cuestión y sobre cómo darle la mejor respuesta.

Ciertamente, esto no es más que un intento de caracterizar a grandes rasgos todo el trabajo de Lindbeck, que incluye, además de *La Naturaleza de la Doctrina* y *The Future of Roman Catholic Theology* (1970), alrededor de 200 artículos y reseñas. Éstos abarcan una cantidad notable de temas, desde si la administración de Truman debió mandar un embajador al Vaticano (a lo que responde que sí), hasta si la perspectiva sobre el espíritu rabínico de Max Kadushin arroja la luz necesaria sobre la forma que tuvo Martín Lutero de enfocar la reforma del cristianismo (a lo que, de nuevo, responde que sí)[10]. Aún así, mucho de lo que ha escrito Lindbeck tiene una notable influencia en la cuestión de la identidad cristiana comunitaria, tanto en sus aspectos prácticos y sociológicos, como en los doctrinales y teológicos. Se pueden distinguir tres fases en el desarrollo de este proyecto "centrado en la Iglesia".

En la primera fase, Lindbeck vio un futuro sociológicamente "sectario" para la Iglesia, como una minoría cognitiva dedicada a creencias y prácticas comunitarias que la distinguirían en el ambiente cada vez más secular de las sociedades occidentales postconstantinianas[11]. Esta no es una visión sectaria en el sentido teológico habitual. La "iglesia sectaria" que llega estará intensamente vinculada con su entorno secular, a pesar de la pérdida de poder político y cultural. Como muchos de los participantes en el Vaticano II, tanto católicos como protestantes, Lindbeck estaba sorprendido y agradecido por el alcance del cambio que el concilio había prometido, empezando por los debates sobre la reforma de la liturgia en sus primeros meses. Entonces era un entusiasta del *aggiornamento*, esa "actualización" de la Iglesia Católica a la luz de las inquietudes modernas, que fue uno de los puntos fuertes sobre los que se trabajó en el concilio. De nuevo, como muchos otros entonces, vio el *aggiornamento* como parte de un todo junto con el *ressourcement*, el igualmente importante esfuerzo conciliar para llevar a la Iglesia a un contacto más profundo con las fuentes escriturísticas y patrísticas de la fe, especialmente en liturgia, teología y práctica pastoral. Este doble planteamiento del concilio dio origen a la esperanza de que católicos y protestantes serían capaces de afrontar el futuro sectario juntos, más cerca los unos de los otros de lo que hubieran podido imaginar tan sólo unos años atrás. Esta esperanza animó la voluntad del propio Lindbeck de pasar los mejores años de su vida académica absorto en el diálogo luterano-católico.

La segunda fase de este proyecto "centrado en la Iglesia" de Lindbeck culminó en las propuestas de gran alcance de *La Naturaleza de la Doctrina*. Pero

10. Véase 1951 y 1990f (este último también en 2003a).
11. Véase 1968b (también en 2003a), 1971b.

comenzó antes, cuando a mediados de los 70 Lindbeck cuestionó abiertamente sus propias afirmaciones previas sobre qué problemas teológicos y eclesiales deben ser relevantes y puestos al día. Aquí también las ideas de Lindbeck fueron tomando forma en sus largas reflexiones sobre la situación de la Iglesia Católica, que lidiaba con las dificultades planteadas por los grandes cambios que se dieron tras el Vaticano II. En un ensayo que todavía impresiona leer después de 35 años, Lindbeck se muestra preocupado porque "el proceso de reforma del catolicismo popular iniciado por el Concilio está perdiendo su esencia comunitaria, cultural y religiosa"[12].

Como heredero de la Reforma luterana, a pesar de su simpatía natural hacia los progresistas postconciliares, a Lindbeck le resulta difícil rebatir a los críticos de su tiempo, para los cuales los progresistas habían "apelado demasiado a menudo al Concilio para justificar su propia pérdida de fe, su desmesurada capitulación a la *modernitas*, sus desviaciones enrevesadas y no reconocidas de lo que es esencial, no sólo para la tradición católica, sino para el cristianismo en sí"[13]. Cuando la teología arranca el *aggiornamento* de su enraizamiento en el *ressourcement*, el resultado, en esencia, es el liberalismo –el esfuerzo teológico para adaptar la fe cristiana al espíritu de los tiempos, una fe que, a lo sumo, estaba guiada inadecuadamente por sus propias fuentes. La profunda oposición de Lindbeck en este sentido al liberalismo se hizo evidente más o menos al mismo tiempo que una parte de los católicos que participaron en el concilio, sin ir más lejos el teólogo que es ahora papa** y que entonces era profesor en Regensburg, y prácticamente por la misma razón.

En esta creciente inquietud sobre la situación del catolicismo postconciliar, podemos ver quizá el origen de la búsqueda de Lindbeck de una teología postliberal, una teología que esté profundamente arraigada en las Escrituras y en la tradición cristiana y que, a la vez, sea profundamente receptiva a las necesidades genuinas de su tiempo, que las fuentes cristianas mismas nos ayudan a identificar. Su desasosiego con una actualización de la fe que se desentiende del retorno a las fuentes no apareció de repente, sino que empezó a tomar forma ya nada más terminar el concilio. Esta actitud era ya visible, por ejemplo, en una reseña contundentemente dura pero no desfavorable de *La paysan de la Garonne* de Jacques Maritain, escrita en 1967[14]. El creciente malestar de Lindbeck por los

---

12. 1975a, p. 53; véase también 1976b.

13. 1975a, p. 52.

** Recuérdese que este texto está publicado en 2009, cuando Joseph Ratzinger era todavía papa en activo [N. de los T.].

14. Véase 1968d; p. 94: "La polémica de Maritain se dirige contra aquellos que confunden el progreso con lo que está de moda y que, por lo tanto, se rinden de un modo irreflexivo y

efectos corrosivos de la apertura acrítica del liberalismo al mundo estaba entre los principales motivos que finalmente dieron como resultado *La Naturaleza de la Doctrina*, aunque ciertamente no fue el único. En todo caso, indudablemente ayuda a explicar esa polémica llamada del libro a entender el cristianismo como un sistema cultural-lingüístico concreto, arraigado en la vida y la práctica de una comunidad particular, y gobernado por sus propias reglas.

El libro tuvo una larga gestación. Comenzó como una serie de clases en la Universidad Gonzaga a principios de los 70, donde Lindbeck empezaba a articular una teoría cultural-lingüística de la religión y las doctrinas religiosas, en diálogo crítico con la filosofía de la religión de Bernard Lonergan (de la confrontación inicial con Lonergan sólo quedan rastros en el libro). Durante años, el manuscrito de estas clases circulaba por Yale, y Lindbeck discutía sus ideas con estudiantes y compañeros hasta que el libro se publicó en 1984.

Dado el debate generado por *La Naturaleza de la Doctrina*, uno hubiera esperado que Lindbeck hubiese pasado la mayor parte del tiempo desde su publicación defendiendo el libro. Sin embargo, de hecho ha escrito bastante poco en defensa directa de las propuestas que hizo en *La Naturaleza de la Doctrina*. La tercera fase de este trabajo teológico de Lindbeck "centrado en la Iglesia" no ha sido dedicado al género literario "respuestas a intérpretes y críticos", sino, sobre todo, a la elaboración de ideas que estaban latentes en *La Naturaleza de la Doctrina*. En este período, el foco de atención de su teología da un giro desde la secularización fuera de la Iglesia a la descristianización dentro de ella como hecho social fundamental frente al que debe confrontarse hoy el cristianismo occidental, y la correspondiente urgencia por recuperar las formas cristianas clásicas de leer la Biblia, que el propio Lindbeck ha intentado poner en práctica[15]. Desde 1990, Lindbeck ha estado preocupado más que nada por la relación entre la Iglesia y el pueblo judío, al servicio de una auto-comprensión cristiana más profunda y, en particular, desde una visión de la iglesia como algo parecido a Israel. Aquí también, las preocupaciones actuales de Lindbeck están profundamente arraigadas en su propia historia teológica[16].

III

Puede que la mayor atracción de *La Naturaleza de la Doctrina* radique en la provocativa convicción de que las comunidades comprometidas con la doctrina y la

---

entusiasta frente al *Zeitgeist*… No sólo un importante número de católicos, sino también muchos protestantes se verán a sí mismos coincidiendo con gran parte de esta crítica".

15. Véase, por ejemplo, 1996a.

16. Véase, por ejemplo, 1965c y las reflexiones del propio Lindbeck en 2004a, pp. 405-408.

identidad cristiana tradicionales no deben ser retrógradas intelectualmente, sino completamente actuales –por supuesto, ese alejamiento del liberalismo teológico respecto de la enseñanza tradicional cristiana es, en sí, intelectualmente desfasado. Dicho de otra forma, Lindbeck cree, evidentemente, que las herramientas del reciente pensamiento secular moderno o postmoderno, incluyendo la filosofía analítica, la antropología cultural, la historia social y la sociología del conocimiento, pueden usarse para articular y defender la doctrina histórica cristiana de forma innovadora y efectiva[17]. La iglesia y la teología no se deben ver a sí mismas como enfrentadas con la desafortunada alternativa de, o bien rechazar el pensamiento secular por el bien de la identidad y la tradición, o bien vender su inestimable derecho de primogenitura a cambio de las áridas comodidades del secularismo. *La Naturaleza de la Doctrina* ofrece la promesa de que la Iglesia y la teología no necesitan huir del mundo, sino que pueden confrontarse con él en sus propios términos sin adaptarse a él.

La sospecha de que Lindbeck fracasa en su tarea de cumplir esta exigente promesa ha provocado gran parte de las respuestas a *La Naturaleza de la Doctrina*, incluso entre lectores simpatizantes. Aquellos que siguen siendo fundamentalmente fieles al liberalismo no han lanzado sobre Lindbeck la sospecha de un compromiso real con el mundo de hoy, sino de una huida de él bien disimulada[18]. Por el contrario, a los tradicionalistas les ha preocupado que el claro compromiso de Lindbeck con la enseñanza histórica cristiana y su identidad comunitaria en realidad no fuera más que una capitulación bien disimulada al *Zeitgeist* [espíritu de la época][19]. Sea desde un extremo o desde el otro, o desde muchos otros puntos intermedios, la interpretación y la crítica de *La Naturaleza de la Doctrina* tiende a unir a su alrededor tres dudas en particular, a las que a menudo se unen sugerencias sobre cómo se pueden modificar o desarrollar las ideas de Lindbeck para solucionar la objeción que se plantee:

1. Epistémicamente, la teología de Lindbeck se remonta a un "fideísmo" bíblico o eclesial que no logra encontrar una justificación racional adecuada para las creencias cristianas y que puede incluso ser hostil al bien mismo de la razón creada.

17. Básicamente, esa misma convicción orienta también, aunque de un modo muy diferente, el pensamiento de filósofos cristianos como Alvin Platinga y Nicholas Wolterstorff.

18. Como David Tracy señala en una temprana recensión del libro, "Las manos pueden ser las de Wittgenstein y Geertz, pero la voz es la de Karl Barth" –la forma más potente de huida del mundo en la teología moderna, parece asumir Tracy. "Lindbeck's New Program for Theology: A Reflection", *The Thomist* 49 (1985), p. 465. La lectura de Barth que hace el propio Lindbeck se puede consultar, especialmente, en 1986.

19. Entre los más mordaces críticos sobre esta cuestión se encuentran algunos teólogos de inspiración tomista; véase la sección IV, más abajo.

2. Lindbeck recomienda una retirada política y social de la Iglesia a un gueto cerrado aislado del mundo. Su teología es "sectaria" en el mal sentido, quizá hasta el punto de la irresponsabilidad.

3. Lindbeck es blando con la verdad, concediendo demasiado al relativismo y al escepticismo postmodernos y, por lo tanto, no es capaz de dar cuenta de la universalidad y objetividad de la verdad, en particular de la verdad de la doctrina cristiana.

Se sigue debatiendo si estas objeciones refutan realmente el trabajo de Lindbeck, y el alcance de los temas subyacentes va, por supuesto, mucho más allá de una evaluación de la teología de Lindbeck. Aquí sólo voy a hacer unas pocas observaciones sobre cada una.

En primer lugar, para Lindbeck los principios fundamentales o criterios de verdad de la comunidad cristiana son sus propias doctrinas, que, primero de todo, se toman como normas para la lectura de la narrativa textual a través de la cual la Iglesia entiende lo que tiene importancia suprema: el compromiso salvífico de Dios con su creación en Israel, Jesucristo y la Iglesia misma. Estas doctrinas son las creencias más importantes de la identidad cristiana en todo tiempo y lugar. A muchos intérpretes les preocupa que tener tales criterios de verdad sea inherentemente fideísta. Esto excluye, o al menos amenaza con excluir, la posibilidad de un discurso racional y, quizá también, de una comunicación verbal entre cristianos y no cristianos. Tener esta perspectiva, ahí radica la objeción, corre el peligro de dejarme atascado en la particularidad de mi propia fe, de obstaculizar la búsqueda de una justificación racional para mis convicciones religiosas. Por tanto, los cristianos deben recurrir a los criterios fundamentales de verdad que sean aceptados por los no cristianos para tener alguna esperanza de ofrecer una explicación racional de sus creencias -para superar el aislamiento epistémico que, de otro modo, seguir sus doctrinas impondría sobre ellas.

Pero, ¿por qué debe ser así? ¿Por qué debería coincidir contigo acerca de cuáles son los criterios de verdad para tener una conversación racional contigo? Para tener una posibilidad real de entendernos el uno al otro, generalmente tendríamos que decir lo mismo con nuestras palabras (si cada uno habla un lenguaje natural que el otro no conoce, posiblemente no nos comuniquemos), pero no tendremos que estar de acuerdo en cuáles son nuestros criterios fundamentales de verdad. Para poder tener una conversación racional, especialmente sobre un tema en el que sospechamos tener grandes diferencias el uno con el otro, necesitaremos (además de una buena dosis de virtudes como la empatía y la paciencia), estar lo suficientemente de acuerdo como para comenzar la conversación –lo suficiente como para darnos la confianza razonable de que ambos hablamos de la misma cosa. Pero no tenemos que estar de acuerdo sobre la verdad en cuestión, y menos aún sobre cuáles son los criterios últimos para evaluarla. Para que me puedas convencer de que tu opinión sobre el tema es verdadera, puede que quieras elaborar un argumento basado en los puntos en los que hemos estado de acuerdo, y tu argumento puede obtener mi aprobación, mi acuerdo contigo. Por supuesto, para que la conversación sea racional no es necesario que el resultado sea un acuerdo, pero aunque acabáramos compartiendo la misma opinión sobre el asunto, no tenemos que coincidir acerca de los criterios últimos de verdad. Podríamos estar de acuerdo sobre la misma creencia, pero por razones muy distintas. Claro que, si tu argumento choca lo suficiente con mis principios fundamentales de verdad, puede que rechace tu conclusión aunque no encuentre fallos en tu razonamiento y me ponga a buscar un argumento en contra de las premisas que te llevaron a plantear la conclusión en primer lugar.

En efecto, ninguna de éstas –comprensión, conversación racional o persuasión– hace que tú y yo tengamos que compartir los criterios últimos de verdad. De otra forma, la gente que haya llegado más allá de los desacuerdos triviales sobre *cualquier* cosa nunca podría entenderse, conversar racionalmente o persuadir el uno al otro. Todos los estándares de verdad, en la medida en la que fuesen incompatibles, tendrían que ser etiquetados como fideístas. Parece bastante razonable para los cristianos tener criterios últimos de verdad que son específicos para ellos sin ser por ello excluidos de una conversación racional con quienquiera.

Si Lindbeck tiene razón sobre esto, entonces la gran cantidad de energía que los teólogos han invertido desde el siglo XVIII en prolegómenos metodológicos para la teología –epistemológicos, metafísicos, hermenéuticos, trascendentales, cultural-teóricos, etc.–, ha sido un esfuerzo vano. Esto probablemente explica un poco la asentada resistencia a *La Naturaleza de la Doctrina*. La incansable búsqueda para hacer la doctrina y la teología cristiana intelectualmente atractiva encontrando los criterios de verdad compartidos con la vanguardia de la alta cultura secular hace tiempo que parece indispensable para los teólogos, ha llegado a ser una parte importante de su razón de ser. Los lectores de Lindbeck han percibido correctamente que, por lo menos en este punto fundamental, Lindbeck quiere ganar seguidores para un cambio de paradigma en la ciencia normal de más que unas pocas generaciones de teólogos. Los cambios de paradigma se encuentran naturalmente con resistencia; amenazan con dejar a la gente sin un trabajo que preferirían hacer ellos. Sin duda, Lindbeck añade más mordiente a la amenaza cuando sugiere que aferrarse a las últimas corrientes en crítica literaria, teoría postcolonial o filosofía continental (por nombrar algunas alternativas actuales) es, no sólo innecesario teológicamente, sino también intelectualmente retrógrado. Si los seguidores del paradigma moderno estuviesen realmente al día con los avances en la filosofía del lenguaje y la epistemología, reconocerían que a través de sus propios principios –que, por supuesto, no son los que Lindbeck recomienda– están enrolados en un proyecto que ahora carece de justificación racional.

A algunos lectores les preocupa que Lindbeck caiga en el aislamiento epistémico, no sólo porque fracasa a la hora de adoptar el paradigma moderno dominante para conectar la teología con el resto de nuestra vida intelectual, sino también debido a un déficit dogmático implícito. A menudo se supone que el problema está en algún lugar de la doctrina de la creación: *La Naturaleza de la Doctrina* se muestra incapaz de captar la armonía de la naturaleza y la gracia, la dignidad del ser humano dada por Dios tanto fuera de la Iglesia como dentro, la variedad de verdades abiertas a la razón natural, o incluso la misma bondad de la creación. A veces, el problema se ve como más directamente eclesiológico. La eclesiología implícita de Lindbeck es "confesional" de un modo demasiado estrecho, centrada internamente en la propia identidad de la Iglesia más que en su misión divinamente encomendada al mundo. O, por el contrario, la comprensión implícita de la Iglesia es demasiado débil empíricamente, confiando excesivamente en las ciencias sociales, aunque con el mismo resultado aislacionista insatisfactorio. Se han sugerido otras posibilidades: la cristología, la teología de la gracia, la comprensión de Dios, etc. Si Lindbeck tuviera una comprensión más adecuada de esta o esa doctrina, y ahí radica el argumento, se daría cuenta de la importancia del paradigma moderno —la importancia de ofrecer garantías para las creencias cristianas sobre bases que el mundo puede aceptar, en lugar de tomar las doctrinas propias de la Iglesia como criterios fundamentales de verdad.

Evidentemente, el lenguaje conceptual de *La Naturaleza de la Doctrina* ha alimentado esta predisposición a considerar los problemas percibidos como errores teológicos subyacentes. Incluso los lectores receptivos se han sorprendido a veces por el hecho de que la explicación de Lindbeck sobre la identidad cristiana, y también sobre la relación de la Iglesia con el mundo, está formulada tanto en términos de las ciencias sociales como en términos distintivamente teológicos. De igual modo, su manejo de las cuestiones sobre el conocimiento y la verdad se despliega con la misma facilidad sobre la filosofía analítica que sobre discusiones teológicas normales. Es poco corriente para un teólogo, especialmente para uno de convicciones básicamente tradicionales, tratar temas teológicos controvertidos en estos términos. Esta disposición a usar "conceptualizaciones de vanguardia" promueve el deseo, tanto entre críticos como entre simpatizantes, de evaluar las iniciativas de Lindbeck en términos dogmáticos más familiares. El hecho de que Lindbeck haya escrito relativamente poco sobre temas típicamente dogmáticos seguramente intensifica esa tendencia[20]. Numerosos argumentos se derivan del

---

20. Por supuesto, Lindbeck ha escrito abundantemente sobre algunos *loci* teológicos tradicionales, especialmente sobre aquellos implicados en el diálogo luterano-católico. También aquí se nota su inclinación a replantear los problemas de formas que desbordan las tendencias teológicas convencionales. En este sentido, escribe sobre la justificación y la infalibilidad con la intención de mostrar que las enseñanzas luteranas y católicas sobre estos temas son, de hecho,

silencio, con intérpretes tomando extractos condensados de *La Naturaleza de la Doctrina* como indicaciones para completar las supuestas ideas teológicas de Lindbeck para su consecuente halago o crítica.

Especialmente cuando la creación es el tema que los intérpretes buscan completar, las refutaciones teológicas que se lanzan sobre Lindbeck parecen sugerir, a veces, que las creencias sobre la creación deberían, por sí mismas, proporcionar una base epistémica común entre cristianos y no cristianos y, así, servir como medio para superar el peligro de aislacionismo. Incluso aunque *La Naturaleza de la Doctrina* sufriera de aislacionismo epistémico, es difícil imaginar cómo la comprensión cristiana de la creación, por muy firme que sea, podría ofrecer una solución al problema, cómo podría proporcionar una base compartida para la justificación de las creencias entre cristianos y no cristianos.

Seguramente esta sugerencia confunde la doctrina de la creación con el objeto sobre el que trata la doctrina. Podemos inclinarnos a suponer eso porque la doctrina de la creación versa sobre todas las cosas del mundo que todos habitamos, la *doctrina* constituye una base común para el diálogo con los no cristianos de una forma en que la doctrina de Cristo, por ejemplo, fracasaría. Pero por supuesto que no lo hace. La única doctrina, tal y como los cristianos la mantienen (es decir, de forma trinitaria y cristológica) es tan única para los cristianos como la otra. "Todas las cosas fueron hechas por él": las doctrinas de Cristo y la Trinidad se interesan por la totalidad del mundo que habitamos no menos que la doctrina de la creación, y la enseñanza cristiana sobre la creación, a la inversa, no es más popular que la enseñanza sobre Cristo y la Trinidad. Otros (especialmente judíos y musulmanes) probablemente estarán de acuerdo con parte de lo que los cristianos afirman cuando sostienen que el mundo es la creación de Dios, pero rechazarán otros elementos ("todas las cosas fueron hechas a través de él"). Aunque nos aferráramos a esos aspectos de la enseñanza cristiana sobre la creación que los mismos cristianos se inclinan a considerar deliberaciones de la razón natural, no podemos estar seguros de que judíos y musulmanes vayan a estar de acuerdo con nosotros. Y, por supuesto, muchos no cristianos rechazarán todo lo que digamos sobre la creación. Como una base común para el diálogo con los no cristianos (por no hablar de un principio compartido de verdad), la doctrina cristiana de la creación parece, por lo tanto, poco prometedora, especialmente si los no cristianos con quienes esperamos conversar son los fisicalistas ateos que dominan la reflexión filosófica actual sobre las ciencias naturales.

Sin embargo, este recurso a la creación se puede tomar de un modo diferente. Algún crítico podría objetar que esta doctrina (o algunas otras) proporciona convincentes garantías para que los cristianos esperen encontrar un amplio

---

compatibles en gran medida, o bosqueja una eclesiología en la cual la iglesia es Israel, aunque rechazando enérgicamente la teología del reemplazo.

consenso con los no cristianos, y no sólo desacuerdo u oposición. Pero apelar a la creación o a cualquier otra enseñanza cristiana de esta forma no es un argumento contra Lindbeck que estuviera aprovechando algún déficit epistémico de *La Naturaleza de la Doctrina*. Por el contrario, es una forma de seguir el consejo epistémico del propio Lindbeck: busca en las convicciones principales de tu propia comunidad, en sus doctrinas y prácticas elementales, buenas razones para entender, conversar y convencer a los que no las comparten, y también los recursos necesarios para realizar esa tarea. Lindbeck tiende a encontrar estas razones y recursos en la cristología más que en la doctrina de la creación. Pero, en cualquier caso, sea porque todo el mundo ha sido hecho a través de y para Jesucristo, o porque es la creación buena del Dios trino, los cristianos deberían esperar encontrar en el mundo oyentes de su palabra con quienes tienen lo suficiente en común como para conversar, argumentar y convencer. Y lo obligado en esta tarea, el "absorber el mundo" cognitivamente y transformarlo prácticamente, es igualmente exigente esté su hogar doctrinal principal en la cristología o en la creación. Precisamente atendiendo a este imperativo, pensando y actuando de una forma modelada sobre todo por las principales doctrinas cristianas, es como la Iglesia mostrará la justificación racional de la fe[21]. La perspectiva epistémica de *La Naturaleza de la Doctrina* no refleja, parece, un pesimismo teológico injustificado sobre la creación o el estado del ser humano fuera de la Iglesia, sino que, más bien, encaja bastante bien tanto con el contenido de la enseñanza normativa cristiana como (aunque esto es secundario) con los requisitos para una explicación filosóficamente plausible de la comunicación y la justificación racional de la fe.

En segundo lugar, la preocupación de que *La Naturaleza de la Doctrina* aconseja, o por lo menos permite, un distanciamiento sectario del compromiso con el mundo, está basada, a mi juicio, en una incongruencia. Ciertamente, Lindbeck insta a la comunidad cristiana a ser clara sobre su propia identidad y, por lo tanto, a resistirse a ser asimilada por las creencias y valores de la cultura del entorno. También da la impresión de que hace uso regular de los conceptos y los argumentos de las ciencias sociales para explicar y defender esta posición, concretamente haciendo uso del conocimiento del mundo para mantenerse alejado del mundo. Pero que la claridad rigurosa sobre la identidad cristiana equivalga al aislamiento guetizante del mundo depende, por supuesto, de *en qué consiste realmente la identidad cristiana*.

21. Como Lindbeck señala (p. 137, más abajo), la mayoría de los comentaristas no han logrado darse cuenta de que el análisis de la "capacidad asimilativa" de la doctrina cristiana realizado en el último capítulo de *La naturaleza de la doctrina*, aunque breve, está puesto porque es su respuesta fundamental a la cuestión acerca de la justificación racional de la fe cristiana, y han considerado que él simplemente ignoraba la cuestión. Un estudio de caso de la noción de Lindbeck de asimilación crítica del "mundo" por parte de los cristianos se puede consultar en 1981b (también en 2003a).

Cuando la identidad cristiana comunitaria se conforma según las doctrinas históricamente fundamentales de la Iglesia –especialmente la Trinidad, la encarnación, y la redención (o expiación)–, los cristianos entienden su propia existencia como forjada, de arriba abajo, por el Dios que ha asumido nuestra carne y nuestra muerte por la vida del mundo (y no simplemente de la Iglesia). En ese caso, el compromiso de la Iglesia con el mundo se intensificará precisamente en la medida en que esté más centrada en que su identidad está en Cristo, y se reducirá en la medida en que la Iglesia pierda el sentido de su propia identidad distintiva. El sentido vivo de la misión de la Iglesia en un mundo hecho para recibir a Cristo variará, en otras palabras, en proporción directa al compromiso de la Iglesia con las doctrinas que constituyen su propia identidad y no (como asume la postura crítica con Lindbeck) en la proporción inversa. No hay conexión lógica entre la resistencia sociológica a la asimilación cultural y el repliegue teológicamente sectario respecto del mundo[22].

En tercer lugar, tal como se suele decir, la inquietud de que Lindbeck es indulgente con la verdad deriva principalmente de una terminología poco feliz más que de un desacuerdo sustancial sobre el concepto de verdad. En este punto el lenguaje de Lindbeck contribuyó, sin duda, a la confusión sobre sus posiciones. En *La Naturaleza de la Doctrina* habla de la "verdad" de tres formas distintas: hay una verdad "categorial", una verdad "intrasistémica" y una verdad "ontológica". Lindbeck está a favor de las tres y no sólo, como han alegado sus críticos, de las dos primeras. Tal como las concibe Lindbeck, el último de estos tres conceptos se alinea directamente con las nociones tradicionales de verdad como correspondencia a la realidad o *adaequatio mentis ad rem*. Pero la "verdad" categorial tiene que ver con lo que la filosofía contemporánea del lenguaje y la epistemología normalmente consideran que son problemas de significado y referencia, y la "verdad" intrasistémica tiene que ver con la legitimación y la justificación –lo que pensamos que nos faculta para escoger unas creencias y descartar otras. Por lo tanto, fue confuso que Lindbeck hablara como si hubiera tres tipos diferentes de verdad; habría sido más claro hablar de significado, justificación y verdad. El hecho de que Lindbeck insista en una conexión inusualmente íntima entre práctica y creencia en cuanto a significado y justificación ("verdad" categorial e intrasistémica) ha servido para acentuar la provocación. A muchos teólogos comprometidos con las nociones clásicas de verdad les inquieta que Lindbeck reduzca la verdad de las afirmaciones cristianas a una mera coherencia entre las creencias, o a la utilidad pragmática de las mismas (su capacidad para suscitar las prácticas apropiadas). Aunque quizá sean comprensibles, tales temores son innecesarios, porque el análisis de Lindbeck de la coherencia entre fe cristiana y práctica, y entre las creencias que mantienen

22. Véase, por ejemplo, 1989b.

los cristianos, en realidad tiene que ver con el significado y la justificación y no con la verdad.

Lindbeck mismo ha explicado esto varias veces, más detalladamente en su respuesta a la crítica de Avery Cardenal Dulle a *The Church in a Postliberal Age*[23]. Cómo entender nociones elementales como verdad, significado y justificación, y cómo conectarlas de forma convincente son, por supuesto, asuntos teológicos y filosóficos muy discutidos. Si el argumento abreviado, pero de gran alcance, de Lindbeck es satisfactorio para cualquiera de ellas –y qué significa ser satisfactorio– son cuestiones que los lectores de *La Naturaleza de la Doctrina* seguirán sopesando. Pero estas cuestiones son más fructíferas que la disputa principalmente terminológica que ha preocupado a muchos de los intérpretes teológicos de Lindbeck[24].

Muchos de los asuntos que animan a los comentaristas de Lindbeck –verdad, relativismo, fideísmo, aislacionismo y otros parecidos– surgen más directamente no en su bosquejo de una teología "postliberal" (capítulo 6 de *La Naturaleza de la Doctrina*), sino en su tratamiento de la diversidad religiosa (capítulo 3). Esta edición del vigesimoquinto aniversario incluye la argumentación más reciente de Lindbeck sobre este problema y sobre el debate acerca de qué estructura debería tener una teología cristiana de las religiones no cristianas asociado a él. En "Relaciones interreligiosas y ecumenismo: revisando el capítulo 3 de *La Naturaleza de la Doctrina*", Lindbeck amplía la reflexión del libro sobre la "universalidad particularista" de las pretensiones de verdad religiosa a la luz de los recelos de relativismo y otras consecuencias indeseables que se daban entre los lectores[25]. Una teoría de la religión cultural-lingüística, argumenta, es capaz de explicar mejor que las alternativas disponibles no sólo las diferencias radicales entre

---

23. Véase 2004b. Lindbeck explica que, comprendida adecuadamente, su forma de entender la justificación, la práctica y la verdad epistémicas "no implica más enfáticamente que las realidades que la fe afirma y cree sean intrasistémicas en el grado más bajo. No dependen de la fe performativa de los creyentes (como si, por ejemplo, Cristo resucitara de entre los muertos únicamente en la fe de la Iglesia), sino que son objetivamente independientes" (p. 15). Véase también 1989i y, en este volumen, la nota 237 de la página 182.

24. Ofrezco mi propia visión de los conceptos de verdad y analogía en *Trinity and Truth* (Cambridge: Cambridge University Press, 2000). La postura por la que me decanto en esa obra es, en muchos aspectos, similar a la de Lindbeck (pero no a las que le atribuyen muchos intérpretes), aunque desarrollada en términos filosóficos diferentes y en un mayor detalle. Entre las diferencias sustantivas que yo encuentro entre nosotros, quizá la más importante sea mi defensa (especialmente en el capítulo 7) de lo que Donal Davidson denomina "la autonomía del significado". Este planteamiento otorga a la praxis un papel mucho más limitado que en el caso de Lindbeck (especialmente para la práctica ligada a la moralidad) a la hora de determinar el significado, y por tanto la verdad, de los enunciados de un hablante.

25. 2004f, originalmente concebido como una conferencia en un congreso sobre la obra de Lindbeck en Lausana, Suiza, en marzo de 2003. Se publicó en inglés por primera vez en esta edición conmemorativa y, por tanto, ahora aparece en castellano también por primera vez.

las religiones, sino también las afirmaciones que hacen sobre la verdad suprema. Esto lo considera como uno de sus mayores méritos, especialmente en contra de la perspectiva pluralista (o relativista) de que todas las religiones son caminos igualmente "válidos" hacia la misma meta –una idea, como observa Lindbeck, cuya popularidad ha crecido con los años desde que apareciera por primera vez *La Naturaleza de la Doctrina*, tanto dentro como fuera de las Iglesias.

A la vista de los conflictos religiosos y políticos del presente, este ensayo sugiere también que el relativismo y la retirada sectaria del mundo no son probablemente las tentaciones más serias a las que se enfrentan las comunidades religiosas. El imperialismo religioso parecería todavía un problema más serio. Lindbeck termina ese escrito con un argumento sobre cómo los cristianos, así como los seguidores de otras religiones, pueden presentar sus propias pretensiones fundamentales de verdad, en todo su alcance universal, sin apuntar simplemente a la conquista epistémica (por no hablar de la política) de las otras comunidades religiosas. Entonces él se pronuncia, desarrollando ideas principalmente del último capítulo de *La Naturaleza de la Doctrina*, a favor de la compatibilidad de una profunda adhesión a las pretensiones de verdad comunitarias del cristianismo con un diálogo interreligioso no proselitista genuino (que, como él resalta, no sustituye a la evangelización, pero, aún así, es a veces indispensable).

IV

A pesar de que Lindbeck empezó su carrera académica como un medievalista, ha escrito poco sobre cuestiones específicamente medievales desde el Concilio Vaticano II. La excepción es Tomás de Aquino, quien ha influenciado sistemáticamente los escritos y la enseñanza de Lindbeck a lo largo de su carrera y ha configurado profundamente su propia teología, de un modo claro en *La Naturaleza de la Doctrina*.

La mayoría de los lectores del libro han ignorado, o no han sido capaces de discernir, que el libro tiene un fuerte componente tomista. Sin embargo, los tomistas han notado desde el principio el interés de Lindbeck en el Aquinate, y ha surgido una subliteratura sobre *La Naturaleza de la Doctrina* que debate los méritos de la interpretación que Lindbeck hace de Tomás de Aquino[26]. En los lectores tomistas de Lindbeck a menudo ha impresionado el conocimiento del Doctor Angélico y de sus intérpretes modernos por parte de este teólogo protestante y, a

---

26. Colman E. O'Neill, OP, "The Rule Theory of Doctrine and Propositional Truth", *The Thomist* 49 (1985), pp. 417-442, es una crítica inicial de Lindbeck desde una perspectiva tomista. Mi artículo "Aquinas as Postliberal Theologian", *The Thomist* 53 (1989), pp. 353-402, es en parte una respuesta a O'Neill y, a su vez, ha recibido diversas réplicas por parte de otros intérpretes de Tomás de Aquino.

veces, han visto que Lindbeck está claramente inspirado por Tomás de Aquino en su propio trabajo teológico. Aún así, la valoración que la mayoría de los intérpretes tomistas han hecho de Lindbeck ha oscilado de la cautela hasta una crítica severa. Uno de los estudiosos contemporáneos de Tomás de Aquino más distinguidos expone claramente la duda fundamental: la lectura del Aquinate que hace Lindbeck muestra claramente "la intención de reinterpretar el pensamiento de Santo Tomás en el contexto del pensamiento contemporáneo"[27]. El resultado es, no tanto una interpretación históricamente precisa del gran doctor medieval, cuanto "una reinterpretación (...) y a veces una reinterpretación muy alejada de las interpretaciones más evidentes de Tomás de Aquino"[28].

Los tomistas solían encontrar en la lectura de Lindbeck del Aquinate dos características particularmente cuestionables. Una es la visible restricción que hace Lindbeck del rango de verdades al alcance de la razón natural, especialmente las verdades respecto de Dios. Al igual que otros lectores del Aquinate, Lindbeck cree que las 5 pruebas para la existencia de Dios en *ST* 1, q.2, a.3 no juegan un papel crucial en el pensamiento de Tomás de Aquino, y que dentro del proyecto teológico de la *Summa* (una larga tradición de comentarios tomistas a los contrarios) realmente no existen "pruebas" en absoluto, sino "argumentos extrínsecos y probables" sacados de la filosofía pagana, para una verdad de la cual la fe cristiana está totalmente segura sin ellos[29]. Lo mismo vale para todos los esfuerzos de la razón por conocer a Dios al margen de la revelación y la fe: no carecen de valor, pero no ofrecen ninguna prueba racionalmente concluyente de ninguna verdad perteneciente a la enseñanza cristiana, incluso aquellos que el Doctor Angélico, atendiendo a su accesibilidad a la razón, llamaba "preámbulos" de la fe[30].

Los lectores familiarizados con Tomás de Aquino usualmente han puesto en duda que esto pueda funcionar como una explicación teológica de la fe y la razón, viendo en ello un pesimismo injustificado sobre las capacidades genuinas,

27. Gilles Emery, OP, "Thomas Aquinas Postliberal? George Lindbeck's Reading of St. Thomas", en *Trinity, Church, and the Human Person: Thomistic Essays* (Naples, Florida: Sapientia Press of Ave Maria University, 2007), p. 277. Se trata de una versión en inglés, con algunos añadidos y correcciones (incluyendo una breve respuesta a mi ensayo citado en la nota 1) de "Thomas d'Aquin postlibéral? La lecture de saint Thomas par George Lindbeck", en Boss, Emery y Gisel (eds.) *Postlibéralisme?*, o. c., pp. 85-111 (el pasaje que acabamos de citar está en la página 99). Este escrito de Emery es especialmente valioso por su cuidadoso estudio de todas las obras de Lindbeck sobre el Aquinate, desde su artículo de 1957 en el que defendía la prioridad de la participación sobre la existencia en el pensamiento de Santo Tomás (contra Gilson y otros; 1957a) a las referencias al Aquinate en *La naturaleza de la doctrina*. Emery formula con afecto y precisión las dos objeciones tomistas a Lindbeck a las que me he referido aquí brevemente.

28. Gilles Emery, "Thomas Aquinas Postliberal?", o. c., p. 289 (*Postlibéralisme?*, o. c., p. 109).

29. *ST* 1, q.1, a.8, ad 2: "sacra doctrina huiusmodi auctoritatibus utitur quasi extraneis argumentis, et probabilibus".

30. Por ejemplo, *ST* 1, q.2, a.2, ad 1.

aunque limitadas, de la razón natural –una forma equivocada de asumir el principio teológico clásicamente articulado por el mismo Tomás: "la gracia no destruye la naturaleza sino que la perfecciona". En cualquier caso, parece obvio para los lectores tomistas que esta postura, cualesquiera que sean sus méritos intrínsecos, no es la del propio Santo Tomás y que Lindbeck va más allá al suponer que el Aquinate tiene ciertas dudas sobre la posibilidad de probar la existencia de Dios. Después de todo, observan, Tomás dice en innumerables sitios que es posible "probar" o "demostrar" la existencia de Dios, que los filósofos paganos han conseguido hacerlo y que él mismo lo ha conseguido también por cinco vías diferentes. Ningún ejercicio interpretativo puede eludir la insistencia férrea de Tomás de Aquino en este punto.

Sin embargo, los tomistas también han reconocido que hay textos en los que el propio Tomás de Aquino parece decir prácticamente lo mismo que la interpretación que Lindbeck le atribuye. Tomás afirma, por ejemplo, que aparte del acto de fe cristiana, la mente humana "fracasa totalmente a la hora de alcanzar" a Dios, de forma que el filósofo no cristiano que ha demostrado la existencia de Dios, sin embargo fracasa a la hora de "creer [de verdad] que Dios existe"[31]. La glosa de Lindbeck sobre este pasaje, incluida en una serie de artículos escritos hace 40 años para presentar la figura de Tomás de Aquino a lectores protestantes, parece acertada: "Tomás de Aquino deja bastante claro que aquellos que piensan en Dios sólo como el *Ipsum Esse* realmente no están pensando en absoluto en el Dios cristiano"[32].

Esta formulación ayuda a ubicar el tema con mayor precisión. Lo que las cinco vías de la *Summa Theologiae* demuestran, como el propio Tomás señala cuidadosamente, es la existencia de "lo que todo el mundo llama Dios"[33]. ¿Cuánto debemos saber sobre el Dios cristiano –la Trinidad, una de cuyas personas se ha encarnado en la Virgen María– para tener sólo este Dios en la mente y no cualquier otro ser, real o imaginario? Aquí parece haber dos alternativas.

En su mayor parte, los intérpretes de Tomás de Aquino han dado por hecho que tener una prueba de la existencia de "lo que todo el mundo llama Dios" es suficiente para tener al Dios cristiano en la mente –esto es, para identificar o individuar al mismo Dios en el que los cristianos creen. Por supuesto, la revelación cristiana añade mucho a lo que la razón natural puede conocer de Dios, pero demostrando la realidad de un Motor Inmóvil, una Causa Primera eficiente,

---

31. *ST* 2-2, q.2, a.2, ad 3: dado que Dios es simple, "defectus cognitionis est solum in non attingendo totaliter"; como resultado, "infidel[es]… nec vere Deum credunt". Cf. 2-2, q.81, a.5, c.

32. 1967a, p. 52.

33. *ST* 1, q.2, a.3, c: "quod omnes dicunt Deum". Santo Tomás utiliza aquí tres formulaciones más para este planteamiento: "hoc omnes intelligent Deum", "quod omnes Deum nominant", y, para mostrar que ese "todos" incluye, por supuesto, a los cristianos, "hoc dicimus Deum".

etcétera, la razón natural puede conseguir encontrar al Dios cristiano, incluso cuando no conoce el nombre de Cristo. Consecuentemente, los textos del Aquinate que aparentemente niegan que la razón natural pueda alcanzar creencias verdaderas sobre Dios tienen que ser entendidos como si la razón, dentro de sus propios límites, conociera al mismo Dios de la fe cristiana, pero simplemente conociera a este Dios de un modo diferente.

Los seguidores de la segunda alternativa encuentran que esta versión mitigada no tiene suficiente apoyo en los textos y consideran que la argumentación de Tomás de Aquino es la siguiente: mientras que cualquiera puede elaborar una demostración válida para un motor inmóvil o una primera causa, sólo bajo las condiciones de la fe cristiana podemos reconocer que este motor o causa es el Dios del que hablan los cristianos. En otras palabras, sólo el contenido de la fe cristiana da al concepto de Dios la suficiente especificidad para permitir que cualquiera encuentre (o, como dice Lindbeck, "piense sobre") al Dios cristiano entre las diversas alternativas reales o imaginarias a las que se les aplican términos como "motor inmóvil" o "causa primera". En este sentido, la razón natural "está necesariamente subordinada a la fe" –de hecho, este es precisamente el punto en el que Tomás quiere insistir cuando observa que "la gracia no destruye la naturaleza sino que la perfecciona"[34]. No podemos establecer ahora cuál de estas formas de leer al Aquinate es, en el fondo, más convincente[35]. En cualquier caso, la interpretación de Lindbeck tiene el mérito de llamar la atención sobre un tema de Tomás de Aquino que, especialmente a la luz de su percepción de la teología natural como algo que es necesario defender por tratarse de un antídoto frente al ateísmo, ha pasado durante largo tiempo inadvertido en el estudio moderno del Doctor Angélico.

A los tomistas les inquieta que Lindbeck ofrezca una explicación deficiente, no sólo sobre qué verdades podemos conocer, sino sobre en qué cosiste conocerlas, especialmente cuando se trata de creencias cristianas. A veces, esta objeción tomista es simplemente una versión de la afirmación más común de que la noción de verdad de Lindbeck es insuficientemente realista, inclinándose más bien hacia una noción de verdad pragmatista o, si no, directamente antirrealista. Sin embargo, la objeción puede tener un carácter más específicamente tomista. Es típico en los lectores configurados por Santo Tomás que pongan en duda que la concepción marcadamente negativa y apofática del lenguaje religioso de

---

34. Véase *ST* 1, q.1, a.8, ad 2: "Cum enim gratia non tollat naturam, sed perficiat, oportet quod naturalis ratio subserviat fidei".

35. Por razones sobre las que ya he escrito en otras partes, pienso que la segunda alternativa ubica los textos más coherentemente con el conjunto, pero seguramente hay que seguir realizando más estudios sobre esta cuestión. Véase mi ensayo "*Quod Scit Una Uetula*: Aquinas on the Nature of Theology", en Rik Van Nieuwenhove y Joseph Wawrykow (eds.), *The Theology of Thomas Aquinas* (Notre Dame: University of Notre Dame Press, 2005), pp. 1-35, especialmente pp. 17-20.

Lindbeck funcione como una interpretación de Tomás de Aquino sobre la base de "los nombres divinos". Lindbeck puede atribuir al Aquinate la idea de que, no sólo las deliberaciones de la razón natural, sino incluso también las creencias que tenemos sobre Dios a la luz de la fe son "informacionalmente vacías"[36]. Siguiendo una larga tradición, los tomistas tienden a considerar que esto supone caer en una concepción totalmente equivocada de nuestro pensamiento y nuestro lenguaje sobre Dios y que, por tanto, es, en el fondo, un rechazo de la enseñanza tomista sobre la analogía –la instancia necesaria, como mantiene esta tradición, para encontrar una conexión cognitiva con Dios para la mente humana en esta vida.

Sin embargo, tampoco aquí la visión alternativa propuesta por Lindbeck y otros carece de evidencia textual. En nuestra vida actual, dice Tomás de Aquino, "de Dios no podemos saber qué es, sino qué no es", y todas nuestras palabras, incluso cuando las usamos para referirnos a Dios, significan de un modo que "corresponde a las criaturas" –y no a Dios[37]. Como resultado, "estamos unidos a Dios en esta vida como a un desconocido" (*quasi ignoto*)[38]. En un destacado pasaje, el Aquinate explica esto con más detalle. Cuando nos acercamos a Dios "por vía de la remoción", primero negamos de él los atributos corporales, después los atributos intelectuales como la bondad y la sabiduría, "como estas están presentes en las criaturas". En este punto, continúa Tomás, "lo único que permanece en nuestro intelecto es que sólo Dios existe, y nada más. Como resultado, nuestro intelecto está confundido. Pero entonces, como un último paso, negamos de Dios incluso el ser mismo (*etiam hoc ipsum ese*), tal y como se da en las criaturas. Y entonces nuestro intelecto permanece en la oscuridad de la ignorancia. Pero, como dice Dionisio, es en esta pura ignorancia como mejor nos unimos a Dios en nuestro estado peregrino, porque esta ignorancia es esa nube oscura en la que se dice que mora Dios"[39].

El tema que subyace aquí puede presentarse, a mi juicio, con un poco más de precisión. ¿Nos proporciona la analogía, tal como la plantea Tomás de Aquino, conceptos (conceptos "análogos", naturalmente) de las perfecciones de Dios –nos capacita para entender la *ratio* de ese ser, bondad, etc., que son exclusivas de Dios? ¿O sirve al objetivo más modesto de dirigirnos en la dirección correcta –de darnos una buena razón para suponer que hay conceptos adecuados a las perfecciones exclusivas de Dios, aunque no los tenemos en esta vida y debemos esperar a la

---

36. Véase más abajo, pp. 95-97; también 1967a, pp. 49-50.

37. *ST* 1, q.3, prooem; 1, q.13, a.3, c.

38. *St* 1, q.12, a.13, ad 1.

39. *In I Sent.* 8, 1, 1, ad 4. La "nube oscura" en la que Dios mora es una referencia a Ex 20, 21 (Vulg: "Moses autem accesit ad caliginem in qua erat Deus"; cf. Ex 19, 19; 24, 16); cf. *In III Sent.* 35, 2, 2, ii, c (§ 143).

vida bienaventurada para tener los medios cognitivos para comprender el ser y la bondad de Dios?

Las dos posturas necesitan ser matizadas, pero escoger cualquiera de ellas también plantea problemas considerables. Un concepto de sabiduría de Dios formado al modificar nuestro concepto de sabiduría presente en las criaturas parece no ser un concepto de la unicidad de la sabiduría divina, sino meramente el de una criatura perfectamente sabia, no importa lo lejos que llevemos la analogía. Al mismo tiempo, si realmente no sabemos lo que queremos decir cuando decimos que Dios es (supereminentemente) sabio, entonces a partir de todo aquello que nuestra percepción de la sabiduría de Dios nos capacita para poder decir, sería más verdadero decir que Dios no es sabio, que decir que sí lo es. Sin embargo, la coherencia de la fe cristiana exige buscar el modo de afirmar ambas cosas, a saber, que el conocimiento seguro de Dios sea alcanzable incluso para las criaturas pecadoras, y que Dios es verdaderamente trascendente incluso para las criaturas completamente unidas a él en la gloria. El problema de cómo debemos entender la relación de nuestro lenguaje y nuestro pensamiento con el Dios de quien ellos hablan va más allá, por supuesto, de la ya de por sí difícil tarea interpretativa de armonizar las diferentes afirmaciones de Santo Tomás sobre esta cuestión. Pero quizá no haya un modo más fructífero de buscar la coherencia de nuestro conocimiento con la trascendencia de Dios que en diálogo con Santo Tomás y sus muchos intérpretes.

V

La Naturaleza de la Doctrina, según afirma Lindbeck en un ensayo reciente, "era, y sigue siendo, algo secundario respecto de mis principales preocupaciones"[40]. Esto puede suponer una sorpresa para los muchos lectores que le conocen sólo por este libro. Pero desde el principio, como hemos visto al presentarlo, la principal tarea de Lindbeck ha sido el ecumenismo. Tal como lo expone un comentarista, Lindbeck ha llevado "una vida hecha para el ecumenismo", empezando con su juventud como un hijo de padres misioneros luteranos norteamericanos en China[41]. Desde sus días de estudiante en París, cuando se encontró por vez primera con los teólogos ecuménicos católicos franceses que jugarían un papel tan importante en

---

40. 2005b, p. 212.

41. Eckerstorfer, *Kirche in der postmodernen Welt*, o. c., p. 71. Lindbeck mismo ha planteado esta conexión, aunque explica que la cultura misionera protestante interdenominacional de su juventud encendió su interés por la unidad visible de los seguidores de Cristo precisamente por su resistencia al ecumenismo. Véase 2004a, pp. 389-392.

el Vaticano II, la principal preocupación de Lindbeck ha sido el deseo de Cristo de unidad de su Iglesia dividida[42].

Gran parte del esfuerzo ecuménico de Lindbeck ha estado dedicado a la resolución de las diferencias doctrinales históricas entre luteranos y católicos –lo que él llama "reconciliación doctrinal sin capitulación". Los diálogos en los que se desarrolló este trabajo cubrían la mayor parte de los temas tradicionalmente discutidos entre luteranos y católicos, incluyendo la presencia real, el sacrificio eucarístico, el oficio ministerial, el primado papal, la infalibilidad y la justificación. En estos diálogos aparecían continuamente convergencias inesperadas y, a menudo, profundas sobre asuntos que durante mucho tiempo han dividido a las confesiones, respaldados por afirmaciones comunes detalladas y muchos ensayos académicos sobre los aspectos bíblicos, históricos y sistemáticos de cada problema[43]. Aún así, estos acuerdos han provocado –con la destacada excepción de la Declaración Conjunta sobre la Doctrina de la Justificación en 1999– pocos resultados eclesiales. La comunión plena entre luteranos y católicos aún parece un largo camino, en algunos aspectos más lejano que hace 45 años, antes de que comenzaran los diálogos. Las grandes esperanzas compartidas por Lindbeck y muchos otros al acabar el Vaticano II han permanecido, hasta ahora, casi sin ninguna realización efectiva.

Este desánimo ecuménico suele explicarse como inevitable, bajo la premisa de que simplemente no hay forma de reconciliar las doctrinas manifiestamente opuestas de las comunidades cristianas divididas. Pretender, como hacen los ecumenistas, que ocurre lo contrario, es engañoso y, quizá, una farsa deliberada. O, hablando de un modo un poco más sutil, el ecumenismo actual está en un punto muerto, porque los acuerdos doctrinales presentados por los diálogos, mientras que pueden parecer convincentes hasta cierto punto, en el fondo son equívocos. Enmascaran una "diferencia fundamental" más honda que, aunque en sí carece del estatus de doctrina de la iglesia, impregna todas las doctrinas históricamente controvertidas que han dividido a protestantes y católicos (una diferencia, por ejemplo, en la comprensión de la acción divina y humana, o respecto de la mediación comunitaria de la salvación en Cristo). Este *Grunddifferenz*, argumentan, siempre hará imposible un acuerdo doctrinal suficiente para la unidad visible.

Se podría alegar que Lindbeck escribió *La Naturaleza de la Doctrina* para hacer frente a tales objeciones *avant la lettre* (antes de que surgieran). Desde la primera página, su objetivo principal en el libro es dar una explicación

---

42. Véase la descripción que hace el propio Lindbeck de este encuentro en 2004a, pp. 393-396.

43. Para una lista completa de los diálogos en los que Lindbeck ha participado, véase Bruce D. Marshall (ed.), *Theology and Dialogue* (Notre Dame: University of Notre Dame Press, 1990), pp. 297-298.

intelectualmente satisfactoria de los logros de los que había sido testigo en la práctica ecuménica, donde la reconciliación doctrinal a veces tiene lugar entre comunidades cristianas divididas (o, por lo menos, entre sus representantes oficiales) sin que ninguna comunidad abandone sus compromisos doctrinales históricos. Él puede considerar su libro como "secundario" simplemente porque en ecumenismo, como en general, la práctica puede desarrollarse sin la teoría[44].

Aún así, la teoría también tiene su utilidad, y el elemento nuclear de *La Naturaleza de la Doctrina* es la "teoría regulativa" de las doctrinas eclesiales desplegada en el capítulo 4 y aplicada en el capítulo 5. Los análisis sobre la naturaleza de la religión y la diversidad religiosa de la primera mitad del libro quieren principalmente establecer el marco conceptual para la teoría regulativa de la doctrina, y el capítulo final sobre la teología "postliberal", profusamente discutido, es esencialmente un epílogo que ofrece sugerencias sobre lo que podría ser hacer teología a la luz de las ideas sobre la religión y la doctrina ya presentadas. Visto en términos de su objetivo ecuménico, la esencia del libro es la exposición de Lindbeck de que la teoría regulativa de la doctrina es capaz de explicar, no sólo la forma en que la doctrina funciona realmente en las comunidades religiosas, sino especialmente los resultados del diálogo ecuménico. Lo que durante mucho tiempo parecían "diferencias fundamentales" irresolubles entre las Iglesias divididas pueden ser, y a menudo son, formas diferentes pero compatibles de seguir la misma regla –de profesar la misma doctrina. La exigencia ecuménica de un acuerdo doctrinal no necesita llevarse a cabo con el costo de la capitulación de uno de los bandos (como temen los "proposicionalistas"), ni es preciso vaciar las doctrinas eclesiales de todo contenido cognitivo o de todo poder para moldear las comunidades (el "experiencial-expresivismo" carece de los recursos para evitarlo).

Ciertamente, Lindbeck admite que uno puede usar legítimamente *La Naturaleza de la Doctrina* para objetivos distintos de los ecuménicos, que fueron el motivo de que se escribiera. La teoría regulativa de la doctrina ha contribuido, a veces, a que hubiese preocupación sobre la concepción de verdad de Lindbeck, pero, hasta donde yo sé, nunca ha sido el fundamento explícito para plantear ninguna propuesta ecuménica concreta. De hecho, casi nada de lo escrito sobre la obra de Lindbeck aborda de ningún modo cuestiones ecuménicas –colocando *La Naturaleza de la Doctrina* entre las demostraciones más notables del tópico de que el uso que se haga de un texto no depende de las intenciones de su autor[45].

---

44. Véase más abajo, pp. 31-33, 39-41; también 2005b, pp. 212-213 n. 1.

45. La única excepción reseñable es Charles Morerod, OP, "La contribution de George Lindbeck à la méthodologie oecuménique", en Boss, Emery y Gisel (eds.), *Postlibéralisme?*, o. c., pp. 157-182. Morerod se centra en el planteamiento de Lindbeck sobre la infalibilidad. Véase el comentario de Linbeck en 2004a, p. 405 n. 37.

Lindbeck no sólo reconoce que su trabajo más influyente apenas se ha usado para los propósitos que lo suscitaron, también ha demostrado que el hecho de resolver conflictos doctrinales históricos provoca muchos menos cambios ecuménicos de los que pensaba en un principio. Esto nos puede llevar a pensar que el trabajo de su vida ha sido en vano, pero él no lo ve así y acepta con gran serenidad la probabilidad de que pasen generaciones antes de que su trabajo dé el fruto esperado. "No tengo ni idea", dijo en 1994, "sobre cuándo este avance [en el acuerdo doctrinal] contribuirá de manera importante a la reunificación de las iglesias, pero siento una gran satisfacción porque ese trabajo esté hecho en gran parte"[46].

Sin embargo, la vida ecuménica de Lindbeck ha tenido efectos positivos más inmediatos. Ha enseñado a una generación de teólogos a encontrar su camino dentro del conjunto de la tradición ecuménica de la teología cristiana –no sólo a conocerla (lo que también pueden hacer los más ardientes polemistas), sino también a no encontrar nada cristiano que les sea extraño o ajeno. Ahora se lleva impulsar un ecumenismo entendido, ante todo, como un asunto de conversión, manteniendo que las comunidades cristianas deben experimentar un cambio de mentalidad sobre ellas mismas y los otros cristianos para que el cuidadoso trabajo conceptual de los diálogos consiga algún bien (un punto tratado ya por el Vaticano II en *Unitatis redintegratio* y subrayado por Juan Pablo II en *Ut unum sint*). Sin este "ecumenismo espiritual", como la escasez de resultados a nivel eclesial de los diálogos sobre la doctrina muestra muy claramente, los cristianos se niegan a escandalizarse por sus propias divisiones, y una iglesia dice a la otra, sea abiertamente o no, "no te necesitamos" (cf. 1Cor 12, 21). Como una ojeada a sus escritos sobre el catolicismo en la década de 1950 puede mostrar, Lindbeck era este tipo de ecumenista antes de hacerse con un nombre[47]. Más por su ejemplo intelectual que por recomendación expresa, él ha enseñado a muchos a seguir este camino, participaran o no en diálogos ecuménicos oficiales.

Por lo demás, Lindbeck ha hecho teología y ha enseñado a otros a hacer teología de forma que siempre les lleve de vuelta a la fe y a la vida de la iglesia cristiana dividida y sufriente, pero que, en todo caso, no deja de ser el pueblo de Dios, el verdadero cuerpo de Cristo y templo del Espíritu. El lenguaje y la praxis primordiales de la iglesia no son un simple conjunto de datos sobre el que la teología trabaja, o una plataforma de lanzamiento desde la cual la teología inicia su propio viaje para nunca volver. A pesar de todo, Dios ha elegido vivir para

---

46. 1994d, p. 48.

47. Véase, por ejemplo, 1961e, donde Lindbeck explica con delicadeza a una audiencia luterana completamente recelosa del catolicismo romano el carácter evangélico de gran parte de la teología católica anterior al Vaticano II y de la reforma litúrgica, e incluso el sentido cristiano de la mayoría de las prácticas católicas que pueden resultar ofensivas.

siempre en medio de esta asamblea de culto y compartir su vida con ella. En toda su pequeñez y pobreza, la iglesia es el lugar donde se dan y reciben diariamente infinitas riquezas, bienes que siempre escaparán a una explicación conceptual plena. El objetivo de la teología no es adentrarse en los misterios divinos inaccesibles para los simples mortales para así instruir a la asamblea cristiana sobre qué decir y hacer, sino hacer explícita, de un modo riguroso aunque fragmentario, la comprensión de esos misterios que se le ha dado ya a cualquier fiel creyente. En este sentido, no sólo el ecumenismo, sino también la teología en general, es un asunto del corazón y no sólo de la mente. La austeridad estilística de Lindbeck no debe confundirnos. En sus manos, como insistió Dionisio hace mucho tiempo y Tomás de Aquino enseñó a la iglesia de Occidente, la teología vive del origen mismo de la vida de la iglesia en Dios: de experimentar las cosas de Dios, en unión con Cristo y con todos los que le pertenecen.

Prólogo a la edición alemana de *La Naturaleza de la doctrina*

Este no es el libro que era hace 10 años, cuando se publicó por primera vez. Cayó en manos de grupos de interés dudoso, que estuvieron tan influenciados por la opinión pública que hasta yo, el autor, ahora lo leo en parte a través de sus ojos. El cambio necesita una explicación; y esa es la razón principal de este prólogo...

Como se indica en capítulos más adelante, el libro que creía haber escrito era simplemente preliminar a un trabajo más extenso, una dogmática comparativa que trataría de un modo comprehensivo el estado actual y las futuras posibilidades de superar las fracturas eclesiales provocadas por las diferencias doctrinales históricas dentro de las principales tradiciones cristianas, la Reforma, la ortodoxia oriental y el catolicismo. Fui recopilando materiales para este proyecto mientras enseñaba (desde 1951) en una facultad de teología universitaria con alumnos y profesores comprometidos y elocuentes de todas estas confesiones. Además, empecé a participar en diálogos ecuménicos tanto nacionales como internacionales incluso antes del Vaticano II, fui supervisor delegado en el Concilio, y trabajé en la década de los 70 y los 80 como copresidente de la Comisión Conjunta de Estudio Luterano - Católico Romana. Sin embargo (por anticipar algunos puntos que se tratan con más detalle a lo largo del libro), cada vez estaba más perplejo por las visiones de la doctrina habituales en los pronunciamientos eclesiales y en los tratamientos académicos del tema, tanto a nivel teológico como no teológico. No reflejaban adecuadamente la comprensión implícita en las prácticas operativas tanto en el presente ecuménico como en el pasado no ecuménico. Cuando utilicé los conceptos habituales, como lo hice en varios bocetos de la dogmática comparativa que había proyectado, los resultados eran incoherentes. Parecía necesario desarrollar y justificar una comprensión de la doctrina de la iglesia que se adaptara mejor a mis objetivos antes de poder continuar. El resultado fue este pequeño volumen, que fue concebido como prolegómeno a un estudio más sustancial de la situación ecuménica.

Mientras tanto, el público al que me dirigía hacía tiempo que se había esfumado. Para 1984, los intereses ecuménicos habían cambiado: de un interés por superar las barreras doctrinales que bloqueaban la unidad cristiana se había pasado a un esfuerzo por cooperar en dificultades comunes a favor de, utilizando la fórmula del Concilio Mundial de las Iglesias, la justicia, la paz y la integridad de la creación (conocidas por el acrónimo JPIC). Los ecumenistas de este nuevo tipo no están muy interesados en la doctrina, sino que han sido teólogos sistemáticos e historiadores, filósofos y sociólogos de la religión, e incluso, en menor medida, biblistas quienes se han visto más implicados y han participado más frecuentemente en los debates sobre este libro.

Esto me sorprendió. El único aspecto novedoso del libro, supuse, era su enfoque ecuménico. Los ingredientes se tomaron prestados. Mis compañeros de Yale Hans Frei y David Kelsey proporcionaron la hermenéutica narrativa (sin duda diferente en su forma de lo que habitualmente se coloca bajo esa denominación) que se propone en el libro, mientras que la comprensión gramatical o regulativa de la doctrina tiene raíces patrísticas que se recuperaron con la ayuda de ciertos autores, como el germano-luterano Edmund Schlink y el jesuita canadiense Bernard Lonergan, entre los teólogos, y Ludwig Wittgenstein, entre los filósofos (como suele decirse con propósito exonerativo, no son responsables del uso que yo hago de sus trabajos). De la misma forma, la teoría de la religión "cultural-lingüística" está, salvo su propio nombre, adaptada a partir de Clifford Geertz y, tal y como la uso yo, equivale a poco más que una versión semiótica de esa mezcla de ideas de Weber, Durkheim, Hegel y Marx utilizada por todos los que hablan de religión hoy en día (y que conozco principalmente de segunda mano, sobre todo como lo ha transmitido Peter Berger)[48].

Mis ideas no eran solo principalmente prestadas, sino que también eran utilizadas de un modo que yo consideraba pre-teológico y, por lo tanto, donde era posible, teológicamente neutral. Las teorías de la doctrina y de la religión, por ejemplo, pueden girar hacia la derecha o hacia la izquierda y se pueden utilizar tanto para fines cristianos como no cristianos (tal como lo hicieron las conceptualizaciones platónicas, aristotélicas, de Schleiermacher y hegelianas a través de los siglos). Mi uso de ellas se supone que es asistemático y *ad hoc*, ajustándose así tanto a las recomendaciones de Karl Barth para el uso de conceptos no escriturísticos en teología como a las corrientes antifundacionales contemporáneas en la filosofía anglo-americana. El objetivo no es legislar doctrinalmente, sino estudiar la inmanencia mutua de la mutabilidad y la inmutabilidad de la doctrina cristiana, para hacer más fácil a nivel conceptual combinar compromiso con la búsqueda de la unidad eclesial y lealtad a credos y confesiones históricas. Aquellos

---

48. Las referencias a las fuentes mencionadas en este párrafo se encuentran en su lugar correspondiente a lo largo del libro; consultar el índice analítico.

que no comparten este objetivo pueden convertirse también en postliberales, si lo desean, tomando prestado, como he hecho yo, un entendimiento similar de la religión y la doctrina de fuentes no teológicas y utilizándolas para sus distintos fines teológicos. El libro, repito, es pre-teológico e inocentemente supuse que sería interesante fundamentalmente para ecumenistas con un compromiso doctrinal.

¿Por qué, entonces, el debate acabó estando dominado por estudiosos no comprometidos con el ecumenismo, autores posicionados tanto en la izquierda, poco preocupados por la unidad visible de la Iglesia y menos aún por la integridad de los credos y de las confesiones, como en la derecha, no solo indiferentes ante la unión de las iglesias, sino a menudo contrarios? La razón, parece, es que la combinación que realiza el libro de conceptualizaciones vanguardistas y compromiso con la doctrina histórica se percibía, por un lado, como un ataque directo al liberalismo y, por otro lado, como una peligrosa seducción hacia el conservadurismo. El deseo de ser tanto actual intelectualmente como ortodoxo desde el punto de vista de las creencias no es algo poco común en la derecha, pero está en tensión con el miedo a lo nuevo; el preliberalismo parece más seguro que el postliberalismo. Las reacciones en la izquierda suelen ser un reflejo especular de las de la derecha: hay un acuerdo con la derecha en que la vanguardia es, por definición, heterodoxa, salvo por el hecho de que es vista como algo deseable. Todo aquello que es percibido como ortodoxo es considerado retrógrado. Un planteamiento del que se puede decir que "las manos pueden ser las de Wittgenstein y Geertz, pero la voz es la de Karl Barth" es obviamente autocontradictorio[49]. Si esto no es así, si la ortodoxia no puede seguir siendo acusada de estar ineludiblemente enfrentada a los nuevos avances intelectuales, entonces el caso del liberalismo, en la mayoría de sus versiones norteamericanas, se viene abajo. Por suerte para mí, hay muchos lectores que están fervientemente de acuerdo con el libro, pero, incluso ellos, suelen verlo como un trabajo perteneciente a géneros que están más allá de mis intenciones al escribir este libro, como la dogmática, la filosofía y la teología de la cultura.

Si miramos al conjunto de estas respuestas, se podría decir que el libro no ha funcionado como prolegómeno ecuménico, sino como una contribución

---

49. Estas palabras están tomadas de David Tracy, "Lindbeck's New Program for Theology", *The Thomist* 49 (1985), pp. 460-72 (465). Se debería mencionar que Tracy no afirma que mis opiniones sean autocontradictorias, sino, más bien, que su verdadero carácter está difuminado por la retórica vanguardista. Analizando la relación de mi trabajo con Barth, otro comentarista llega a la conclusión de que se me interpreta mejor como cripto-tomista (George Husinger, "Truth as Self-Involving", *Journal of the American Academy of Religion* 61 [1963], 41-56). Mi propia opinión, como descubrirá el lector, es que hay formas de comprender a estos tres teólogos que están en sintonía con el postliberalismo pre-teológico. En mi docencia y mis escritos más propiamente teológicos y dogmáticos que he realizado a lo largo de los años, el carácter fundamentalmente luterano de mi perspectiva ecuménicamente "evangélico-católica" es, espero, inequívoco.

al debate más amplio acerca de si (o cómo) la modernidad (y su negación parasitaria en la postmodernidad) está siendo reemplazada por una nueva situación cultural, religiosa, intelectual y teológica. Visto desde esta perspectiva, no es un trabajo aislado, sino parte de una creciente secuencia de estudios teológicos, éticos y religiosos. Ni siquiera era nuevo cuando apareció por vez primera: Alasdair MacIntyre y Stanley Hauerwas ya estaban publicando trabajos filosóficos y teológicos afines a este[50]. Si lo contemplamos desde el contexto de este debate más amplio, hay mucho de lo que el presente libro carece: lo que MacIntyre llama "tradiciones de investigación" habría sido de gran ayuda a la hora de especificar las relaciones entre doctrina, teología, praxis y comunidades religiosas y, además, son necesarios análisis más completos sobre temas filosóficos como el anti-fundacionalismo* y la relación entre verdad y creencia justificada, y sobre temas de teoría literaria (de los cuales el menor no es precisamente la deconstrucción), sobre la presencia del comunalismo en la sociología y la ciencia política contemporáneas, de hermenéutica narrativa y su relación tanto con la exégesis premoderna como con la histórico-crítica, y sobre la relación de mi proyecto con los dos teólogos con los que he entablado una conversación más continuada a lo largo de los años, Tomás de Aquino y Martín Lutero. La inclusión de este material adicional habría convertido este libro en una obra diferente y mucho más larga, pero más cercana a la que se suponía que yo tenía la intención de escribir.

¿Qué posibilidades futuras tienen las perspectivas cultural-lingüísticas postliberales que este libro recomienda? Su futuro es prometedor en disciplinas no teológicas, al contrario que en las teológicas, y sus posibilidades de influencia son aún menores a la larga en el ámbito norteamericano. Esto es lo que cabe esperar. Donde los vínculos comunitarios son débiles y las estructuras sociales favorecen el individualismo, como ocurre en este continente, el individuo se ve y se experimenta con especial intensidad como un *ego* aislado. A nivel intelectual, y más aún a nivel emocional, es difícil admitir que la individualidad es una realidad social e interpersonalmente construida. Parece especialmente difícil para la gente religiosa admitir que las personas son, en lo más profundo de su ser, animales

---

50. Consultar la explicación de Reinhard Hütter sobre estos dos autores en "Ethik in Traditionen", *Verkundigung und Forschung* 35 (1990), 61-84.

* La expresión "anti-fundacionalismo" puede sonar extraña en castellano, pero es utilizada por algunos autores para traducir el término inglés "anti-foundationalism", que se refiere a las teorías que rechazan la posibilidad de recurrir a principios o bases ("foundations") universales que fundamenten la verdad de nuestro conocimiento de la realidad. Lo mismo ocurre con la expresión contraria, "foundationalism", cuyo paralelo en castellano, "fundacionalismo", es utilizado por algunos autores. La expresión es usada varias veces por el autor a lo largo del libro y, siempre que ha sido posible, hemos optado por traducirla usando expresiones explicativas en lugar de abusar del término "anti-fundacionalismo" [N. de los T.].

sociales. Los nuevos pietistas, los liberales "a la antigua usanza" y los espiritualistas de la "new age" discrepan en muchos puntos, pero, en líneas generales, no en su individualismo y en su experiencialismo**. Para ellos es un sacrilegio pensar que las experiencias religiosas íntimas e interiores están configuradas socialmente, dar importancia a los factores cultural-lingüísticos por encima de los experienciales o, usando la terminología teológica de Lutero, conceder superioridad a lo externo por encima del mundo interior. Las jóvenes generaciones de teólogos están más influenciadas que las de más edad por lo que este libro llama postliberalismo —es difícil no percibir la fuerza de las perspectivas cultural-lingüísticas en otras disciplinas—, pero es poco probable que en un futuro inmediato tengan una influencia importante en la evolución de la teología en las iglesias. En ausencia de una mayor desintegración social que conduzca a graves crisis sociales, parece probable que la resistencia, tanto conservadora como liberal, frente a las perspectivas postliberales seguirá prevaleciendo.

En lo que a mi trabajo respecta, en la última década me ha quedado claro, sobre todo por los debates provocados por este libro, que una dogmática comparativa necesita tomar una forma diferente de la que yo había previsto inicialmente. Debería empezar con una eclesiología en la que habría que incluir lo que se podría llamar una *"Israel-ogía"***. Son dos cosas que, desde la perspectiva de la narrativa escriturística, no se pueden separar: Israel y la Iglesia son un único pueblo elegido y reconsiderar su relación es fundamental para el ecumenismo. Esta reconsideración debe ser teológica, es decir, basada en la Escritura tal y como opera en las comunidades para las cuales el testimonio bíblico del Dios de Israel y de Jesús es autoritativo. Utiliza análisis como los del presente libro, pero no se basa en ellos. Como se subraya en este prólogo, las teorías de la religión y la doctrina que he propuesto tienen como fin ofrecer fundamentos pre-teológicos más que teológicos. Son prescindibles cuando la situación cambia o cuando se diseñan nuevas herramientas intelectuales que se muestran mejores para pensar ecuménicamente en el presente postliberal de una Iglesia que ha dejado atrás la época de cristiandad. Mientras tanto, tengo la esperanza de que lo que he escrito sea útil para aquellos preocupados por la *causa Christi* a ambos lados del Atlántico.

** Como en el caso de "anti-fundacionalismo", "experiencialismo" puede resultar un término extraño, pero es igualmente usado por algunos autores para referirse a la teoría que considera que nuestro conocimiento del mundo depende fundamentalmente de la experiencia [N. de los T.].

*** Literalmente en el original "Israel-ology" [N. de los T.].

Prólogo a la edición original

Este libro es el resultado de un cuarto de siglo de creciente insatisfacción con las formas habituales de reflexionar sobre las normas de creencia y acción comunitarias generalmente denominadas doctrinas o dogmas de las iglesias. Después de 25 años de participación en discusiones ecuménicas y de docencia de la historia y la situación actual de las doctrinas, me parece que aquellos de nosotros que tomamos parte en estas actividades carecemos de las categorías adecuadas para conceptualizar los problemas que surgen. A menudo no somos capaces de, por ejemplo, concretar los criterios que empleamos implícitamente cuando decimos que algunos cambios son fieles a la tradición doctrinal y otros no, o que algunas diferencias doctrinales dividen a la iglesia y otras no. En otras palabras, las doctrinas no se comportan como deberían, dadas nuestras suposiciones habituales sobre el tipo de cosas que son. Necesitamos, sin duda, nuevas y mejores formas de entender su naturaleza y función.

El problema, tal y como plantea el título de este ensayo, no se ciñe a las doctrinas en sí, sino que se extiende hasta la misma noción de religión. Las teorías sobre la religión y la doctrina son interdependientes, y las deficiencias en una de las áreas son inseparables de las deficiencias en la otra. Además, todos los enfoques teológicos habituales son inútiles. Las dificultades no se pueden resolver, por ejemplo, apartando las teorías modernas y volviendo a alguna forma de ortodoxia preliberal. Es necesaria una tercera forma, postliberal, de concebir la religión y la doctrina religiosa.

Aunque este libro está centrado en problemas teológicos y ecuménicos intracristianos, la teoría de la religión y la doctrina religiosa que propone no es específicamente ecuménica, ni cristiana, ni teológica. Más bien deriva de puntos de vista filosóficos y sociocientíficos y, aun así, debo argumentar que tiene ventajas, no sólo para el estudio teológico de la religión, sino también para fines ecuménicos y teológicos cristianos y, quizá, también no cristianos. Lo que es nuevo en este trabajo, de hecho, no es su teoría de la religión, sino el uso de esta teoría en la conceptualización de la doctrina, y la idea de que esta conceptualización contribuye a la teología y el ecumenismo. El argumento principal se extiende incluso más allá de los asuntos ecuménicos que lo originaron, pero esto es algo inevitable. Una teoría de la religión y la doctrina no puede ser ecuménicamente provechosa a no ser que sea plausible en un ámbito más amplio que el estrictamente ecuménico.

Por lo tanto, las páginas siguientes se pueden leer de dos formas diferentes. Son, en cierto modo, una contribución a la teoría de la religión y la doctrina religiosa que puede ser de interés para estudiantes del cristianismo, tanto de teología como de otras disciplinas, así como de otras religiones, pero también sirven como prolegómenos de un libro que llevo tiempo intentando escribir sobre el estado actual de los acuerdos y desacuerdos doctrinales de las más importantes tradiciones cristianas. La tesis principal, repito, no presupone por parte del lector ningún interés ecuménico especial y, aun así, las implicaciones ecuménicas se desarrollan en mayor detalle que si se hubiera escrito por alguien no involucrado, como lo he estado yo, en los esfuerzos por superar las divisiones cristianas.

Antes de resumir, en el primer capítulo, la idea principal de la teoría que proponemos, sería de ayuda señalar en la introducción algunas características generales de nuestro planteamiento. En principio, aunque no siempre en la presentación, esta cuestión consiste principalmente en buscar conceptos que resuelvan las anomalías. Un posible ejemplo de lo que quiero decir con esto puede ser un experimento psicológico que, en palabras de Thomas S. Kuhn, "merece ser conocido mucho mejor fuera de la profesión"[51].

Bruner y Postman introdujeron algunos naipes falsos, como un 6 de picas rojo y un 4 de corazones negro, en una serie de cartas de la baraja que sujetos experimentales tenían que identificar rápidamente. Todos los sujetos identificaron inicialmente las cartas anómalas de forma incorrecta, como si fueran normales, pero, en cuanto se incrementó el tiempo de exposición, quedaron confusos. A medida que aumentaba el tiempo de exposición, la mayoría fue viendo que esta o aquella carta tenía un color erróneo y, después de que ocurriera dos o tres veces, rápidamente fueron capaces de identificar todas las cartas correctamente. "Sin embargo, unos cuantos sujetos no fueron capaces en ningún momento de llevar a cabo el ajuste necesario de sus categorías. Incluso a cuarenta veces la exposición media necesaria para reconocer las cartas normales con exactitud, más del 10 por ciento de las cartas anómalas no fueron identificadas correctamente. Y los sujetos que fallaron en esas condiciones mostraron, con frecuencia, un gran desaliento personal. Uno de ellos exclamó: 'No puedo hacer la distinción, sea la que fuere. Ni siquiera me pareció ser una carta en esta ocasión; no sé de qué color era ni si se trataba de una pica o de un corazón. Ya ni siquiera estoy seguro de cómo son las picas. ¡Dios mío!'"[52].

---

51. Thomas S. Kuhn, *La estructura de las revoluciones científicas*, (México: Fondo de Cultura Económica, 1971 [original de 1962]), p. 108.

52. Ibid., p. 109.

A veces, los teólogos se comportan de forma parecida. Las anomalías se acumulan, las viejas categorías no sirven y, con suerte o maña – ambas atribuidas a la Gracia por los creyentes–, se encuentran nuevos conceptos que sirven mejor para explicar los datos. Si no se encuentran, las consecuencias pueden ser traumáticas a nivel intelectual y religioso.

Como ya se ha indicado, estas anomalías tienen que ver especialmente con la interrelación de continuidad y cambio, conflicto y compatibilidad, unidad y desunión, variedad y uniformidad de las doctrinas entre, y especialmente dentro de, las religiones. Algunas de las cuestiones relativas a esta serie de problemas han sido discutidas durante mucho tiempo bajo la denominación "desarrollo de la doctrina"[53], pero últimamente la perplejidad se ha ido agudizando cada vez más, debido a tendencias ecuménicas e interreligiosas, y a la proliferación de dificultades de fundamentación, sistemáticas, históricas y pastorales. Como resultado, la variedad de temas de los que trata este proyecto es de una amplitud que llega a ser incómoda.

Por lo tanto, para limitar la investigación, ha sido necesario mantenerla en el terreno estrictamente teórico. No se hace ningún intento de evaluar la fiabilidad de los supuestos hechos relativos a la posición doctrinal de las iglesias, que constituyen los datos con los que hemos de trabajar. Estos datos, más que categóricamente, se toman hipotéticamente: dado un caso cualquiera determinado, ¿cómo se puede entender mejor? Si una realidad, como una carta de la baraja que no parece una carta, parece imposible, ¿qué conceptos o qué teoría permiten que sea posible? Si, por ejemplo, se afirma que las doctrinas son "irreformables", como dijo el Vaticano I, ¿qué comprensión de la doctrina haría entonces que tal visión fuera comprensible sin excluir la posición contraria? O, por poner otro ejemplo, ¿hay formas de comprender afirmaciones aparentemente absurdas del acuerdo ecuménico que admiten que puedan ser justificadas en lugar de insistir *a priori* en que seguramente sean erróneas? Sin embargo, determinar si de hecho están justificadas es algo que corresponde a investigaciones más directamente ecuménicas.

Como corresponde a una investigación teórica más interesada en cómo pensar los hechos que en cómo demostrarlos, las propuestas presentadas en este libro tienen como fin ser aceptables en todas las tradiciones religiosas que entran dentro de su ámbito. En otras palabras, tienen como objetivo ser neutrales ecuménica y religiosamente. En sí mismas no implican decisiones a favor o en contra de las enseñanzas de la autoridad de cada comunidad religiosa. Esta pretensión de neutralidad doctrinal será puesta a prueba más adelante en referencia a las afirmaciones trinitarias y cristológicas clásicas, los dogmas marianos y la infalibilidad. En

---

53. La expresión "desarrollo de la doctrina" se ha usado desde John Henry Newman, *Ensayo sobre el desarrollo de la doctrina cristiana* (Salamanca: Universidad Pontificia de Salamanca, 1997 [original de 1845]).

la medida en que se supere esta prueba, el enfoque propuesto mostrará su utilidad, tanto para cristianos ortodoxos como para no ortodoxos, y tanto para católicos como para protestantes. Este enfoque que proponemos tampoco prejuzga si el cristianismo o cualquier otra religión es la verdadera o no y, por lo tanto, puede ser útil para los cristianos en diálogo con miembros de otras religiones o con personas sin ninguna religión. Un problema diferente, que apenas abordaremos en las páginas que siguen, es si este enfoque también es neutral desde perspectivas no cristianas. Algunas religiones o cuasi-religiones como el hinduismo, el budismo o el marxismo —aunque, en mi opinión, no el judaísmo o el islam— pueden estar vinculadas de forma implícita a distintas teorías de la religión; pero es mejor dejar esta cuestión a los seguidores de estas otras creencias. En cualquier caso, aunque las propuestas presentadas en este libro no sean universalmente utilizables, no tienen como fin decidir sobre cuestiones materiales, sino ofrecer un marco para su discusión.

Sin embargo, sería un error suponer que este intento de neutralidad doctrinal conlleva también neutralidad teológica cuando la teología se entiende como una actividad académica que consiste en una reflexión de segundo orden sobre los datos de la religión (incluidos los datos doctrinales) y en una formulación de posicionamientos materiales (incluyendo los doctrinales). Gran parte de la teología entendida en este sentido concreto, quizá incluso toda, es, hasta cierto punto, dependiente implícita o explícitamente de las ideas derivadas de una u otra teoría de la religión y, por tanto, es objeto de críticas desde otras perspectivas teóricas contrarias. El último capítulo de este libro aborda la forma de hacer teoría que encaja con la perspectiva propuesta. Al margen de lo que pueda decirse al respecto, el camino que proponemos está claramente en conflicto tanto con la tendencia ortodoxa tradicionalista como con las formas actualmente imperantes de liberalismo.

Esto sugiere, con razón, que las motivaciones para este libro son, en última instancia, más sustancialmente teológicas que puramente teóricas. Como alguien preocupado por la unidad cristiana, quiero creer, como lo han hecho la mayoría de los teólogos a través de los años, que mi trabajo es de utilidad para la iglesia y la gloria de Dios. Resumiendo, a pesar de que el argumento del libro está planteado para ser neutral doctrinal y religiosamente, ha sido suscitado por convicciones sobre qué clase de pensamiento teológico tiene más posibilidades de resultar útil religiosamente para cristianos, y quizá también para otros, en la situación actual.

Sin embargo, las motivaciones y las convicciones tienen poco que ver con la fuerza de los argumentos. En el mejor de los casos, estar a favor o en contra de una teoría global es más una cuestión de invitación que de demostración. Como se explica en parte en el experimento del juego de cartas, los marcos teóricos dan lugar a la percepción de problemas y sus posibles soluciones de forma que cada marco es en sí mismo irrefutable. Por ejemplo, si algunos de los sujetos experimentales se centraran en explicar sus confusas percepciones en términos de su psicología y su fisiología individual, nunca preguntarían si la peculiaridad de las cartas pudiera ser la fuente de sus dificultades (en el caso contrario tampoco se preguntarían nunca si los problemas son, de hecho, en origen psicológicos y fisiológicos). De una forma un tanto análoga, pero con mucha más complicación, cada una de las perspectivas omniabarcantes y esencialmente diferentes sobre la religión y la doctrina que vamos a tratar tiene su propia concepción de lo que supone ser una evidencia relevante a favor o en contra de su propia visión del mundo. Los filósofos de la ciencia dicen a menudo que, incluso en las disciplinas más objetivas empíricamente, todos los términos observacionales y todas las oraciones observacionales poseen una importante carga teórica. Incluso en física y química, "la adopción de una teoría particular normalmente altera el significado de los términos observacionales, es decir, altera los hechos que quiere explicar"[54]. Este punto se puede ilustrar claramente consultando los cambios en la historia de la física, del aristotelismo al sistema newtoniano y de éste a Einstein, pero este mismo principio es aún más evidente en las teorías de la religión. No existe un punto de vista neutral desde el que valorar las percepciones contrapuestas de lo que es real y/o anómalo. Los puntos de vista omnicomprensivos sobre la religión, por no hablar de las religiones en sí, no pueden ser confirmados o refutados concluyentemente.

Es preciso señalar que el planteamiento desarrollado en este libro es circular más que lineal. Su capacidad para convencer, si la tiene, no depende de ir paso a paso en una secuencia demostrativa, sino en el poder iluminador de todo el conjunto. Puede ser que, si atardece, lo haga simultáneamente por todo el paisaje[55]. Por tanto, el orden de los temas es, en cierto sentido, opcional: habría sido posible empezar con la reflexión sobre el método teológico del último capítulo, o con el apartado sobre la infalibilidad del quinto, en lugar de con la discusión sobre la posibilidad de reconciliación doctrinal del primero. En todo caso, hay que empezar por algún sitio.

He elegido comenzar con el ecumenismo y continuar con las tendencias actuales en las teorías sobre la religión. Este material es, en su mayor parte, aunque no todo, descriptivo y, por lo tanto, como corresponde a la naturaleza teórica de la reflexión, hipotético: si éste es el carácter de la situación ecuménica actual y del más amplio contexto intelectual, cultural y religioso, entonces éstas son algunas de las formas en las que las teorías de la religión y la doctrina pueden tener valor práctico. El objetivo de esta exposición es indicar algunas de las interrelaciones entre teoría y praxis, no intentar demostrar que la descripción que hacemos es

---

54. Ernan McMullin, "The Two Faces of Science", *Review of Metaphysics*, Vol.27 (1974), p. 663.

55. Ludwig Wittgenstein, *Sobre la certeza* (Barcelona: Gedisa, 2008 [original de 1969]) #105.

la adecuada. Incluso aunque la caracterización de las realidades presentes no sea precisa, la tesis principal puede seguir siendo válida.

El argumento en sentido estricto comienza en el capítulo 2, con una comparación entre una de las teorías de la religión más influyentes actualmente y el enfoque que este libro propone, y concluye que este último es superior, al menos para propósitos no teológicos. El capítulo 3 trata la cuestión de la viabilidad teológica. ¿Puede el planteamiento que proponemos permitir la posible validez de las posturas radicalmente opuestas sobre la verdad, la falsedad y la insuperabilidad de las religiones planteadas en el pasado y en el presente por las diferentes tradiciones teológicas? ¿Qué supone este enfoque para la relación entre las diferentes religiones, especialmente entre cristianismo y otras religiones? ¿Favorece razones sobre las que basar el diálogo interreligioso que no impliquen renunciar a las pretensiones de exclusividad, lo que para muchos creyentes es una condición irrenunciable?

Los capítulos 4 y 5 examinan la compatibilidad de nuestro planteamiento con lo que algunas tradiciones sostienen sobre la permanencia, el cambio y el desarrollo de las doctrinas y sobre la autoridad del magisterio. Estas cuestiones se debaten, como se ha dicho antes, en referencia a las afirmaciones cristológicas y trinitarias, los dogmas marianos y la infalibilidad, pero esto se hace para demostrar la neutralidad doctrinal del planteamiento, no para decidir sobre el contenido material de estas cuestiones. Estos capítulos son relevantes para los objetivos ecuménicos del libro, pero también tienen influencia en otras áreas.

Algunas de estas influencias en otras áreas son analizadas en el último capítulo, que sugiere que, aunque no pueda haber una teología concreta superior a las demás (porque lo que es mejor depende en parte del contexto histórico), sin embargo, los métodos "dogmáticos" son preferibles a los "apologéticos" en el trabajo constructivo o sistemático, y para distinguir entre avances y adaptaciones legítimas e ilegítimas (u ortodoxas y heterodoxas) se pueden formular criterios más firmes de los que a menudo se suponen posibles. Además, la teología fundamental cambia su carácter y se convierte en menos crucial de lo que suele ser para muchos teólogos, y la apologética se convierte en una cuestión de cuál es la praxis comunitaria adecuada (de acuerdo, en parte, con la teología de la liberación, pero con consecuencias políticas muy diferentes). Finalmente, aunque las posibilidades de colaboración teológica y de consenso aumentaran por la expansión de la teoría de la religión y la doctrina propuesta en este trabajo, no queda garantizado que esas posibilidades se hagan realidad. En cualquier caso, nuevas discrepancias pueden surgir para reemplazar las anteriores, y aún así no sería razón para estancarse en los problemas de antes en vez de asumir el riesgo de hacer frente a los nuevos.

Parte de los primeros 5 capítulos del libro proviene de las conferencias impartidas en el Instituto St. Michael (Universidad Gonzaga) en el otoño de 1974. Aunque la presente investigación no se centra principalmente en la cuestión de la permanencia y la infalibilidad de las doctrinas, como hicieron aquellas lecciones, y a pesar de que sólo hemos recogido unos retazos de aquellas extensas discusiones sobre Bernard Lonergan[56], todavía quedan muchos puntos en común.

Por otro lado, los cambios son lo suficientemente grandes como para desaconsejar incluir las preguntas y las respuestas que surgieron en estas clases cuando se impartieron por primera vez. Aprendí mucho de aquellos diálogos. Surgieron ideas que desde entonces he incorporado a mi pensamiento y me gustaría que fuera posible identificar y reconocer adecuadamente todo lo que debo a aquellos que generosamente me dedicaron su tiempo y atención cuando abordé por primera vez algunos de los temas tratados aquí, y a aquellos estudiantes y compañeros en Yale y otras partes que desde entonces han leído versiones preliminares de mis escritos y me han ayudado con sus reflexiones. Sólo del último grupo debería mencionar, por lo menos, media docena de personas (y, aún así, la lista estaría incompleta), pero no puedo olvidar un nombre, el de Hans Frei. Le debo más de lo que puedo expresar, por animarme y por su reflexión. Especial gratitud merecen también el Padre William F.J. Ryan, S.J., y el Padre Patrick O'Leary, S.J., que sembraron la semilla de este libro invitándome a impartir aquellas conferencias en el Instituto St. Michael y que después me animaron a prepararlas para su publicación. Espero que puedan ver el resultado de su invitación como una recompensa por su larga espera.

---

56. Ver esp. pp. 56-58, 123-124, más abajo.

Capítulo 1

TEORÍA, ECUMENISMO Y CULTURA: LA PROPUESTA EN SU CONTEXTO

I. LA MATRIZ ECUMÉNICA

En los últimos años, continuamente han ido apareciendo crónicas de teólogos católicos, ortodoxos o protestantes participantes en diálogos patrocinados por sus respectivas confesiones, que muestran un acuerdo fundamental en temas tales como la eucaristía, el ministerio, la justificación e incluso el papado y que, sin embargo, continúan manteniendo las posiciones propias que históricamente originaron las divisiones[57]. Los que escuchan tales crónicas suelen considerarlas

---

[57]. El resumen del resultado de este diálogo que ofrecen N. Ehrenström y G. Gassmann, *Confessions in Dialogue: A Survey of Bilateral Conversations Among World Confessional Familias, 1959-1974*, 3ª ed. (Ginebra: Consejo Mundial de las Iglesias, 1975), es una publicación completa y actualizada hasta el momento de su aparición, pero desde entonces ha aparecido una considerable cantidad de material nuevo. Mi propia participación ha tenido lugar, principalmente, en los diálogos católico-luteranos en niveles nacionales e internacionales, y también he contribuido con ensayos y prefacios o, en otras ocasiones, he estado envuelto en la preparación de la siguiente obra: Lutherans and Catholics in Dioalogue, 7 vols.: 1. *The Status of the Nicene Creed as Dogma of the Church* (1965); 2. *One Baptism for the Remission of Sins* (1966); 3. *The Eucharist as Sacrifice* (1967); 4. *Eucharist and Ministry* (1970); 5. *Papal Primacy and the Universal Church* (Minneapolis: Augsburg Publishing House, 1974); 6. *Teaching Authority and Infallibility in the Church* (Minneapolis: Augsburg Publishing House, 1980); 7. *Justification By Faith* (*Origins* 13 [6 de oct. de 1983], pp. 277-304). Los volúmenes 1-4 fueron publicados originalmente por el Comité de Obispos para Asuntos Ecuménicos e Interreligiosos, Washington, D.C., y el Comité Nacional de EE.UU. de la Federación Luterana Mundial, Nueva York. Los volúmenes 1-3 han sido reimpresos juntos por Augsburg Publishing House, y también el volumen 4 [N. de los T., partes de estos volúmenes fueron traducidas al castellano en la revista *Diálogo Ecuménico:* del volumen 4 en el Tomo 9, num. 33, pp. 57-84 y del volumen 5 en el Tomo 11, núms. 40-41, pp. 323-359].

También hay que resaltar los informes de la Comisión para el Encuentro Luterano/Católico de la Federación Luterana Mundial y el Secretariado Vaticano para la Promoción de la Unidad de

poco creíbles. Tienden a pensar que la mera noción de reconciliación doctrinal sin cambio doctrinal es contradictoria y sospechan que los participantes en el diálogo son víctimas del autoengaño provocado por su deseo de combinar la armonía ecuménica con la lealtad a su propia confesión. Los que participan en el diálogo (incluido el autor de estas páginas) suelen protestar. Dicen que están obligados por la fuerza de las evidencias, a veces en contra de sus inclinaciones previas, y terminan afirmando que posiciones que un día fueron realmente opuestas son hoy verdaderamente reconciliables, aunque esas posturas permanezcan en buena medida idénticas a lo que eran antes[58].

Si damos crédito a estos testimonios, no tenemos un problema con la realidad, sino con la comprensibilidad de esta extraña combinación de continuidad y cambio, unidad y diversidad. La respuesta adecuada en ese caso no es negar la realidad sobre la base de que parece imposible, sino, más bien, intentar explicar cómo es posible. Si no hay conceptos disponibles para conceptualizar esta posibilidad, habrá que buscar otros mejores. Ciertamente, los creyentes pueden, en un cierto nivel, explicar esta conciliación apelando al misterio, al poder del Espíritu Santo, pero no deberían hacerlo de un modo que pretenda eliminar la búsqueda de una forma de inteligibilidad más mundana. En todo caso, esa es, precisamente, la convicción de los que creen que la teología es *fides quaerens intellectum* (la fe en busca de su comprensión), y los que la llevan a cabo están, por tanto, obligados a tratar de desatar los nudos intelectuales a través de medios intelectuales.

El esfuerzo por seguir este camino en referencia al problema que nos ocupa sufre, no obstante, la desventaja de trabajar con nociones de la doctrina y la religión forjadas en otras circunstancias para afrontar otras dificultades. La problemática ecuménica contemporánea no era una de sus preocupaciones. Más adelante diremos mucho más sobre estos enfoques, pero ahora únicamente podemos presentarlos.

Las teorías actualmente más conocidas sobre la religión y la doctrina pueden, para nuestros propósitos, dividirse en tres tipos. El primero de ellos

---

los Cristianos: "The Gospel and the Church", *Worship* 46 (1972), pp. 326-351 y *Lutheran World* 19 (1972), pp. 259-273. El texto en alemán e inglés junto con documentos de toma de posiciones se pueden encontrar en H. Meyer (ed.), *Evangelium-Welt-Kirche: Schlussbericht y Referote der römisch-katholisch/evagelisch-lutherischen Studienkommission "Das Evangelium und die Kirche", 1967-1971* (Frankfurt: O. Lembeck/J. Knecht, 1975); *The Eucharist* (1980); *The Ministry in the Church* (1981). (Estas dos últimas publicaciones se editaron por la Federación Luterana Mundial, 150 Route de Ferney, CH-1211 Ginebra 20, Suiza).

58. Una evaluación independiente de algunos de estos diálogos se puede encontrar en "The Bilateral Consultations Between the Roman Catholic Church in the United States and Other Christian Communions: A Theological Review and Critique by the Study Committee Commissioned by the Board of Directors of the Catholic Theological Society of America" (1972), *Proceedings of the Catholic Theological Association of America* (1972), pp. 179-232.

enfatiza los aspectos cognitivos de la religión y subraya los modos en los que las doctrinas eclesiales funcionan como proposiciones informativas o pretensiones de verdad acerca de realidades objetivas. Desde este punto de vista, las religiones son concebidas como similares a la filosofía o a la ciencia según han sido entendidas clásicamente. Este fue el enfoque de las ortodoxias tradicionales (así como de muchas heterodoxias), pero también tiene ciertas afinidades con la perspectiva sobre la religión adoptada por buena parte de la filosofía analítica anglo-americana moderna, con su preocupación por la significatividad cognitiva o informativa de las afirmaciones religiosas. Una segunda perspectiva se centra en lo que voy a denominar en este libro la dimensión "experiencial-expresiva" de la religión, interpretando las doctrinas como símbolos no informativos y no discursivos de sentimientos, actitudes u orientaciones existenciales interiores. Este enfoque resalta las semejanzas entre las religiones y las manifestaciones estéticas, y sintoniza de un modo especial con las teologías liberales influenciadas por la línea de pensamiento iniciada por Schleiermacher. Una tercera perspectiva, favorecida especialmente por católicos con sensibilidad ecuménica, intenta combinar estos dos énfasis. Tanto las dimensiones y funciones cognitivamente proposicionales de la religión y la doctrina como las expresivamente simbólicas son vistas, al menos en el caso del cristianismo, como religiosamente significativas y válidas. Karl Rahner y Bernard Lonergan han desarrollado las que probablemente son las versiones actuales más influyentes de este punto de vista bidimensional. Al igual que muchos híbridos, esta perspectiva tiene ventajas sobre sus alternativas unidimensionales, pero para nuestros propósitos, en general la podemos subsumir bajo alguna de las dos primeras perspectivas.

En todos estos enfoques es difícil plantear la posibilidad de una reconciliación doctrinal que no suponga una capitulación. En efecto, en los dos primeros la posibilidad es simplemente negada: habría que rechazar o la reconciliación doctrinal o la continuidad. Para un proposicionalista, si una doctrina es verdadera en un momento concreto, siempre será verdadera, y si es falsa en una ocasión determinada, será siempre falsa[59]. Esto supone, por ejemplo, que las afirmaciones y negaciones de la transubstanciación a lo largo de la historia nunca podrán ser armonizadas. La única manera de alcanzar el acuerdo es que una de las posturas abandone sus posiciones previas. Así, desde este punto de vista, una reconciliación doctrinal que no conlleve una capitulación es imposible, porque no hay ningún modo significativo de concebir el sentido de una doctrina en el cual su significado pueda cambiar mientras que la doctrina continúa siendo la misma.

Para la perspectiva simbolista experiencial-expresivista, por el contrario, los significados que son relevantes desde un punto de vista religioso pueden variar,

---

59. Esta concepción de las proposiciones es el centro del ataque de Hans Küng a la doctrina de la infalibilidad. Véase su *¿Infalible? Una pregunta*, (Buenos Aires: Herder, 1971), pp. 183-202.

mientras que las doctrinas permanecen siendo las mismas y, a la inversa, las doctrinas pueden cambiar sin que su significado se vea alterado. Continuando con el ejemplo anterior, tanto las conceptualizaciones basadas en la transubstanciación como las basadas en otras nociones pueden expresar o evocar experiencias similares o diferentes de la realidad divina, o ninguna experiencia en absoluto. El principio general es que en la medida en que las doctrinas funcionan como símbolos no discursivos, son polivalentes en cuanto a su importancia y, por lo tanto, están sujetas a cambios de significado o incluso a una pérdida total de significación, a lo que Tillich se refiere como su muerte[60]. No son algo determinante a la hora de la aceptación o el rechazo religiosos, porque la aceptación o el rechazo están constituidos por la armonía o el conflicto en los sentimientos, actitudes, orientaciones existenciales o prácticas subyacentes, en lugar de por lo que sucede en el nivel de las objetivaciones simbólicas (incluidas las doctrinales). Así, existe al menos la posibilidad lógica de que un budista y un cristiano puedan tener básicamente la misma fe, aunque expresada de un modo muy diferente.

Las teorías de la tercera modalidad, la que utiliza tanto la perspectiva cognitivista como la experiencial-expresivista, están equipadas para abordar de un modo más completo que las dos primeras tanto los aspectos variables como los invariables de las tradiciones religiosas, pero tienen dificultades a la hora de combinarlas de un modo coherente. Incluso en sus mejores versiones, como la de Rahner o la de Lonergan, recurren a complicadas cabriolas intelectuales y, por eso mismo, no consiguen convencer. De igual modo, sus criterios para determinar cuándo un desarrollo doctrinal concreto está en coherencia con las fuentes de la fe son débiles y, por tanto, son incapaces de evitar una dependencia del magisterio, la autoridad docente oficial de la iglesia, en decisiones sobre tales materias, mucho mayor de la que todos los protestantes reformados y muchos católicos consideran deseable. En pocas palabras, aunque las perspectivas bidimensionales son superiores para propósitos ecuménicos, ya que no excluyen *a priori* una reconciliación doctrinal sin capitulación, como sí lo hacen el simple proposicionalismo y el simple simbolismo, sin embargo, sus explicaciones sobre cómo esto es posible tienden a ser demasiado enrevesadas y complejas para ser fácilmente inteligibles o convincentes[61]. Habría menos reservas hacia las pretensiones ecuménicas si fuese

---

60. Paul Tillich, *Teología Sistemática,* Vol. 1 (Salamanca: Sígueme, 1981 [original de 1951]), p. 309.

61. He analizado determinados aspectos de la teoría del desarrollo de Rahner en "Reform and Infallibility", *Cross Currents* 11 (1961), pp. 345-356, y en "El problema de la evolución doctrinal y la Teología Protestante contemporánea", *Concilium* 21 (1967), pp. 129-143. He analizado la teoría de Lonergan en "Protestant Problems with Lonergan on the Development of Dogma", Philip McShane (ed.), *Foundations of Theology* (Dublin: Gill & Mcmillan, 1971), pp. 115-124. Sin embargo, en ninguno de estos escritos me centro en las dificultades que actualmente me parecen primordiales.

posible encontrar una perspectiva alternativa que hiciera más fácil de comprender el entrelazamiento de variabilidad e invariabilidad respecto de la fe.

Este libro propone esa alternativa. Los componentes de su planteamiento son relativamente recientes, pero no desconocidos y, sin embargo, han sido rechazados por los teólogos cuando se han tenido que enfrentar a anomalías como la que ahora estamos afrontando. En un considerable corpus de literatura antropológica, sociológica y filosófica (sobre el que hablaremos más adelante) se ha convertido en algo cotidiano no subrayar ni los aspectos cognitivos ni los experiencial-expresivos de la religión; antes bien, el énfasis lo ponen en aquellos aspectos en los cuales las religiones se parecen a lenguajes junto con sus respectivas formas de vida y, por tanto, son semejantes a las culturas (en tanto en cuanto éstas son concebidas semióticamente como sistemas de realidad y de valor –es decir, como idiomas para la construcción de la realidad y de las formas de vida). Desde este punto de vista, la función de las doctrinas eclesiales que se convierte en fundamental es su uso, no como símbolos expresivos o pretensiones de verdad, sino como reglas comunitariamente autoritativas que regulan el discurso, la actitud y la acción. En este trabajo llamaremos perspectiva "cultural-lingüística" a esta forma general de conceptualizar la religión, y nos referiremos a la consiguiente concepción de la doctrina eclesial como una teoría "regulativa" o "normativa".

Una perspectiva regulativa no tiene dificultades a la hora de explicar la posibilidad de reconciliación sin capitulación. Las normas, a diferencia de las proposiciones o los símbolos expresivos, mantienen un significado invariable bajo condiciones cambiantes de compatibilidad y conflicto. Por ejemplo, las normas "Conduce por la izquierda" y "Conduce por la derecha" tienen un significado inequívoco y son inequívocamente opuestas; sin embargo, ambas pueden ser obligatorias: una en Gran Bretaña y la otra en los Estados Unidos, o una cuando el tráfico es normal y la otra cuando hay que evitar una colisión. De este modo, las contradicciones entre las normas pueden ser resueltas, en algunas instancias, no transformando una de ellas o las dos, sino especificando cuándo o dónde se aplican, o estableciendo cuál de las directrices contrapuestas tiene prioridad. Igualmente, retomando el ejemplo sobre la eucaristía, tanto la transubstanciación como, al menos, algunas de las doctrinas que parecen contradecirla pueden ser interpretadas como reglas que encarnan el pensamiento y la práctica sacramental, que pueden haber estado enfrentadas de un modo inevitable y, quizás, irresoluble en determinados contextos históricos, pero que en otras circunstancias han podido ser armonizadas especificando correctamente sus respectivos ámbitos de aplicación, usos y prioridades. Resumiendo, en la medida en que las doctrinas funcionan como reglas, como veremos con más detalle en el capítulo 4, no hay problema lógico para comprender cómo ha sido posible que posiciones históricamente opuestas puedan, en algunos casos, si no en todos, reconciliarse mientras permanecen en sí mismas inalteradas. Al contrario de lo que ocurre cuando las doctrinas son concebidas como proposiciones o símbolos expresivos, la reconciliación doctrinal sin capitulación es una noción coherente.

Este planteamiento hace accesible un patrón de razonamiento que suele encontrarse en los acuerdos ecuménicos, particularmente sobre la Cena del Señor. Es posible que en estos documentos se hable de las doctrinas como si fuesen proposiciones o, en algunos casos, símbolos no discursivos, pero son tratadas como si fuesen normas o principios regulativos[62].

La idea de que las doctrinas eclesiales son semejantes a las reglas, lo vamos a explicar a continuación, no es algo nuevo. La noción de *regulae fidei* se remonta a los primeros siglos del cristianismo y, más tarde, historiadores y teólogos sistemáticos han solido reconocer en diferentes grados que la lógica operacional de las enseñanzas religiosas en su papel comunitariamente autoritativo (o, como simplemente diremos, doctrinal) es regulativa. En otras palabras, han reconocido que al menos una parte del papel de las doctrinas es recomendar y excluir determinados rangos de –entre otras cosas– afirmaciones proposicionales o actividades simbólicas[63]. Lo que es novedoso en nuestra propuesta es que esto se convierte en la única función de las doctrinas en su papel como enseñanzas eclesiales.

Esto no significa sugerir que las otras funciones de las formulaciones dogmáticas carezcan de importancia. El canto del Credo Niceno, como Tolstoi observaba con asombro entre los campesinos rusos[64], puede ser una simbolización tremendamente poderosa de la totalidad de la fe incluso para aquellos que no comprenden su significado discursivo proposicional o regulativo. No obstante, existen otros cristianos para los que el papel expresivamente simbólico o litúrgico del *Symbolum Nicaenum* es mínimo y, sin embargo, es un elemento de una extrema importancia doctrinal. Los antiguos calvinistas, por ejemplo, no lo cantaban en sus celebraciones eucarísticas, pero para ellos el credo era un elemento determinante a la hora de diferenciarse de los unitarios. Se podría decir que ellos lo utilizaban doctrinalmente, pero no simbólicamente.

Ciertamente, no es igualmente obvio que un credo pueda funcionar regulativamente (doctrinalmente) y, sin embargo, no proposicionalmente. Parece extraño sugerir que el Símbolo Niceno, en su rol de doctrina comunitaria, no tiene pretensión de ser una verdad de primer orden y, sin embargo, esto es lo que yo voy a sostener. Las doctrinas regulan las pretensiones de verdad excluyendo algunas y

---

62. El objeto de este libro no es abordar este punto detalladamente, pero si tuviese que hacerlo, utilizaría información como la que se proporciona en los dos informes sobre la eucaristía citados en la nota 1 de este capítulo.

63. Un buen ejemplo contemporáneo de esto es Karl Rahner, "El pluralismo en teología y la unidad de confesión en la Iglesia", *Concilium* 46 (1969), pp. 427-448, especialmente 438ss.

64. Para saber más sobre el breve intento de Tolstoi de practicar la religión de los mujiks véase N. Weisbein, *L'evolution religieuse de Tolstoi* (París: Cinq Continents, 1960), pp. 140-145.

permitiendo otras, pero la lógica de su uso comunitariamente autoritativo dificulta o las disuade de especificar positivamente qué es lo que se afirma.

Pero no nos anticipemos: ya analizaremos con más profundidad este asunto. Con lo que hemos dicho es suficiente para establecer la relevancia ecuménica de una perspectiva cultural-lingüística sobre la religión y de un planteamiento regulativo de la doctrina y, por lo tanto, podemos volver sobre la cuestión del lugar que esta perspectiva ocupa entre las corrientes contemporáneas en teoría de la religión.

II. EL CONTEXTO PSICOSOCIAL

En la época moderna, las explicaciones proposicionales de la religión han sido durante mucho tiempo hegemónicas sobre las defensivas y las experiencial-expresivistas. Las perspectivas cultural-lingüísticas han aparecido en escena mucho más recientemente, pero, mientras que en los estudios no teológicos sobre la religión son cada vez más comunes, han sido por lo general rechazadas por aquellos que están confesionalmente comprometidos en el estudio de la religión. En este apartado nos vamos a preguntar por qué ocurre esto. Nuestra preocupación serán las causas históricas y psicológicas del atractivo religioso y teológico del planteamiento experiencial-expresivista frente al punto de vista cultural-lingüístico, pero teniendo en cuenta que las consideraciones causales no resuelven la cuestión de la verdad o la adecuación. La presión que una determinada situación puede ejercer a la hora de contemplar la religión de un modo en lugar de otro puede ser tremenda, pero eso, por sí mismo, no resuelve el problema de la idoneidad empírica, conceptual o teológica. Es posible que la modernidad condicione la preocupación religiosa por favorecer determinadas formas de entender la religión que sean, en general, más satisfactorias que sus alternativas precisamente igual que, expresado en términos evolucionistas, la selección natural garantiza que la mayoría de los seres humanos vean el mundo con muchos más matices e información que los daltónicos. Pero entonces, quizá sean los modernos los que sufren una ceguera culturalmente inducida en materia religiosa[65]. En este momento de nuestra argumentación, no estamos intentando pronunciarnos sobre este tema; lo que queremos es simplemente esbozar la naturaleza de este condicionamiento.

Algunos de los factores condicionantes que favorecen el planteamiento experiencial-expresivista son inherentes a nuestra situación cultural y social, mientras que otros son relativamente accidentales. Entre estos últimos se encuentra la innovadora alternativa cultural-lingüística. Aunque sus raíces se hunden, en su

---

65. Este tema está desarrollado en el artículo de *Cross Currents* citado en la nota 61 de este capítulo.

aspecto cultural, hasta Marx, Weber y Durkheim[66] y, en su aspecto lingüístico, hasta Wittgenstein[67], sólo recientemente se ha convertido en una propuesta programática para el estudio de la religión, como, por ejemplo, en el filósofo Peter Winch[68] y el antropólogo Clifford Geertz[69]. Otros autores que han contribuido a la elaboración de la perspectiva cultural y/o lingüística de la religión que se hace en este libro (aunque pueda ser bajo otras denominaciones) son el sociólogo del conocimiento Peter Berger[70] y los filósofos críticos de la religión Ninian Smart[71] y William Christian[72]; pero, también en este caso, son trabajos producidos en las últimas décadas y, en estos casos en particular, sus teorías son expresamente no teológicas. Peter Berger es especialmente interesante en esta última cuestión,

66. Marx utilizó la dialéctica hegeliana para resaltar que los seres humanos son el producto de lo que ellos mismos producen; Max Weber enfatizó el carácter específicamente cultural (es decir, significativo o significante) de los productos y procesos sociales; Emile Durkheim, por su parte, destacó la objetividad de la realidad socialmente construida (el estado, por ejemplo, es experimentado como no menos objetivo y, para muchas finalidades, como más importante que las montañas); y –por añadir uno más a la lista– G. H. Mead hizo hincapié en la constitución de la identidad personal a través de la internalización de la realidad social. La religión, no importa qué otra cosa sea o haga, proporciona un marco de referencia omniabarcante que integra y legitima los mundos socialmente construidos que los seres humanos habitamos. Respecto de esta forma de describir las características generales de una concepción cultural de la religión, estoy en deuda con Peter Berger y Thomas Luckmann, *La construcción social de la realidad* (Buenos Aires: Amorrortu, 1969), y con la presentación más sucinta de los dos primeros capítulos de Peter Berger, *El dosel sagrado: Para una teología sociológica de la religión* (Buenos Aires: Amorrortu, 1977).

67. W. D. Hudson, *Wittgenstein and Religious Belief* (Londres: Macmillan & Co., 1975).

68. Peter Winch, *Ciencia social y filosofía* (Buenos Aires: Amorrortu, 1972); "Comprender una sociedad primitiva" y "Lenguaje, creencia y relativismo" en su *Comprender una sociedad primitiva* (Barcelona: Paidós, 1994), pp. 31-86 y 87-109.

69. Clifford Geertz, "La religión como sistema cultural", en su *La interpretación de las culturas* (Barcelona: Gedisa, 1983), pp. 87-117.

70. Véase la nota 66 de este capítulo.

71. Ninian Smart, *Reasons and Faiths* (Londres: Routledge & Kegan Paul, 1958).

72. William A. Christian, Sr., *Meaning and Truth in Religión* (Princeton: Princeton University Press, 1964); *Oppositions of Religious Doctrines* (Nueva York: Herder & Herder, 1972). La inquietud de Christian por analizar la lógica interna de las estructuras de las doctrinas religiosas es paralela, aunque no idéntica, al interés de Geertz en las religiones como parecidas a sistemas semióticos (o, con menos precisión, lingüísticos). En ambos casos, la atención se centra primeramente en –usando la terminología de Geertz– "analizar el sistema de significaciones representadas en los símbolos, sistema que presenta la religión" (*La interpretación de las culturas*, o. c., p. 117). Otra tarea, la de "referir estos sistemas a los procesos sociales y psicológicos" (ibid.), no se puede llevar a cabo adecuadamente a menos que la primera se haya desarrollado con seriedad. Es este relativamente fuerte énfasis en la lógica interna o gramática de las religiones lo que diferencia los enfoques sobre la religión que estoy denominando "cultural-lingüísticos" de los más unilateralmente culturales. Otro autor con una perspectiva similar es J. M. Bochenski, *La lógica de la religión* (Buenos Aires: Paidós, 1967). Cf. William A. Christian, Sr., "Bochenski on the Structure of Schemes of Doctrines", *Religious Studies* 13 (1977), pp. 203-219.

porque su modelo cultural de la religión[73] es, en sus propias palabras, "metodológicamente ateo", pero cuando escribe una apologética de la religión, su teoría sigue básicamente del modelo experiencial-expresivista, con fuertes afinidades con el de Schleiermacher[74]. Esto podría significar que Berger fracasa a la hora de hacer un uso teológico de su propia teoría cultural, no porque sea intrínsecamente imposible de utilizar para fines religiosos (como él parece asumir), sino porque pertenece a un modo de reflexionar sobre la religión que, hasta el momento, apenas ha sido utilizado como no fuera "ateísticamente".

Sin embargo, aunque esto sea verdad, se trata de una explicación incompleta de este rechazo. Los pensadores contemporáneos no han sido simplemente disuadidos por las inherentes dificultades que conlleva usar conceptos de un modo que no ha sido probado y para propósitos extraños; hablando positivamente, han sido atraídos por las poderosas conceptualizaciones desarrolladas en una larga y rica tradición experiencialista[75]. Los orígenes de esta tradición se remontan, por un lado, hasta Kant, dado que él ayudó a despejar el terreno para su aparición al desmontar los fundamentos metafísicos y epistemológicos de las perspectivas cognitivistas-proposicionalistas hegemónicas hasta entonces. Esta preparación fue completada más tarde para las capas más educadas de la sociedad por los desarrollos científicos que incrementaron las dificultades para aceptar las interpretaciones proposicionales literalistas de doctrinas bíblicas como la creación, y por los estudios históricos que implicaban una relatividad histórica de todas las doctrinas. No obstante, Kant no sustituyó la concepción de la religión que había desmontado por otra más adecuada. Su reducción de Dios a ser una condición trascendental de la moralidad (aunque sea una condición necesaria) parecía, para las sensibilidades de muchas personas religiosas, haber empobrecido la religión de un modo intolerable. Esta deficiencia fue cubierta, comenzando por Schleiermacher, con lo que he denominado "planteamiento experiencial-expresivista", pero se trata de algo que aparece con muchas variantes y a lo que se le pueden dar muchos nombres. En el caso de Schleiermacher, volveremos sobre ello más adelante, el origen de todas las religiones se sitúa en el "sentimiento de absoluta dependencia"[76], pero hay muchas otras maneras significativamente diferentes de describir la experiencia religiosa fundamental, como podemos observar en la

---

73. Véanse sus trabajos citados en la nota 66 de este capítulo.

74. El propio Peter Berger se alinea expresamente con Schleiermacher en *The Heretical Imperative: Contemporary Possibilities of Religious Affirmation* (Garden City [NY]: Doubleday & Co., 1980), p. 166. Véase también su *Rumor de ángeles: la sociedad moderna y el descubrimiento de lo sobrenatural* (Barcelona: Herder, 1975).

75. Una intensa presentación de la tradición experiencial-expresivista proveniente de Schleiermacher se puede encontrar en Peter Berger, *The Heretical Imperative*, o. c., pp. 114-142.

76. Friedrich Schleiermacher, *La fe cristiana* (Salamanca: Sígueme, 2013 [original de 1830-1831]), §4.4.

sucesión de influyentes teorías que se despliegan desde Schleiermacher, pasando por Rudolf Otto, hasta Mircea Eliade y más allá. En cualquier caso, cualquiera que sea su peculiaridad, todos los pensadores de esta tradición ubican el contacto en última instancia más significativo con aquello que en el fondo es más importante para la religión en las profundidades pre-reflexivas del yo, y consideran las características públicas o exteriores de la religión como objetivaciones expresivas y evocativas (es decir, como símbolos no discursivos) de la experiencia interior. Durante casi doscientos años esta tradición ha proporcionado numerosas explicaciones de la vida religiosa intelectualmente brillantes y empíricamente impactantes, que han sido compatibles con las corrientes de pensamiento romántica, idealista y fenomenológico-existencialista que han dominado la dimensión humanista de la cultura occidental al menos desde el revolucionario "giro copernicano hacia el sujeto"[77] de Kant –formando a veces parte de su misma entraña. Una herencia tan rica no puede ser tirada por la borda a menos que existan buenas razones; e incluso si existen buenas razones, es difícil de abandonar. Los hábitos de pensamiento nutridos por ella están grabados a fuego en el alma del occidente moderno, tal vez de un modo particular en la de los teólogos.

En todo caso, la tensión no se da simplemente entre la novedad, por un lado, y la fuerza de la costumbre, por el otro; hay también presiones psicosociales que operan en contra de la perspectiva cultural-lingüística y a favor de las experiencial-expresivistas. Una manera de caracterizar el problema de fondo es referirse, como han hecho Thomas Luckmann y Peter Berger, a la "desobjetivación" de la religión y la doctrina que, desde la perspectiva de la sociología del conocimiento, es una consecuencia inevitable del individualismo, el cambio vertiginoso y el pluralismo religioso de las sociedades modernas[78]. Esta desobjetivación está bastante lejos de las teorías experiencialistas que constituyen la base intelectual de su filosofía. Cada vez menos ciudadanos contemporáneos están profundamente integrados en tradiciones religiosas concretas o plenamente comprometidos en comunidades religiosas determinadas. Esto hace difícil para ellos percibir o experimentar la religión de manera cognitiva como la aceptación de un conjunto de proposiciones objetiva e inmutablemente verdaderas. Quizá los únicos que pueden conseguir esto último sean los que combinan su ingenuidad con una especial inseguridad, que son aquellos de entre los que las sectas reclutan principalmente sus miembros. Estos mismos factores, empero, crean también dificultades a la hora de

---

77. Sobre esta frase véase Bernard Lonergan, *El sujeto* (Tlaquepaque [Jalisco, México]: ITESO, 1996 [original de 1968]).

78. Además de las obras citadas en las notas 66 y 74 de este capítulo, véase Thomas Luckmann, *La religión invisible* (Salamanca: Sígueme, 1973). Cf. también mis artículos "Ecumenism and the Future of Belief", *Una Sancta* 25/3 (1968), pp. 3-18; y "The Secarian Future of the Church", en Joseph P. Whelan (ed.), *The God Experience* (Westminster [Md]: Newman Press, 1971), pp. 226-243.

pensar el proceso de conversión religiosa como algo similar a la adquisición de una cultura o al aprendizaje de un idioma –es decir, la interiorización de perspectivas que otros han creado y el dominio de habilidades que otros han perfeccionado. La mera idea de que ocasionalmente la conversión religiosa se parece más bien a la adquisición de competencia en los patrones gramaticales y los recursos léxicos de una lengua extranjera que de ninguna manera son opcionales parece algo alienante y opresivo, una violación de la libertad y la capacidad de elección, una negación de la creatividad, algo repugnante para los más preciados valores de la modernidad. Hoy en día es mucho más fácil para los intereses religiosos escoger la forma experiencial-expresivista para la búsqueda individual de sentido personal. Esto es cierto incluso entre los teólogos conservadores, como podemos comprobar en el acento que los herederos del pietismo y el revivir del evangelismo ponen en las experiencias de conversión. Las estructuras de la modernidad presionan a los individuos a encontrarse con Dios, primero de todo, en las profundidades de su alma para, quizá después, si encuentran algo con lo que personalmente sintonicen, integrarse en alguna tradición o unirse a alguna iglesia. Puede que su conducta real no se ajuste a este modelo, pero este es el modo en el que se experimentan a sí mismos. En este sentido, las tradiciones de pensamiento y práctica religiosas en las que los ciudadanos occidentales son más probablemente socializados encubren los orígenes sociales de su convicción de que la religión es un asunto principalmente privado e individual.

Para el siglo XIX este patrón estaba ya ampliamente integrado en el protestantismo norteamericano, pero en el pasado, tanto conservadores como liberales concebían generalmente la búsqueda de un sentido religioso individual como un tomar parte en los espaciosos límites de las numerosas modalidades del cristianismo. Sin embargo, dado que nosotros estamos en una época cultural-mente (si no estadísticamente) post-cristiana, un número creciente de personas considera a todas las religiones como fuentes posibles de símbolos que pueden usarse eclécticamente para articular, clarificar y organizar las experiencias del yo interior. Las religiones son vistas como múltiples suministradoras de diferentes formas de un único bien necesario para la auto-expresión y auto-realización tras-cendentes. En estas circunstancias, los teólogos, ministros y, quizá, sobre todo los profesores de religión en universidades y otros centros superiores, cuyo trabajo es satisfacer esa demanda, reciben una gran presión para enfatizar los aspectos experiencial-expresivos de la religión. De este modo pueden mercadear con ello más fácilmente[79].

Sin embargo, en este contexto el atractivo cultural no supone necesaria-mente mediocridad. Hay autores de altísimo nivel, como Mircea Eliade, Thomas

---

79. Para la noción de religión como un bien de consumo con el que se puede comerciar, véase Peter Berger, *El dosel sagrado*, o. c., pp. 169s.

Campbell y John S. Dunne, que han realizado apreciables contribuciones para poner a disposición de los interesados las fuentes simbólicas de las religiones del mundo. Más aún, debemos recordar que la avidez por materiales con los que construir una concepción religiosa personal brota de una necesidad de sentido, orden y trascendencia profundamente enraizada, y puede tomar formas tanto nobles como vulgares. Finalmente, los teólogos, cuyo trabajo se basa en el deseo de satisfacer esta necesidad, suelen ser perfectamente conscientes de que la religión es inseparable de las tradiciones y comunidades particulares. Usualmente no comparten la concepción whiteadiana (y plotiniana) de que "la religión es lo que el individuo hace de su soledad"[80], aunque sí que están de acuerdo con la afirmación, bastante diferente, de que lo que hacemos con nuestra soledad está afectado de un modo decisivo por la religión. A pesar de todo, la exigencia de comunicar sus mensajes en un entorno social y cultural privatizado les lleva a ensalzar las tradiciones públicas y comunitarias como ayudas opcionales para la auto-realización individual, más que como portadoras de realidades normativas que deben ser interiorizadas.

Existe otra causa más de la atracción suscitada por los modelos experiencial-expresivistas que, probablemente, a algunos lectores les parecerá objetivamente más convincente. Estos modelos se muestran especialmente preparados para proporcionar una razón fundamental para el diálogo y la cooperación interreligiosa, tan urgentemente necesaria en un mundo dividido aunque cada vez más pequeño. Esta fundamentación que ofrece el enfoque experiencial-expresivista no es necesaria, pero consiste en afirmar que las diversas religiones son diferentes simbolizaciones de una única experiencia común de ultimidad y que, por lo tanto, deben respetarse entre sí, aprender unas de las otras y enriquecerse recíprocamente las unas a las otras. Según algunas versiones de este enfoque, podemos esperar que todas ellas vayan convergiendo más y más[81]. Desde un punto de vista cultural-lingüístico, por el contrario, es igual de difícil para las religiones como lo es para las culturas o las lenguas considerar que tienen una única esencia experiencial común universal de la cual las diferentes religiones –o culturas, o lenguas– no son más que diversas manifestaciones o modificaciones. Desde esta perspectiva, no se puede ser religioso en general, del mismo modo que no se puede hablar el lenguaje de un

---

80. Alfred North Whitehead, *El devenir de la religión* (Buenos Aires: Nova, 1961), p. 27.

81. Esta idea no está directamente supuesta por un enfoque experiencial-expresivista. Es posible sostener que algunas religiones pueden estar en divergencia y no en convergencia respecto de sus dimensiones profundas. La mayoría de los teóricos de la religión con una orientación fenomenológica, sin embargo, subrayan la convergencia. Véase, por ejemplo, el breve análisis de Rudolf Otto, Joachim Wach, Mircea Eliade y Wilfred Cantwell Smith en Ninian Smart, *The Science of Religión and the Sociology of Knowledge* (Princeton: Princeton University Press, 1973).

modo genérico[82]. Así pues, la mirada se ha de centrar en las religiones concretas, más que en principios universales religiosos y sus combinaciones y permutaciones. Esta atención a la particularidad puede ser útil para un objetivo restringido al ecumenismo como es la promoción de la unidad dentro de una misma religión, pero no para el propósito más amplio de buscar la unidad de todas las religiones.

Además de estas consideraciones psicosociales, existen también evidentes dificultades teóricas o conceptuales que operan en contra de la utilización de los enfoques cultural-lingüísticos y que, por tanto, por defecto favorecen a los experiencial-expresivistas. Uno de los problemas es que los lenguajes y las culturas no tienen pretensiones de verdad, son relativos a los momentos y los lugares concretos y es difícil concebir sus orígenes como trascendentes en lugar de intramundanos. Parecen instancias poco aptas para ser usadas como analogías de religiones tales como el cristianismo que, en su interpretación tradicional, reclama ser verdadero, universalmente válido y revelado de un modo sobrenatural. Evidentemente, las teorías proposicionalistas que equiparan una religión a una ciencia o a una filosofía, como fueron clásicamente interpretadas, parecen mejor equipadas para explicar estas pretensiones religiosas, pero también los modelos experiencial-expresivistas pueden adaptarse fácilmente para este fin. Las experiencias profundas en que, según los enfoques expresivistas, se originan las religiones se pueden describir fácilmente como una comunión envolvente o una apertura hacia la realidad trascendente, y esto hace posible afirmar que las religiones, en sus aspectos genéricos, tienen un cierto tipo de verdad divina y una validez universal. Las culturas y las lenguas, por el contrario, al menos hoy en día, a mucha gente le parecen mucho más intramundanas que las experiencias profundas del yo interior. Así pues, no es sorprendente que los interesados en proponer la religión a la sociedad en toda su extensión hayan recurrido, sobre todo en los últimos tiempos, a alguna forma de interioridad como la fuente y el núcleo de la auténtica religiosidad.

Indudablemente, existen tendencias que compensan la situación. El proposicionalismo clásico, por ejemplo, de ningún modo está muerto o completamente desacreditado. Hay pensadores de una gran sofisticación en la filosofía contemporánea, como Peter Geach[83], que subrayan la dimensión cognitiva de la religión (o al menos del cristianismo), y para los cuales las doctrinas eclesiales son, ante todo, afirmaciones verdaderas acerca de realidades objetivas. Los tradicionalistas de este tipo ignoran, sin duda, la modernidad y se suelen encontrar entre sus críticos más eficaces. Tres de los más populares y conocidos apologistas de este siglo, G. K. Chesterton, C. S. Lewis y Malcolm Muggeridge, aunque su

---

82. Esta frase es una versión libre de un comentario de Santayana citado sin una referencia exacta por C. Geertz, *La interpretación de las culturas*, o. c., p. 87.

83. Véase, por ejemplo, Peter Geach, *Providence and Evil* (Cambridge: Cambridge University Press, 1977).

grado de ortodoxia es diferente, son claramente cognitivistas en su enfoque de la religión y la doctrina. En segundo lugar, una línea del movimiento denominado neo-ortodoxia, la de Barth (a diferencia de la de Tillich o la de Bultmann), elude el giro experiencial-expresivista hacia el sujeto (existen otros paralelismos entre el método de Barth y el enfoque cultural-lingüístico, como sugeriremos brevemente en el último capítulo). En tercer lugar, la influencia de Wittgenstein ha sido muy importante en algunos círculos teológicos. Aunque esto no parece haber llamado la atención sobre los problemas de la continuidad y el cambio, el acuerdo y el desacuerdo doctrinales, que constituyen la preocupación de este libro, sí ha sido uno de los principales estímulos de mi pensamiento (a veces, incluso, en formas que los mejores conocedores de Wittgenstein quizá no aprobarían)[84].

No obstante, como ya se ha sugerido en la sección anterior, las principales alternativas actuales a los enfoques unidimensionales experiencial-expresivos sobre la doctrina están siendo ofrecidas por católicos como Rahner y Lonergan. Estos autores aceptan el giro kantiano hacia el sujeto y la conciencia moderna de la relatividad cultural e histórica, y coinciden en que esto requiere algún tipo de enfoque experiencial-expresivista. No obstante, también plantean que esto, por sí mismo, no es capaz de explicar la permanencia en la auto-identidad y unidad que presentan algunas religiones y, por consiguiente, postulan que existe, además de lo que Rahner denomina la fuente experiencial y revelatoria "trascendental" en todas las religiones, una fuente revelatoria "categorial" (y, en parte, proposicional) de, al menos, algunas religiones. Desde este punto de vista, todas las religiones tienen un componente de verdad revelada expresiva, pero sólo de las que son aceptadas como perdurablemente normativas (por ejemplo, las bíblicas) puede considerarse que también tienen verdad proposicional[85]. Independientemente de las dificultades que este enfoque ha planteado, ha generado los esfuerzos más importantes realizados hasta hoy para reconciliar las formas modernas y tradicionales de conceptualizar la religión y la doctrina religiosa y, por tanto, debe ser tomado en consideración seriamente por cualquiera que tome otro camino. Lonergan ha sido especialmente influyente en los próximos capítulos.

En cualquier caso, no importa cuáles sean las tendencias que se contrapesen, lo más significativo en el campo de las teorías sobre la religión es la

---

84. Estoy particularmente en deuda con mi colega Paul Holmer por su comprensión de lo que es teológicamente importante sobre Wittgenstein. Es posible acercarse a algunos aspectos de las lecciones que ha intentado transmitir a lo largo de los años en su ensayo "Wittgenstein and Theology", en D. M. High (ed.), *New Essays on Religious Language* (Nueva York: Oxford University Press, 1969).

85. Karl Rahner, "El cristianismo y las religiones no cristianas" en su *Escritos de teología*. Vol. 5 (Madrid: Taurus, 1964), pp. 135-156. Para una breve presentación de la distinción entre revelación trascendental y categorial, véase especialmente Karl Rahner y Joseph Ratzinger, *Revelación y tradición* (Barcelona: Herder, 1971), pp. 11-26.

creciente separación entre los enfoques teológicos y los no teológicos. El enfoque experiencial-expresivista ha perdido influencia en todos los ámbitos, excepto en la mayoría de los centros teológicos y departamentos de ciencias de la religión en los que, si acaso, se ha mantenido la tendencia contraria[86]. Historiadores, antropólogos, sociólogos y filósofos (con la excepción de algunos fenomenólogos) han mostrado una creciente afinidad con los enfoques cultural-lingüísticos. La razón de este distanciamiento parece ser que los enfoques experiencial-expresivistas encajan mejor con las necesidades religiosas de la modernidad, mientras que las perspectivas culturales y lingüísticas (como intentaremos explicar con más detalle más adelante) sintonizan mejor con los análisis no teológicos de la religión.

Es importante señalar que la creciente atención suscitada por los enfoques cultural-lingüísticos entre los estudiosos no se limita al estudio de la religión. Antes bien, es una tendencia que caracteriza las ciencias humanas en general al enfrentarse a fenómenos no religiosos no menos que al abordar fenómenos religiosos. Ya hemos hablado de la influencia de esta tendencia en historiadores, antropólogos, sociólogos y filósofos, pero también podríamos mencionar la creciente relevancia que la teoría de la atribución está teniendo entre los psicólogos[87]. Campos de estudio concretos, así como disciplinas más amplias, han sido igualmente afectados. En criminología, por citar un ejemplo ilustrativo al azar, desde la concentración en los rasgos de la personalidad individual del siglo XIX, ha habido un desarrollo claramente marcado en fases en las cuales los estudiosos se mostraban preocupados por los factores sociales, económicos y filosóficos, hasta la tendencia actual a prestar una atención creciente a las definiciones culturales del bien y del mal, lo real y lo irreal, lo desviado y lo normal[88]. Es de esperar que en el estudio de la religión tengan lugar desarrollos paralelos, en la medida en que es un estudio independiente de los intereses religiosos.

86. He analizado en otro lugar el creciente dominio en Norteamérica de los enfoques "genéricos" (que, en su mayor parte, utilizan modelos experiencial-expresivistas) para el estudio de la religión. Véase *University Divinity Schools: A Report on Ecclesiastically Independent Theological Education* (Nueva York: Rockefeller Foundation, 1976), esp. pp. 1-6, 35-41.

87. Un creciente conjunto de evidencias experimentales indica que los estados psicológicos inusuales (como el que puede ser inducido, por ejemplo, con una inyección de adrenalina) son experimentados en términos de emociones muy diferentes (por ejemplo, amor, odio, celos, alegría), dependiendo de la causa a la que se le atribuya ese sentimiento físico difuso (o, en otras palabras, dependiendo de los conceptos interpretativos que se usen). Véase Wayne Proudfoot, "Attribution Theory and the Psychology of Religión", *Journal for the Scientific Study of Religion* 14 (1975), pp. 317-330. Un libro de próxima aparición escrito por este mismo autor amplía este análisis de la relevancia de la teoría de la atribución para la comprensión de la experiencia religiosa y, a mi modo de ver, refuerza de forma importante la reflexión que voy a desarrollar en el siguiente capítulo.

88. Marvin E. Wolfgang, "Real and Perceived Changes of Crime and Punishment", *Daedalus* 107/1 (1978), pp. 143-157, esp. 149-151.

Si esta evolución es positiva o negativa es una cuestión que debemos dejar abierta en este punto de nuestra reflexión. Es evidente que el creciente aislamiento del estudio de la religión hecho desde un punto de vista religiosamente interesado respecto de las corrientes intelectuales más fructíferas de hoy en día tiene numerosas desventajas. Tiende a dejar aislada a la teología y la priva de la vitalidad que aporta una estrecha vinculación con lo mejor del pensamiento no teológico. Por otro lado, la perspectiva experiencial-expresivista parece tan "relevante", tan en sintonía con la sensibilidad moderna, que los casos tanto no teológicos como teológicos de superioridad de los enfoques cultural-lingüísticos deben ser muy evidentes antes de que estas formas de abordar la religión y la doctrina tengan opciones claras de ser utilizadas. En los próximos dos capítulos nos vamos a centrar precisamente en estos casos.

Capítulo 2

RELIGIÓN Y EXPERIENCIA: UNA CUESTIÓN PRE-TEOLÓGICA

El objetivo de este capítulo, como recordaremos, es analizar lo que puede dar de sí el enfoque cultural-lingüístico de la religión y las doctrinas religiosas para estudios realizados desde disciplinas no teológicas. ¿Cuáles son las ventajas de esta perspectiva frente a formas cognitivistas y experiencial-expresivistas de describir los fenómenos? Esta cuestión ha de ser tratada antes de que, en el próximo capítulo, entremos en las cuestiones teológicas que plantea el modelo de religión que, tal y como ya hemos señalado, es sospechosamente afín a lo secular. Si el modelo que estamos proponiendo no puede manejar los datos no teológicos, como los antropológicos o los históricos, mejor de lo que lo hacen los modelos alternativos, no hay razón para preguntar si puede ser útil para la reflexión realizada desde un punto de vista propiamente religioso.

Nos vamos a centrar concretamente en el problema de si, desde un punto de vista conceptual y empírico, es mejor describir las religiones de un modo expresivista, es decir, como resultado de esas experiencias profundas de lo divino (o de uno mismo o del mundo) que estamos acostumbrados a considerar como especialmente religiosas, o si deberíamos optar por la tesis contraria, que considera que son las religiones las que producen esas experiencias. Sin embargo, es importante recordar que este no es el único ángulo desde el que las religiones pueden ser estudiadas. Las religiones tienen muchos aspectos: no sólo los cognitivos, los estéticos (experiencial-expresivistas) y los cultural-lingüísticos, que son los que principalmente estamos abordando en este ensayo, sino también los legales, los morales, los rituales, los institucionales y los psicológicos. Cada una de estas dimensiones puede ser una fuente de modelos que nos ofrezcan criterios para poder organizar nuestra propia comprensión de todos los aspectos de la religión en función de nuestros intereses particulares. Lo único que este capítulo pretende mostrar es que, si queremos dar una explicación no teológica de las relaciones entre religión y experiencia, entonces un enfoque cultural-lingüístico es preferible a los modelos cognitivistas o experiencial-expresivistas.

Nuestra argumentación va a consistir principalmente en una comparación entre el enfoque experiencial-expresivista y el cultural-lingüístico. Vamos a intentar mostrar que la alternativa cultural-lingüística es la más adecuada tanto desde un punto de vista intelectual como empírico. Este planteamiento evita determinadas dificultades conceptuales y es capaz de explicar una mayor variedad de aspectos de la religión que cualquiera de los otros.

Como se ha indicado en el capítulo anterior, el enfoque experiencial-expresivista está tan extendido en la teología contemporánea y, al mismo tiempo, es tan caleidoscópico, que es difícil decidir qué autor usar como referente. Me he fijado en Bernard Lonergan porque en este campo él es muy concreto y porque su enfoque bidimensional abarca gran variedad de cuestiones teológicas, concretamente católicas, en las que nos centraremos en capítulos posteriores, cuando nos preguntemos acerca de la aplicabilidad ecuménica de las propuestas de este libro.

En cuanto a la perspectiva cultural-lingüística, el problema es que quienes han desarrollado el enfoque no son teólogos y, por las razones ya indicadas, no se han preocupado de los usos teológicos del modelo y, por tanto, cuando han presentado sus propuestas, no han estructurado sus reflexiones de forma que encajen en los objetivos de este libro. Así pues, yo he desarrollado mi propio esquema, aunque partiendo de elementos que en su mayoría son prestados.

I. UN MODELO EXPERIENCIAL-EXPRESIVISTA

Cuatro y, hasta cierto punto, cinco de las seis tesis en las que Lonergan resume su teología de la religión[89] son características del enfoque experiencial-expresivista en general: (1) Las diferentes religiones son expresiones diversas u objetivaciones de una experiencia esencial común. Esta experiencia es la que las identifica como religiones. (2) Esta experiencia, aunque consciente, puede no ser percibida en el nivel de la reflexión auto-consciente. (3) Está presente en todos los seres humanos. (4) En la mayoría de las religiones, esta experiencia es fuente y norma de las objetivaciones: el referente para juzgar sobre su adecuación o falta de adecuación será esta experiencia.

Un quinto punto (que sería el cuarto en la numeración original de Lonergan) caracteriza la experiencia religiosa primordial como "el don del amor de

---

89. Bernard Lonergan, *Método en Teología* (Salamanca: Sígueme, 1988 [original de 1972]), pp. 103-124.

Dios"[90] o, cuando está plenamente presente, como "el estado dinámico de estar enamorado sin restricciones" y "sin un objeto"[91]. Esta experiencia también puede ser designada de otras formas: "En cuanto es consciente sin ser conocido, el don del amor de Dios es por sí mismo una experiencia de lo santo, del *mysterium fascinans et tremendum* de Rudolf Otto. Es lo que Paul Tillich llamó el ser dominado por el interés último. Corresponde a la consolación sin causa precedente de San Ignacio de Loyola tal como la expone Karl Rahner"[92]. En esta tesis, Lonergan obviamente habla como teólogo cristiano más que como un simple teórico de la religión. Lo mismo pasa en la sexta tesis, conforme a la cual las objetivaciones de, al menos, las religiones bíblicas no son simples simbolizaciones que expresan una experiencia, sino que también se originan en la voluntad revelatoria de Dios, que garantiza que constituyen el correlato propio y normativo de esa experiencia. En el próximo capítulo desarrollaremos los aspectos de esta teoría más interesantes teológicamente.

Ahora hemos de fijarnos en que Lonergan asume, como la mayoría de los teólogos del modelo experiencial-expresivista, que el estudio académico de los fenómenos religiosos tomado en su conjunto apoya la crucial afirmación de la unidad fundamental de la experiencia religiosa. Afirma, sin duda, que la experiencia religiosa "varía según cada cultura, clase o persona"[93] y dice que "no hay, supongo, ningún elemento de prueba totalmente claro como para mostrar que semejante experiencia religiosa se conforma al modelo que he expuesto"[94]. Sin embargo, supone que su modelo se adecua a las evidencias mejor que cualquier otro y cita a Friedrich Heiler a tal respecto, en un pasaje al que volveremos más adelante.

Lonergan también tiene razones teológicas (que abordaremos más tarde) para afirmar la unidad subyacente de la experiencia religiosa, pero, si se mira desde una perspectiva no teológica, este es el elemento más problemático en sus teorías experiencial-expresivistas y también en otras. Dado que se dice que este núcleo experiencial es común a un amplio espectro de religiones, es difícil o imposible precisar sus características distintivas y, aún así, a no ser que se haga esto, la afirmación de que sea común se vuelve carente de sentido lógica y empíricamente. Lonergan mismo reconoce que esto es extraño desde un punto de vista lógico. Habla de ello como de una experiencia de amor, pero también admite que entre experiencias internas y no sensoriales es la única que parece estar por encima de

90. Ibid., p. 108.

91. Ibid., pp. 121, 123.

92. Ibid., p. 108.

93. Bernard Lonergan, *Philosophy of God and Theology* (Londres: Darton, Longman & Todd, 1973), p. 50 .

94. Bernard Lonergan, *Método en Teología*, o. c., p. 110. De hecho, como veremos en el siguiente capítulo, Lonergan sostiene que hay razones teológicas para aceptar el modelo.

toda conceptualización o conocimiento. Como muchos autores han explicado, precede a la distinción entre sujeto y objeto o, en palabras de Karl Rahner, es la experiencia "en la que lo opinado y la experiencia de lo opinado son todavía una unidad"[95]. Estas consideraciones crean un cúmulo de problemas que, como veremos ahora, los enfoques cultural-lingüísticos evitan.

II. UNA ALTERNATIVA CULTURAL-LINGÜÍSTICA

La descripción de la alternativa cultural-lingüística que voy a resumir ahora está determinada por las preocupaciones en última instancia teológicas de la presente investigación, pero es coherente con los estudios antropológicos, sociológicos y filosóficos que en gran medida la han inspirado. El enfoque que voy a desarrollar considera las religiones como esquemas interpretativos omnicomprensivos, encarnados normalmente en mitos o narraciones fuertemente ritualizados que estructuran la experiencia humana y la comprensión del yo y del mundo. Sin embargo, no siempre que se narra una de estas historias cósmicas se hace religiosamente. Para que así sea debe ser narrada con un propósito o un interés particular. Debe ser usada, recurriendo a una sugerencia de William Christian, con vistas a identificar y describir lo que se considera "más importante que todo lo demás en el universo"[96], y a organizar el conjunto de la vida, incluyendo tanto comportamientos como creencias, alrededor de ella. Si el esquema interpretativo se utiliza o el relato se narra sin este interés en lo importante en grado máximo, estas historias dejan de funcionar religiosamente. Ciertamente, pueden seguir configurando las actitudes, los sentimientos y la conducta de personas y grupos de distintas formas. En otras palabras, una religión puede seguir ejerciendo gran influencia en la forma en que la gente se percibe a sí misma y al mundo incluso cuando ya no pertenecen a ella explícitamente.

Dicho más técnicamente, una religión se puede ver como una especie de marco o medio lingüístico y/o cultural que modela la vida y el pensamiento en su conjunto. Funciona de forma parecida a un *a priori* kantiano, aunque, en este

95. Karl Rahner, *Curso fundamental sobre la fe* (Barcelona: Herder, 1979), p. 34.

96. William. A. Christian, Sr., *Meaning and Truth in Religion* (Princeton: Princeton University Press, 1964), pp. 60ss. La cuestión de cómo definir la religión con exactitud no es importante a la hora de llevar a cabo el contraste entre los dos enfoques que estamos comparando, siempre y cuando se insista, por un lado, al igual que Christian, en que el predicado (p.e. "más importante") nombra una función más que un sentimiento o una experiencia o, por el otro, un atributo o una característica de un objeto religioso. La razón para esta estipulación es que parece no haber ningún atributo o experiencia común que abarque todas las cosas que normalmente llamamos religiones. David Little y Sumner D. Twiss, *Comparative Religious Ethics* (Nueva York, Harper & Row, 1978), buscan mejorar la definición de religión de Christian (p. 56), pero su propuesta tiene la desventaja de forzar el uso ordinario de los términos dándole a "sagrado" (pp. 59-60) un significado funcional más que experiencial o atributivo.

caso, el *a priori* es un conjunto de habilidades adquiridas que podrían ser diferentes. No es principalmente un conjunto de creencias sobre la verdad y el bien (aunque puedan estar incluidas), o un simbolismo que expresa actitudes básicas, sentimientos o sensaciones (aunque estos serán generados). Más bien se parece a un giro idiomático que hace posible describir realidades, formular creencias, y experimentar actitudes, sentimientos y sensaciones interiores. Como una cultura o una lengua, es un fenómeno comunitario que configura la subjetividad de las personas, más que ser principalmente una manifestación de esas subjetividades. Incluye un vocabulario de símbolos discursivos y no discursivos junto con una lógica propia o gramática, en función de la cual este vocabulario puede ser utilizado significantemente. Por último, del mismo modo que una lengua (o un "juego del lenguaje", como diría Wittgenstein) se correlaciona con una forma de vida, y una cultura tiene dimensiones tanto cognitivas como conductuales, también ocurre lo mismo en el caso de una tradición religiosa. Sus doctrinas, sus historias cósmicas o mitos y sus directrices éticas están íntimamente relacionadas con los rituales que practica, los sentimientos o experiencias que evoca, las acciones que recomienda y las formas institucionales que desarrolla. Comparar una religión con un sistema cultural-lingüístico abarca todos estos elementos.

Volviendo sobre relación entre religión y experiencia con más detalle, se puede decir que no se trata de una relación unilateral sino dialéctica. Es simplista decir (como ya he mencionado antes) que las religiones sencillamente producen experiencias, porque la causalidad es recíproca. Una religión puede estar fuertemente influenciada por pautas de experiencia completamente ajenas a ella. Las pasiones guerreras de los bárbaros teutones y de los japoneses produjeron grandes cambios en el budismo y el cristianismo, que originalmente eran pacifistas. Estas religiones fueron obligadas a servir para legitimar los valores de sociedades militaristas, y este proceso las transformó profundamente. Aunque al proporcionar nuevas legitimaciones para los antiguos modelos, también los transformaron. En principio, las experiencias internas y el código de conducta de un zen samurai o de un caballero cristiano son muy diferentes de las de sus predecesores paganos o pre-budistas. Sin embargo, tal y como muestra este ejemplo, en la interacción entre la experiencia "interna" y los factores religiosos y culturales "externos", estos últimos se muestran como más influyentes, y esta es la opción que elegirá un analista cultural y/o lingüístico.

Por tanto, sigue siendo cierto que lo más fácil de ver de las diferencias entre una aproximación a la religión lingüístico-cultural y una experiencial-expresivista es que la primera invierte la relación entre lo interno y lo externo. En lugar de deducir las características externas de una religión a partir de la experiencia interna, son las experiencias internas las que se consideran producidas.

Así pues, el modelo cultural-lingüístico es parte de una perspectiva que resalta hasta qué punto la experiencia humana es estructurada, modelada y, en cierto sentido, constituida por formas culturales y lingüísticas. Existen innumerables pensamientos que no podemos pensar, sentimientos que no podemos tener y realidades que no podemos percibir a no ser que aprendamos a usar los sistemas simbólicos adecuados. Parece ser que, como los casos de Helen Keller y de los supuestos niños lobo demuestran claramente, a no ser que adquiramos algún tipo de lenguaje, no podemos actualizar nuestras capacidades específicamente humanas de pensar, actuar y sentir[97]. De igual modo, continuando con nuestra argumentación, hacerse religioso implica adquirir destrezas en la lengua o el sistema simbólico de una religión determinada. Convertirse en cristiano implica aprender la historia de Israel y de Jesús lo suficientemente bien como para interpretar y experimentarse a uno y al mundo conforme a sus términos. Una religión es, por encima de todo, un mundo exterior, un *verbum externum* que, más que ser la expresión o tematización de un yo pre-existente o de una experiencia pre-conceptual, moldea y estructura el yo y su mundo. El *verbum internum* (equiparado tradicionalmente por los cristianos con la acción del Espíritu Santo) también es de vital importancia, pero en un uso teológico del modelo se entendería como una capacidad para escuchar y aceptar la religión verdadera, el verdadero mundo exterior, más que (como lo haría el experiencial-expresivismo) como una experiencia común articulada de distintas formas en las diversas religiones[98].

Como se ha dicho antes, parte de la fortaleza de un enfoque cultural-lingüístico es que puede incorporar y combinar los acentos propios y a menudo contrapuestos de los otros dos enfoques. Pensemos, por ejemplo, en la idea, ajena a un enfoque cognitivista, representada por una formulación experiencial-expresivista de Paul Tillich según la cual "la cultura es la forma de la religión y ésta la substancia de la cultura"[99] —es decir, la religión, en el sentido de preocupación última, es la fuente vitalizadora de todos los logros culturales significativos. La alternativa que nosotros proponemos no niega esto, pero ofrece una formulación más compleja que reorganiza dónde se ponen los acentos. Podría decirse que la religión es esa dimensión última de la cultura (porque tiene que ver con aquello

97. Susanne Langer, *Philosophy in a New Key* (Londres: Pelican Books, 1948), pp. 50-51, 83ss.

98. La prioridad del *verbum externum* era la principal pretensión de los reformadores protestantes contra los espiritualistas del siglo XVI, pero también era parte de la tradición pre-reformada. Por ejemplo, Tomás de Aquino insistía en que la fe que nos salva viene *ex auditu* (Rom 10,17). Por tanto, frente a algunos intérpretes modernos como Rahner, para él la noción de "fe implícita" no se refería al *verbum internum* (es decir, una experiencia de lo divino pre-conceptual y no tematizada), sino más bien presuponía cierto grado de fe explícita en el *verbum externum*. Ver Joseph DiNoia, "Implicit Faith, General Revelation and the State of Non-Christians", *The Tomist* 47/2(1983), pp. 209-241. Cf. George Lindbeck, *"Fides ex Auditu* and the Salvation of Non-Christians: Contemporary Catholic and Protestant Positions" ed. por V. Vajta, *The Gospel and the Ambiguity of the Church* (Minneapolis: Fortress Press, 1974), pp. 91-123.

99. Paul Tillich, *Teología Sistemática*. Vol. III. (Salamanca: Sígueme, 1984), pp. 197ss. Esta es la última de las muchas ocasiones en las que Tillich aborda este tema.

que se considera lo más importante) que da forma y fuerza a la matriz experiencial desde la que brotan los logros culturales importantes. El imaginario básico de esta formulación está más cerca del hilemorfismo aristotélico que de los idealismos de Schelling o Hegel, que fueron los que influenciaron a Tillich. En ambos casos, la "forma" puede ser inseparable de la "materia" experiencial, pero en un modelo hilemórfico la forma tiene prioridad porque la experiencia, como la materia, existe en la medida en que es informada por ella. En un modelo idealista, por el contrario, una experiencia de un tipo determinado (a saber, "espíritu" o *Geist*) tiene una realidad anterior que necesariamente se expresa y se realiza a sí misma en formas culturales y religiosas objetivas. Ambos modelos pueden reconocer el poder de modelador de la cultura que tiene la experiencia religiosa, aunque en un caso la experiencia es algo derivado, mientras que en el otro es primordial.

Invirtiendo de este modo la relación entre las dimensiones internas y externas de la religión, los enfoques lingüísticos y culturales se asemejan a las teorías cognitivistas, para las cuales las creencias externas (esto es, las que se pueden expresar proposicionalmente) son un dato primario, pero sin el intelectualismo del cognitivismo. Un esquema o un relato omniabarcante utilizado para estructurar todas las dimensiones de la existencia no es primariamente un conjunto de proposiciones que hay que creer, sino, más bien, un medio en el que desenvolverse, una serie de habilidades que uno utiliza para vivir su vida. Su vocabulario de símbolos y su sintaxis pueden usarse para muchos propósitos, uno de los cuales es la formulación de afirmaciones acerca de la realidad. De este modo, mientras que las afirmaciones pretendidamente verdaderas de una religión suelen ser de vital importancia (como en el caso del cristianismo), sin embargo, es el vocabulario conceptual y la sintaxis o lógica interna lo que determina qué tipos de afirmaciones con pretensión de verdad puede hacer esa religión. El aspecto cognitivo, aunque suele ser importante, no es primordial.

Este énfasis en el código, más que en lo codificado (por ejemplo, proposicionalmente), permite que un enfoque cultural-lingüístico incorpore la preocupación experiencial-expresivista por las dimensiones no reflexivas de la existencia humana mucho mejor de lo que una perspectiva cognitivista es capaz de hacer. La religión no se puede describir al estilo cognitivista (y voluntarista), es decir, como primariamente un problema de escoger si creer o seguir deliberadamente proposiciones o directrices conocidas explícitamente. Más bien, hacerse religioso –no menos que llegar a ser lingüística y culturalmente competente– consiste en interiorizar una serie de habilidades a través de la práctica y la ejercitación. Aprendemos a sentir, actuar y pensar según una tradición religiosa que es, en su estructura interna, mucho más rica y sutil de lo que se puede expresar explícitamente. El conocimiento primario no es *acerca de* la religión, ni *el hecho de que* la religión enseñe esto o lo otro, sino, más bien, sobre *cómo* ser religioso de esta forma o aquella. A veces, las confesiones de fe o las normas de conducta formuladas explícitamente de una religión pueden ser útiles en el proceso de aprendizaje, pero de ninguna forma lo serán siempre. El ritual, la oración y el ejemplo normalmente son mucho más importantes. Entonces –en la medida en que la diferencia experiencial-expresivista entre experiencia y conocimiento es similar a la diferencia entre "saber cómo" y "saber qué"– los modelos cultural-lingüísticos, no menos que los expresivos, resaltan el aspecto experiencial o existencial de la religión, aunque de manera diferente.

Así pues, también hay lugar para los aspectos expresivos. Las dimensiones estéticas e inefablemente simbólicas de una religión –por ejemplo, su poesía, su música, su arte y sus rituales– no son, como sugiere el cognitivismo proposicional, meras decoraciones externas diseñadas con la intención de hacer más atrayente para las masas el núcleo duro de creencias y preceptos que se pueden enunciar explícitamente. Más bien, las estructuras básicas de una religión son interiorizadas, expuestas y transmitidas a través de esos elementos. La proclamación del Evangelio, como podría decir un cristiano, consistiría, ante todo, en narrar la historia, pero ese relatar gana fuerza y sentido en la medida en que está encarnado en el conjunto de la vida y la acción de la comunidad.

Más aún, la capacidad interiorizada, la capacidad del santo, se manifiesta en una habilidad para discriminar "intuitivamente" (de un modo no discursivo) entre las objetivaciones de la religión auténticas y las inauténticas, las efectivas y las inefectivas. Habiendo sido formado interiormente según una tradición determinada –por ejemplo "la mente de Cristo" (1Cor 2,16), como dice Pablo– el santo tiene lo que santo Tomás de Aquino denomina "conocimiento connatural"[100] y lo que Newman llama "sentido ilativo"[101] en materia de religión. Esto difiere bastante del conocimiento teórico y reflexivo del teólogo ejercitado, quien utiliza reglas y procedimientos públicamente mensurables buscando distinguir entre lo bueno y lo malo, lo verdadero y lo falso. Más bien, es como el conocimiento gramatical o retórico de un poeta como Homero que, aunque no podía enunciar ni una sola regla en ninguna de las disciplinas, sí era capaz de sentir como nadie lo que se adecuaba o no al espíritu, a las desarticuladas reglas de la lengua griega. En este sentido, la forma en la que funciona una religión una vez interiorizada se describe mejor en términos expresivistas que en términos cognitivistas.

Así pues, hay un sentido en el que experiencia y expresión no son menos importantes en un modelo cultural-lingüístico que en uno experiencial-expresivista. Sin embargo, la naturaleza de la experiencia y su relación con la expresión y la comunicación se construyen de forma bastante diferente. Esto nos lleva a la formulación conceptual de la diferencia más importante entre los dos modelos,

100. Tomás de Aquino, *ST* II-II.45.2; cf. I.1.6, ad 3.

101. John Henry Newman, *Ensayo para contribuir a una gramática del asentimiento* (Madrid: Encuentro, 2011 [original de 1870]).

de la que ya hemos hablado antes de un modo gráfico como una "inversión de la relación entre lo interno y lo externo".

Cuando uno se imagina las experiencias internas como anteriores a la expresión y a la comunicación, es natural pensar que en su forma más básica y elemental son también anteriores a la conceptualización o a la simbolización. Si, por el contrario, los sistemas de símbolos expresivos y comunicativos, sean lingüísticos o no lingüísticos, son lo primario, entonces –existiendo, por supuesto, las experiencias no reflexivas–, no hay experiencias no interpretadas ni sin estructurar. Bajo este punto de vista, los medios de expresión y comunicación son un presupuesto, una especie de *a priori* cuasi-trascendental (es decir, culturalmente conformado) para la posibilidad de la experiencia. No podemos identificar, describir o reconocer la experiencia como experiencia sin utilizar signos y símbolos. Estos son necesarios incluso para lo que la psicología profunda cataloga como experiencias "inconscientes" o "subconscientes", o para lo que la fenomenología describe como experiencias pre-reflexivas. Resumiendo, para poder tener una experiencia es necesario tener los medios para expresarla, y cuanto más rico sea nuestro sistema lingüístico o expresivo, más sutil, variada y singular podrá ser nuestra experiencia.

Esta es una tesis compleja, y su discusión en profundidad está fuera del alcance de este ensayo. Un ejemplo vulgar de lo que implica puede, sin embargo, ser de utilidad. Hay estudios que hablan de lenguas tribales que no distinguen entre, por ejemplo, el azul y el verde, y esos mismos estudios cuentan (erróneamente, de acuerdo con algunos observadores)[102] que los miembros de esas tribus tienen dificultades para reconocer la diferencia entre ambos colores. No son ciegos a los colores. En el nivel fisiológico, sus retinas y nervios ópticos responden diferenciadamente a las ondas de luz de diferentes longitudes del mismo modo que las nuestras, pero carecen de las categorías verbales para experimentar estas diferencias en los estímulos. O, para evitar el provincialismo cultural, podemos plantear el caso de forma inversa: somos nosotros los que carecemos del *a priori* lingüístico para tener las experiencias visuales que tienen ellos.

Sea verídico o no este ejemplo concreto, sí que da lugar a la pregunta de si el lenguaje influencia dominios de la realidad humana que generalmente son tomados, no simplemente como pre-lingüísticos, sino como pre-experienciales. Un ejemplo de esto son los procesos fisiológicos sensoriales, a los que nosotros como sujetos no tenemos un acceso privilegiado, y de los que únicamente podemos tomar conciencia por observación externa de nosotros mismos o de otros. Parece claro que incluso la selección y la organización pre-sensorial o pre-perceptiva de los estímulos no es del todo pre-lingüística. La clasificación y las estructuras

---

102. B. Berlin y P. Kay, *Basic Colors Terms* (Oakland: University of California Press, 1969). Cf. M. Sahlins, "Colors and Cultures", *Semiotica* 16 (1976), pp. 1-22.

categóricas que forman parte de una lengua, una vez que haya sido adquirida, ayudan a organizar la confusión caótica imposible de experienciar que bombardea nuestros sentidos. Uno puede plausiblemente proponer (como lo ha hecho Noam Chomsky[103] sobre bases teóricas lingüísticas, y Clifford Geertz[104], sobre bases antropológico-evolutivas) que los seres humanos están hasta tal punto programados genéticamente para el uso del lenguaje que, aparte de adquirir una lengua, no pueden tener un desarrollo fisiológico adecuado, como sí tienen otros animales, y están particularmente condenados a permanecer inmaduros en sus capacidades sensoriales y físicas. Es más, una vez que aprenden un lenguaje, esto estructura las bases físicas pre-experienciales de su experiencia y actividad consciente. Así pues, da la impresión de que el lenguaje configura dominios de la existencia y la acción humanas que son pre-experienciales. Este es uno de los sentidos en los que el ser humano es una unidad psicosomática.

En todo caso, la opinión de que el lenguaje (o, de un modo más general, cualquier esquema interpretativo conceptual y/o simbólico) es una condición para la experiencia religiosa, necesita basarse en algo más que en estas especulaciones quizá falsables empíricamente. No depende, en otras palabras, de la posibilidad antes mencionada de que las categorías lingüísticas públicas determinen incluso la actividad pre-experiencial. Se podría también alegar que la experiencia (es decir, algo de lo que uno es consciente de forma pre-reflexiva o reflexiva) es imposible a menos que esté simbolizada de algún modo, y que todos los sistemas simbólicos tienen su origen en relaciones interpersonales y en interacciones sociales. Pero es conceptualmente confuso hablar de simbolizaciones (y, por tanto, de experiencias) que son completamente privadas.

Hay varias formas de completar esta fundamentación. La más ambiciosa es la aseveración de Wittgenstein de que los lenguajes privados son imposibles lógicamente[105]. Si es así, lo mismo debería decirse de las experiencias religiosas personales (como el estado dinámico de estar enamorado sin restricciones), que son supuestamente independientes de cualquier juego del lenguaje particular. Este no es el lugar para evaluar este argumento. Simplemente me gustaría destacar que hasta esos experiencial-expresivistas que reconocen que la experiencia no se puede expresar si no es en formas intersubjetivas y públicas –como Lonergan (o Karl Rahner y David Tracy)–, parecen mantener algún tipo de privacidad en los

---

103. Noam Chomsky, *El lenguaje y el entendimiento* (Barcelona: Seix-Barral, 1977).

104. Clifford Geertz, "El desarrollo de la cultura y la evolución de la mente", *La interpretación de las culturas*, o. c., pp. 60-83.

105. Una exposición completa de las referencias esporádicas a Wittgenstein de este libro se puede encontrar en Robert J. Fogelin, *Wittgenstein* (Londres: Routledge & Kegan Paul, 1980), pp. 153-171.

orígenes de la experiencia y el lenguaje que, si Wittgenstein está en lo cierto, es más que dudosa[106].

Un argumento más modesto no intenta demostrar la imposibilidad de una experiencia no tematizada pero consciente, sino que simplemente utiliza la navaja de Ockham para concluir que no hay necesidad de esta hipótesis. Una forma de llegar a esta conclusión es a través de la clásica distinción medieval entre intención

106. Karl Rahner afirma una experiencia del *"Vorgriff auf esse"* que es distinguible pero no separable de su esquematización categorial, conceptual o lingüística, y es la condición trascendental de todo conocimiento y voluntad humanas. Ver su *Espíritu en el mundo. Metafísica del conocimiento finito según Santo Tomás de Aquino* (Barcelona: Herder, 1963), pp. 129-234. Cf. George Lindbeck, "The *A Priori* in St. Thomas' Theory of Knowledge", en Robert E. Cushman y Egil Grillis (eds.), *The Heritage of Christian Thought* (Nueva York: Harper & Row, 1965), pp. 41-63, donde realizo una valoración del argumento de Rahner de que su postura concuerda con la del Aquinate.

La postura de David Tracy es estructuralmente similar, aunque, a diferencia de Rahner, los detalles de su argumentación están influenciados más por Lonergan que por Marechal. Habla de "la experiencia común humana" de la confianza básica que fundamenta nuestros vínculos con la significación última o con lo que es digno de ser buscado, decidido y realizado. El lenguaje y los símbolos religiosos "re-presentan" y reafirman más o menos adecuadamente esta experiencia básica en el nivel de la creencia autoconsciente. Ver *Blessed Rage for Order: The New Pluralism in Theology* (Nueva York: Seabury Press, 1975), esp. pp. 97-103.

Lonergan, al contrario que Rahner y Tracy, no habla de una "experiencia" de las condiciones trascendentales para el conocimiento y la voluntad humanas (búsqueda, reflexión y deliberación), ni de la religión como simbolización de "la experiencia humana común", sino, más bien, de la experiencia religiosa especial del don del amor de Dios (y esto está postulado sobre la base de consideraciones teológicas más que filosóficas). Al contrario que Tracy y Rahner, parece tener solo razones teológicas para rechazar la tesis del presente libro de que los sistemas comunicativos intersubjetivos son la fuente más que el resultado de la experiencia propiamente humana, sea o no religiosa.

A la vista del ataque de Lonergan a lo que él considera que es el planteamiento de Wittgenstein sobre el lenguaje privado (*Método en teología*, o. c., pp. 247-250), se podría pensar que se adhiere a la afirmación de la experiencia pre-lingüística, pero el ataque, si lo entiendo bien, está basado en el equívoco de que negar los lenguajes privados supondría la negación de los actos mentales. De acuerdo con Peter Geach, *Mental Acts: Their Content and Their Objects* (Londres: Routledge & Kegan Paul, 1971), Gilbert Ryle comete el error contrario: cree que afirmar los actos mentales supone la afirmación de lenguajes privados; Tomás de Aquino, por el contrario, niega los lenguajes privados pero afirma los actos mentales (pp. 130-131). Si es así, el argumento del lenguaje privado en contra de las experiencias pre-lingüísticas sería plenamente aceptable para Tomás de Aquino, pero no para Tracy o Rahner y, todavía en menor medida, para Lonergan.

El asunto filosófico crucial es la validez de las deducciones trascendentales de las condiciones necesarias para el conocimiento y la voluntad humanas. Si postular tales condiciones a través de argumentos trascendentales es válido, entonces tiene sentido decir que uno puede tener estas experiencias pre-lingüísticas (por ejemplo, el *Vorgriff auf esse*) antes de su tematización a través de sistemas lingüísticos u otros sistemas conceptuales, aun cuando no se pueda hacer separadamente. Una breve exposición de lo que, hasta donde puedo llegar, es una objeción no contestada a las deducciones trascendentales se puede encontrar en Stephan Körner, *Cuestiones fundamentales de filosofía* (Barcelona: Ariel, 1984), pp. 279ss.

primera e intención segunda. Tal y como se aplica a los objetos (*intentio objectiva*), "animal" en la intención primera es esta o aquella criatura, Fido o Sócrates, en su propio ser actual o posible, imaginario o real, mientras que en la intención segunda es un concepto genérico que abarca muchas especies como la humana y la canina. En cuanto aplicada a las actividades mentales (*intentio formalis*), la intención primera es el acto por el cual aprehendemos los objetos, mientras que la intención segunda es el acto reflexivo de comprender o reflexionar sobre la formalidad de las intenciones primeras. En el lenguaje filosófico moderno sobre la conciencia, sólo somos conscientes de la actividad de la intención primera de un modo no temático (o, en términos de Polanyi, "tácitamente")[107] mientras la estamos realizando: nuestra atención se centra en los objetos, no en la experiencia subjetiva que estamos teniendo al conocerlos. Sólo en la intención segunda prestamos atención a esta experiencia y somos conscientes explícitamente, más que tácitamente, de ella. Aún así, esto no nos tiene que llevar a suponer que las experiencias de la intención primera como, por ejemplo, prestar atención a Fido o a las características lógicas del concepto de animal, son en cierta forma preverbales o no estructuradas lingüísticamente. Seguramente, si continuamos esta argumentación, se podría decir lo mismo de las experiencias religiosas. Se pueden interpretar como derivados producidos por actividades cognitivas estructuradas lingüística o culturalmente, de las cuales no somos directamente conscientes porque forman parte de las intenciones primeras. El sentido de lo sagrado del que habla Rudolf Otto se puede interpretar como la conciencia tácita o no temática de aplicar un concepto de lo sagrado culturalmente adquirido en una situación dada. De la misma forma, los pianistas de concierto cuentan que focalizar su atención en sus dedos mientras tocan es un desastre para ellos; sin embargo, su actuación (y, a veces, su experiencia extática de tocar) depende de su digitalización. Parece que la hipótesis más sencilla es suponer que la relación entre las experiencias religiosas y una cultura, un lenguaje o una forma de vida determinadas es similar. Si mi aplicación de las nociones de intención primera y segunda es correcta, entonces esta es una tesis en la que Tomás de Aquino y otros aristotélicos medievales (pero no todos los agustinianos medievales)[108] coincidirían con Wittgenstein en contra de los filósofos de la conciencia post-cartesianos, así como de algunos tomistas declarados como Lonergan y Rahner. Para los aristotélicos, las experiencias afectivas (en las que se incluiría el sentimiento de lo sagrado o de dependencia

---

107. La idea de utilizar la terminología de Polanyi para decir que lo que es tácito en la intención primera se convierte en objeto de atención en la segunda me vino mientras leía el artículo de Robert E. McInnis, "Meaning, Thought and Language in Polanyi's Epistemology", *Philosophy Today* (Primavera 1974), pp. 47-67, y "Polanyi's Model of Mental Acts", *The New Scholasticism* 47/2 (1973), pp. 147-180. Sin embargo, ni Polanyi ni McInnis establecen este paralelismo.

108. Cf. mi artículo citado en la n. 106, más arriba.

absoluta) siempre dependen de un conocimiento de objetos previo, y los objetos a nuestro alcance en esta vida son todos de algún modo construidos (o, en terminología medieval, "abstraídos") a partir de la experiencia sensorial estructurada conceptual o lingüísticamente.

Muchas modificaciones del modo habitual de pensar sobre la religión vienen de abandonar la idea de que su origen está en una experiencia primaria, pero mencionaré tan sólo dos. En primer lugar, el cambio o la innovación religiosa se deben entender, no como procedentes de nuevas experiencias, sino como el resultado de interacciones entre un sistema cultural-lingüístico y situaciones cambiantes. Las tradiciones religiosas no se transforman, abandonan o reemplazan a causa de un afloramiento de formas nuevas o diferentes de experimentarse a uno mismo, al mundo, o a Dios, sino porque un esquema interpretativo religioso (encarnado, como no puede ser otra manera, en una práctica y una fe religiosas) desarrolla anomalías a la hora de aplicarse en nuevos contextos. Esto produce, entre otras cosas, efectos negativos, experiencias negativas, incluso por parte de las propias normas de una religión. Las figuras proféticas comprenden, a menudo con una viveza dramática, cómo los modelos heredados de fe, práctica y ritual necesitan (y pueden) ser renovados. Descubren los conceptos que eliminan las anomalías. Así pues, las experiencias religiosas, en el sentido de sentimientos, emociones y sensaciones, no son el origen, sino el resultado de nuevos esquemas conceptuales.

Así, siguiendo el hilo de esta argumentación, Lutero no se inventó la doctrina de la justificación por la fe porque tuviera la experiencia de la torre[109], sino, más bien, la experiencia de la torre fue posible por haber descubierto (o por creer que había descubierto) esa doctrina en la Biblia. Ciertamente, la experiencia de la justificación por la fe ocasionada por aquella exégesis generó en aquel entonces una gran variedad de simbolismos expresivos de gran frescor, entre los cuales a los luteranos les gusta especialmente mencionar la música de Johann Sebastian Bach. Sin estas experiencias tan intensas expresadas de un modo tan efectivo, la tradición nunca habría empezado ni habría continuado, aunque, lógicamente, incluso quizá casualmente, una experiencia religiosa y su expresión ocupan un lugar secundario o terciario dentro de un modelo cultural-lingüístico. Primero están las objetivaciones de la religión, esto es, su lenguaje, sus doctrinas, sus liturgias y sus modos de acción y, a través de estas objetivaciones, las pasiones se estructuran dentro de varios tipos de lo que se denomina experiencia religiosa.

---

109. Admitiendo que realmente ocurrió. Este ejemplo es útil más allá de la veracidad de la tan debatida experiencia de la torre. Lo que es importante para el objetivo de este trabajo es la afirmación de que el núcleo de la ruptura reformadora de Lutero fue la conclusión de una reflexión exegética. Ver George Lindbeck, "Erikson's *Young Man Luther:* A Historical and Theological Reappraisal", *Soundings* 16 (1973), pp. 210-227, reeditado en Donald Capps y otros (eds.), *Encounter with Erikson* (Missoula [Mont]: Scholars Press, 1977), pp. 7-28.

Una segunda consecuencia de esta perspectiva que es particularmente importante para nuestros objetivos inmediatos es que plantea preguntas relativas a la significatividad de la noción de que existe una experiencia interna de Dios común a todas las personas y a todas las religiones. No puede haber tal núcleo experiencial porque, de acuerdo con nuestra argumentación, las experiencias que las religiones evocan y moldean son tan variadas como las estructuras interpretativas que encarnan. Los seguidores de las diversas religiones no tematizan la misma experiencia de forma diferente, sino, más bien, tienen experiencias diferentes. La compasión budista, el amor cristiano y –si se me permite citar un fenómeno cuasi-religioso– la *fraternidad* de la Revolución Francesa no son modificaciones diversas de una única conciencia, emoción, actitud o sentimiento humano fundamental, sino que son formas radicalmente (es decir, de raíz) distintas de experimentar y estar orientado hacia uno mismo, el prójimo y el cosmos. Las características afectivas que tienen en común son parte, por así decirlo, de sus materias primas, variaciones de esos sentimientos de cercanía a los compañeros más inmediatos, compartidos por todos los seres humanos, incluidos los nazis y los cazadores de cabezas. De la misma forma, el sentimiento de lo santo o lo sagrado, que es la señal que identifica a la religión para gran parte de la tradición experiencial-expresivista, no es una cualidad común, sino una serie de aires de familia. Puede haber religiones en las que tenga poca importancia o ninguna; e incluso aquellas que lo enfatizan no tienen por qué ser similares por esa razón. Clasificar juntas todas esas religiones es, quizá, el mismo error que se comete al pretender que todas las cosas rojas, sean manzanas, indios o la plaza de Moscú, pertenezcan al mismo género natural. En gran medida, lo mismo se puede decir sobre las experiencias místicas. Para comprender con facilidad y de forma naturalista lo que tienen en común podríamos decir, por ejemplo, que consiste en "los sentimientos oceánicos" de los que habló Freud[110]. Ciertamente, desde una perspectiva cultural-lingüística podríamos añadir (como no lo hizo Freud) que estos sentimientos se convierten en los ingredientes de una gran variedad de experiencias del mundo, del ser y –como podría decir un creyente– de Dios, que dependen de diversas categorías perceptivas (por ejemplo, 'religioso' o 'no religioso', 'teísta' o 'no teísta') y formas de práctica (por ejemplo, consumo de drogas, ejercicios de yoga, oración contemplativa)[111]. Así pues, la religión, incluido el misticismo, no necesita ser descrita como algo universal que surge desde lo profundo de la persona y se objetiva en formas diversas e inadecuadas en las distintas confesiones religiosas; puede al menos ser

---

110. Sigmund Freud, "El malestar en la cultura", en id. *Obras Completas*. Vol. 21 (Buenos Aires: Amorrortu, 1979), pp. 65-73.

111. Sobre las variedades de la experiencia mística ver R. C. Zaehner, *Mysticism, Sacred and Profane* (Oxford: Clarendon Press, 1957), y Steven Katz, "Language Epistemology, and Mysticism", *Mysticism and Philosophical Analysis*, ed. por S. Katz (Londres: Sheldon Press, 1978), pp. 22-74.

plausiblemente interpretada como el nombre que se le da a una clase de cosas para abarcar un variado conjunto de sistemas cultural-lingüísticos que, por lo menos en algunos casos, modela y produce diferenciadamente nuestros más profundos sentimientos, actitudes y percepciones.

Resumiendo, nuestro modelo alternativo entiende las religiones como lenguajes con los que abordar los aspectos más importantes de nuestra existencia: las preguntas últimas sobre la vida y la muerte, el bien y el mal, el caos y el orden, significatividad e insignificancia. Estos son los problemas que las religiones tratan en sus relatos, mitos y doctrinas. Mediante ritos, enseñanzas y otros procesos socializadores, imprimen sus respuestas no sólo en la mente consciente, sino también en el subconsciente individual y cultural. En este sentido, un balinés, moldeado por un sistema ceremonial en el que está integrada una visión del mundo en parte hindú y en parte animista, caerá en un trance catatónico cuando se enfrente a los tipos de estímulos que podrían sumir a un occidental, influenciado por una dilatada tradición de monoteísmo bíblico, en una frenética actividad[112]. Siglos de repetición ritual de ciertas definiciones de lo que es últimamente bueno y verdadero han estructurado de tal forma estas dos modalidades culturales, que sus reflejos actitudinales básicos son diferentes incluso cuando ya no hay fe o buena parte del conocimiento explícito de las tradiciones religiosas ha desaparecido. A la vista de estos ejemplos, parece poco plausible defender que las religiones son diferentes objetivaciones de la misma experiencia básica. Por el contrario, son las distintas religiones las que, en muchos casos, parecen producir experiencias profundas divergentes de lo que es existir como ser humano. Los datos empíricos de los que disponemos parecen apoyar una comprensión de la relación entre religión y experiencia más en sintonía con el enfoque cultural-lingüístico que con el experiencial-expresivista.

III. UNA COMPARACIÓN INCONCLUYENTE

En todo caso, no se debería pensar que la elección entre las dos teorías que estamos comparando se puede basar únicamente en datos empíricos. Nos estamos enfrentando a nociones omniabarcantes y fundamentalmente diferentes de lo que es la religión, y cada una de ellas condiciona lo que se considera que es evidencia relevante a favor o en contra de su propia verdad. Una referencia a Friedrich Heiler, autor al que Lonergan cita mucho más que a cualquier otro, a favor del planteamiento de que las grandes religiones descienden de la misma y única experiencia

---

112. Esta referencia balinesa son los dramas del templo Rangda-Barong, de los que se puede encontrar una breve descripción en Geertz, "La religión como sistema cultural", en su *La interpretación de las culturas*, o. c., pp. 108ss. Cf. su ensayo "El impacto del concepto de cultura en el concepto de hombre", ibid., pp. 45-46.

fundamental de trascendencia, puede ilustrar esta cuestión. Heiler afirma que el cristianismo, el judaísmo, el islam, el zoroastrianismo, el hinduismo, el budismo y el taoísmo sostienen "que hay una realidad trascendente; que esa realidad es inmanente a los corazones humanos; que es la suprema belleza, verdad, rectitud, bondad; que es amor, misericordia, compasión; que el camino a él es el arre-pentimiento, la auto-negación, la oración; que el camino es el amor al prójimo, incluso a los enemigos; que el camino es el Amor de Dios, la unión con él, o la disolución en él"[113]. Heiler es un hombre instruido y defiende de modo plausible que, si uno quiere encontrar similitudes entre las principales religiones del mundo, *y* si uno las mira con ojos cristianos, entonces esta es una lista razonable de los elementos que tienen en común. Sin embargo, parece claro que un miembro de una religión oriental que emprendiera una investigación similar elaboraría una lista muy distinta que, por ejemplo, haría parecer al cristianismo más cercano al taoísmo o al budismo que a la inversa.

Esta es una de las razones por la que los teóricos cultural-lingüísticos no se dejan impresionar por los esfuerzos para mostrar que todas las religiones son fundamentalmente similares; pero también hay otra. No se da por sentado que dos lenguas sean similares mostrando simplemente que ambas usan conjuntos de sonidos que coinciden o que tienen objetos de referencia en común (por ejemplo: madre, niño, agua, fuego, y todas las personas y objetos más relevantes del mundo que compartimos las personas). Lo que importa a la hora de establecer parecidos entre las lenguas son las estructuras gramaticales, las formas de referencia, las estructuras semánticas y sintácticas. Se podría alegar algo remotamente análogo a lo que atenerse en el caso de las religiones. El dato de que todas las religiones recomiendan algo a lo que podemos llamar "amor" hacia aquello considerado como lo más importante ("Dios") es una banalidad tan carente de interés como el hecho de que todas las lenguas son (o fueron) habladas. Los datos significa-tivos son las estructuras de los relatos, las creencias, los rituales y las conductas características que dan a los términos "amor" y "Dios" su significado específico y, a veces, contradictorio.

Por devastador que este cuestionamiento pueda parecer para aquellos que no simpatizan con las teorías experiencial-expresivistas, no es concluyente. Como mucho muestra que una postura experiencial-expresivista es difícil de demostrar, pero no demuestra que sea falsa. Sigue siendo posible que, de igual modo que las mismas emociones de (por ejemplo) júbilo o pena pueden ser simbólicamente expresadas o evocadas por historias sobre personas diferentes o por pinturas de

---

113. Bernard Lonergan, *Método en teología*, o. c., p. 110. Esta cita es un resumen que hace Lonergan de Friedrich Heiler, "La historia de las religiones como preparación para la cooperación entre las religiones", en Mircea Eliade y Joseph Kitagawa (eds.), *Metodología de la historia de las religiones* (Barcelona: Paidós, 1986), pp. 167-199.

distintos estilos y temáticas, ocurra lo mismo con las experiencias profundas de la religión. Las posibilidades de llegar a decisiones firmes sobre los temas que abarca este debate son incluso menores que respecto a cuestiones comparables sobre las mejores teorías generales en las ciencias físicas; y eso que estas últimas, si T. S. Kuhn y otros autores tienen razón, nunca son establecidas definitivamente. Las teorías se abandonan, no tanto porque sean refutadas (es decir, porque sus propios planteamientos sean falsados), sino porque se muestran poco productivas para cuestiones nuevas o diferentes que despiertan el interés del grupo más influyente de científicos por gran variedad de razones. Las viejas teorías pueden mantenerse perfectamente bien en sus campos de aplicación originarios: por ejemplo, hoy en día la mecánica continúa siendo completamente newtoniana, sin haberse visto afectada por la teoría de la relatividad de Einstein. Igualmente, la inferioridad del enfoque experiencial-expresivista para el estudio científico de la religión puede ser bastante compatible con su superioridad para otros propósitos (por ejemplo, los teológicos). La cuestión que a continuación vamos a abordar es, precisamente, si esta apreciación es acertada.

Capítulo 3

MUCHAS RELIGIONES Y UNA SOLA FE VERDADERA

Una teoría no teológica de la religión no se ocupa de argumentar a favor o en contra de la superioridad de ninguna fe religiosa, pero sí tiene el deber, si quiere ser útil desde un punto de vista religioso, de contemplar la posibilidad de tal superioridad. En otras palabras, no debe excluir las afirmaciones que las religiones hacen sobre sí mismas, y debe aportar alguna interpretación de lo que estas pretensiones significan. Si no puede hacer esto, a lo sumo puede ser de interés para los que estudian la religión desde una perspectiva puramente académica, pero no puede ser utilizada por teólogos y otros estudiosos comprometidos religiosamente.

Como ya se ha dicho antes, es posible que una de las razones para el rechazo que los enfoques cultural-lingüísticos sufren por parte de la teología sea que, a primera vista, no parecen estar bien equipados para cumplir estos requisitos. Generalmente no se piensa que una lengua o una cultura sea "más verdadera" que otra o, menos aún, suprema y, aún así, es lo que algunas religiones profesan ser. Esta pretensión de definitividad es común en los monoteísmos occidentales (o, más concretamente, del Medio Oriente), ya sea el judaísmo, el cristianismo o el islam, y parece estar también, al menos implícitamente, en el budismo y en algunas formas de hinduismo, en cuanto que éstas funcionan como religiones no-tribales, es decir, universales. ¿Se puede admitir la posible verdad de una u otra de estas afirmaciones de insuperabilidad? O, más concretamente, ¿qué puede significar esta pretensión? ¿Se podría interpretar de forma que favoreciera un deseable diálogo y cooperación interreligiosos no proselitistas, así como la posibilidad de salvación, sin importar cómo se la defina, fuera de la única fe verdadera, si es que existe tal cosa? Antes hemos apuntado que el diálogo interreligioso no proselitista y la salvación de los no creyentes son asuntos de gran importancia para mucha gente de hoy en día. En efecto, ambos han sido oficialmente proclamados por la más numerosa de todas las comunidades religiosas organizadas, la Iglesia Católica, en el Vaticano II[114]. Si un enfoque cultural-lingüístico no puede explicar la importancia que estos asuntos están tomando al menos tan bien como lo hacen las teorías de la religión alternativas, entonces será correctamente catalogado como carente de interés a nivel teológico.

Estos problemas interreligiosos -la superioridad, el diálogo y la salvación de los "otros creyentes"- son abordados en las tres primeras secciones de este capítulo, tras las cuales hemos incluido un excurso un tanto técnico sobre la noción de "verdad" en un contexto cultural-lingüístico. Los siguientes dos capítulos continúan el análisis de temas teológicos, pero refiriéndose a problemas más intrarreligiosos que interreligiosos, como la diversidad doctrinal y la autoridad magisterial dentro del cristianismo en cuanto una única religión. El programa, como se verá, está condicionado por las preocupaciones cristianas: un budista o un musulmán, por ejemplo, habría hecho una selección de temas diferente. Pero, a pesar de centrarnos en la aplicabilidad específicamente cristiana de un enfoque cultural-lingüístico, es posible que mucho de lo que se diga se pueda aplicar también a otras religiones.

I. SUPERIORIDAD

Dependiendo del modelo que uno use, las religiones se pueden comparar entre sí en términos de su verdad proposicional, su eficacia simbólica o su adecuación categorial. Sería de utilidad fijarse en cada uno de esos términos por separado antes de abordar las distintas nociones de superioridad que implican.

Aquellos que son hasta cierto punto tradicionalmente ortodoxos entienden la verdad proposicional que atribuyen a las afirmaciones religiosas como el resultado de la correspondencia ontológica o "isomorfismo" entre la "estructura del ejercicio del conocimiento y la estructura de lo conocido"[115]. Cada proposición o acto de juicio corresponde o no corresponde, es eternamente verdadera o falsa: no hay grados ni variaciones en la verdad proposicional. Aun así, una religión puede ser una mezcla de afirmaciones verdaderas y falsas, y la cuestión principal cuando se comparan las religiones desde la perspectiva clásicamente cognitivista de la ortodoxia tradicional es la de qué fe hace un mayor número de afirmaciones verdaderas y un menor número de afirmaciones falsas.

En un enfoque experiencial-expresivista, por el contrario, la "verdad" es resultado de la eficacia simbólica. Las religiones se compararán, si es que se

---

114. Una interpretación de las afirmaciones de Vaticano II a este respecto se puede ver en George Lindbeck, *The Future of Roman Catholic Theology* (Minneapolis: Fortress Press, 1970), esp. pp. 27-38.

115. Bernard Lonergan, *Insight: Estudio sobre la comprensión humana* (México: Universidad Iberoamericana A. C. y Salamanca: Sígueme, 1999), p. 475.

comparan, con más facilidad en términos de su eficacia a la hora de expresar, representar y comunicar esa experiencia interna de lo divino (o, quizás, de lo "incondicionado") que es considerada como algo común a todas ellas. Todas las religiones son, por definición, capaces de operar de forma verdadera en este sentido no discursivo y simbólico, pero su potencial o su grado actual de verdad (es decir, de eficiencia) puede variar.

Por último, en una perspectiva cultural-lingüística se parte de que las religiones son, ante todo, lenguajes diferentes para construir la realidad, expresar la experiencia y ordenar la vida. Al abordar la cuestión de la verdad, la atención se centra en las categorías (o "gramática", o "reglas del juego") en cuyos términos se elaboran las afirmaciones con pretensión de verdad y se emplean los sistemas simbólicos expresivos. De esta forma, las cuestiones que surgen cuando se comparan las religiones tienen que ver, antes que nada, con la adecuación de sus categorías. Las categorías adecuadas son aquellas que se pueden elaborar para aplicarse a lo que es considerado como real y que, por lo tanto, hacen posible, aunque no garantizan, la verdad proposicional, práctica y simbólica. Cuando se considera que una religión tiene dichas categorías, entonces se dice que es "categorialmente verdadera".

Aplicar las nociones de adecuación o verdad categorial a las religiones supone una cierta novedad; veamos algunos ejemplos que así lo ilustran. Las religiones pueden ser comparadas, por ejemplo, con sistemas matemáticos, porque estos últimos no son en sí proposicionalmente verdaderos o falsos en un sentido ontológico, sino, más bien, constituyen los únicos lenguajes en los que se pueden afirmar verdades y falsedades de primer orden (o intención primera) relativas a los aspectos cuantificables de la realidad. Por ejemplo, no tiene sentido decir que una cosa es más grande que otra si se carece del concepto categórico de tamaño. Con todo, la adecuación categórica no garantiza la verdad proposicional, sino que únicamente hace que las afirmaciones significativas sean posibles: si algo es cuantificable, las afirmaciones sobre su tamaño tienen sentido, pero no necesariamente verdad. De la misma forma, una religión categorialmente verdadera sería aquella en la que es posible hablar significativamente sobre aquello que, por ejemplo, es lo más importante; pero la significatividad, no hay que olvidarlo, hace posible tanto la verdad como la falsedad proposicional.

En segundo lugar, la diferencia entre las religiones puede, en algunos casos, ser análoga a la diferencia que existe entre las descripciones matemáticas y no-matemáticas -por ejemplo, cuantitativas y cualitativas- de la realidad. En otras palabras, pueden ser inconmensurables hasta tal punto que en una lengua o religión no se puedan hallar equivalentes para los términos esenciales de la otra. Por ejemplo, "más grande" no se puede traducir por "más rojo", porque se convertiría en un sinsentido descriptivo: por ejemplo, esta bandera roja es más grande que la Plaza Roja de Moscú porque es más roja, y viceversa. De la misma forma, las religiones occidentales y las culturas bajo su influencia carecen de los medios para referirse de cualquier forma directa al nirvana budista y, por lo tanto, es desconcertante, al menos a primera vista, cómo uno puede decir cualquier cosa tanto verdadera como falsa sobre el nirvana, o incluso negarlo rotundamente, dentro de los contextos occidentales. O, para profundizar más en este punto, muchos cristianos han mantenido que los relatos sobre Abraham, Isaac, Jacob y Jesús son parte del significado referencial de la palabra "Dios" tal y como se usa en la religión bíblica y, por consiguiente, han concluido que los filósofos y otros estudiosos que no se refieren a estas narraciones quieren decir otra cosa al hablar de "Dios"[116]. El Dios de los filósofos puede o no existir y, en algunos aspectos, puede ser asimilable al Dios de la Biblia o no, pero la fe en la deidad bíblica, de acuerdo con esta perspectiva, es independiente lógicamente de los argumentos filosóficos sobre estas cuestiones.

Resumiendo, el enfoque cultural-lingüístico está abierto a la posibilidad de que las diferentes religiones y/o filosofías puedan tener nociones inconmensurables de verdad, experiencia y adecuación categorial y, por lo tanto, también de lo que significaría para algo ser lo más importante (es decir, "Dios"). A diferencia de otras perspectivas, este enfoque no propone un marco común dentro del cual comparar las religiones, como el proporcionado por el concepto de verdad de los proposicionalistas o el concepto de experiencia de los expresivistas. Así pues, cuando afirmaciones o ideas provenientes de religiones o marcos filosóficos categorialmente diferentes se introducen en una perspectiva religiosa dada son, o nada más que meros parloteos o, si no, algo parecido a fórmulas matemáticas empleadas en un texto poético, adquieren unas funciones y unos significados profundamente diferentes de aquellos que tenían en su marco original.

Estos tres sentidos de "verdad" que hemos diferenciado dan lugar a tres interpretaciones opuestas de la pretensión de que una religión dada esté por encima de las demás. La versión tradicionalmente más familiar de esta afirmación es la proposicional. De acuerdo con ella, la religión definitiva debe estar exenta de error (porque de otra forma podría ser superada). En el cristianismo, esta inerrancia proposicional ha sido normalmente atribuida al "depósito de la fe" original, aunque también se ha aplicado a la Escritura y a las doctrinas eclesiales *de fide*. Otro requisito lógicamente necesario es que la religión suprema contenga en su grado más elevado lo que el Aquinate llamó *revelabilia* (es decir, verdades religiosamente

---

116. No solo los que podemos ubicar en la tradición de Pascal, sino también se puede citar a Tomás de Aquino como defensor de esta postura: "La expresión 'creer en Dios' no conviene a los infieles bajo la misma razón por la que se considera como acto de fe. Los infieles, en efecto, no creen en la existencia de Dios en las condiciones que determina la fe. Por eso ni siquiera creen de verdad en Dios" (ST II-II.2.2, ad 3). Para una interpretación de Tomás de Aquino que destaca este momento "pascaliano" en su pensamiento, ver Victor Preller, *Divine Science and the Science of God* (Princeton: Princeton University Press, 1967).

significativas capaces de ser reveladas dentro del ámbito espacio-temporal del mundo de la experiencia humana)[117]. De otro modo podría ser plenamente verdadera, pero de una forma incompleta y, por tanto, podría ser superada. Esta ha sido la actitud tradicional cristiana hacia la religión de Israel. Entendida correctamente, la religión del Antiguo Testamento no contiene falsedades, sin embargo, existen verdades más elevadas que pueden ser (y de hecho han sido) reveladas. La mayoría de las religiones, sin embargo, son vistas como una mezcla de verdad y error. Aunque no es algo lógicamente imposible, el que religiones en parte falsas puedan contener verdades de naturaleza relevante aunque subordinada que no están presentes inicialmente en la religión más importante y, por lo tanto, puedan enriquecerla, ha sido algo a lo que, sin embargo, tradicionalmente se le ha dado poca importancia[118].

Cuando las religiones se consideran expresivamente verdaderas más que proposicionalmente, se incrementa esta posibilidad de complementariedad y enriquecimiento mutuo, pero, al mismo tiempo, encontrar un significado definitivo para la noción de "insuperablemente verdadera" se convierte en una ardua tarea. El enriquecimiento mutuo crece porque, como ya hemos dicho antes, las diferentes religiones son vistas como objetivaciones de las mismas experiencias básicas y posiblemente pueden enseñar las unas a las otras, no sólo sobre asuntos periféricos, sino también sobre su núcleo común. La dificultad para especificar un significado para "insuperablemente verdadera" en un marco experiencial-expresivista se asemeja al problema de identificar un referente para la expresión "evocador del placer estético de forma insuperable" o, usando ejemplos quizá menos acertados, "insuperablemente el más fuerte" o "insuperablemente el más rojo". Lo importante de estas comparaciones es que cuando la verdad se entiende en términos de eficacia simbólica, es una cualidad variable sin ningún límite superior lógicamente intrínseco (aunque *de facto* pueda tener uno). Aunque físicamente no lo sea, siempre es posible conceptualmente concebir un rojo más intenso, o una fuerza mayor, o una belleza más sublime, o un simbolismo más adecuado y efectivo. Además, no hay una razón intrínseca por la cual no debería haber muchas instancias iguales, aunque diferenciadas, del más alto grado actual de cualquiera de esas cualidades, incluido el poder simbólico.

Ciertamente, la verdad expresiva puede ser insuperable, pero solo de una forma débil. Si hay una religión realmente existente que sea de hecho superior a las demás, y si la historia humana concluye antes de que sea superada, entonces pasará de no-superada a insuperable. Esta es una irrevocabilidad puramente

117. Una presentación de los *reverabilia* se puede encontrar en Per Eric Persson, *Sacra Doctrina: Reason and Revelation in Aquinas* (Oxford: Basil Blackwell, 1970).

118. Ciertamente, los autores patrísticos y medievales recomendaban "despojar a los egipcios", pero pensaban en esto más como un préstamo de la filosofía de los paganos que de su religión.

escatológica, en el sentido de que tiene que ver con el final de los tiempos como los conocemos y, por tanto, es, por así decirlo, un mero accidente histórico. Maurice Wiles, desde un planteamiento expresivista, sostiene que este era el único tipo de definitividad que los primeros cristianos atribuían al cristianismo: anticipaban una experiencia de lo divino no mayor que aquella que había sido mediada a través de Jesucristo, porque creían que la historia llegaba a su fin. De esto se desprende, como sugiere Wiles, que la insuperabilidad proposicional u ontológica que, por ejemplo, el *homoousion* ("consustancial con el Padre") niceno afirma sobre Cristo era muy distinta, era el resultado ilícito – o por lo menos no vinculante – del deseo de mantener la definitividad incluso después de que su condición original, la inminencia de la Parusía, hubiera desaparecido[119]. Si esta interpretación expresivista es el mejor o más plausible modo de entender la insuperabilidad atribuida al cristianismo por los desarrollos trinitarios y cristológicos de los primeros siglos es una cuestión sobre la cual volveremos en el siguiente capítulo.

La forma categorial de la pretensión de verdad suprema puede ser incomparablemente más fuerte que la expresiva, pero puede también ser, en otros aspectos, a la vez más fuerte y más débil que la afirmación proposicional. Podría ser –tomando primero la versión más fuerte– que solo hubiese una religión que tuviese los conceptos y categorías que la capacitan para referirse al objeto de la religión, es decir, a aquello que es de hecho más importante que todo lo demás en el universo. Esta religión sería entonces la única en la que podría estar presente alguna forma de verdad o falsedad religiosa proposicional, y posiblemente también expresiva. Las otras religiones serían declaradas categorialmente falsas, pero proposicional y expresivamente no serían ni verdaderas ni falsas. Carecería de sentido religioso, del mismo modo que no tiene sentido hablar sobre cosas ligeras y pesadas cuando uno carece del concepto de "peso". Esta pretensión de verdad insuperable es más contundente que cualquier otra que se pueda lanzar, no solo en términos expresivistas, sino también proposicionales. Cuando pensamos en las religiones de forma cognitivista, ellas siempre tienen, por lo menos, la suficiente significatividad para poder ser falsas, y la más diabólica de ellas puede contener algunos atisbos de verdad, aunque no sea más que la creencia de que existe el demonio. Por el contrario, en una interpretación categorial, las creencias del satanismo sobre Satán no pueden ser ni verdaderas ni falsas, sino absurdas (aunque horrendamente), como ocurre con las creencias relativas a un círculo cuadrado.

Sin embargo, también hay, como ya hemos apuntado, un sentido en el cual la insuperabilidad y la verdad categoriales son más débiles que en el caso proposicional. La verdad categorial no excluye el error proposicional. Más bien, hace posible tanto el error como la verdad. Aunque solo hubiera una religión en la

119. Maurice Wiles, "Looking Into the Sun", en *Working Papers in Doctrine* (Londres: SCM Press, 1976), pp. 148-163, esp. 156-157.

que pudiese producirse la referencia a Dios (en el caso de que existiera tal ser), sin embargo estaría abierta a toda clase de falsedades en cuanto a lo que afirma sobre él. Esto suena escandaloso para los piadosos oídos tradicionales. Por lo general se cree que las proposiciones de una religión, para que sea la única verdadera, deben corresponderse plena y fielmente con la realidad divina.

Parte del problema, quizá, es que en una cultura influenciada por lo que Lonergan llama la diferenciación sistemática de la conciencia[120], incluso el sentido común supone que la verdad como correspondencia debe ser proposicional. Es probable que tanto un protestante que insiste en la inerrancia de las Escrituras como su contrapunto tradicional católico se vean afectados por formas vulgarizadas de un racionalismo que proviene de la filosofía griega y pasa por el racionalismo cartesiano y post-cartesiano reforzado por la ciencia newtoniana; sin embargo, en los primeros siglos de la Iglesia, la verdad ontológica como correspondencia aún no había sido circunscrita al proposicionalismo. El literalismo fundamentalista, al igual que el experiencial-expresivismo, es producto de la modernidad.

En esta reflexión estamos asumiendo que hay un sentido en el cual la verdad como correspondencia puede mantener su significado incluso para una religión cuya verdad es básicamente categorial más que proposicional. Una religión concebida como comparable a un sistema cultural, como un conjunto de juegos del lenguaje vinculados a una forma de vida, puede, como un todo, corresponder o no a lo que un teísta llama el ser y la voluntad de Dios. Tal como se vive ahora, se puede describir una religión como una única proposición gigantesca. Es una proposición verdadera en la medida en que sus objetivaciones son interiorizadas y ejercitadas por personas y grupos de forma que, hasta cierto punto, se adapta a ellos en las diversas dimensiones de su existencia hasta la realidad y el bien últimos que subyacen en el corazón de las cosas. Es una proposición falsa en la medida en que esto no ocurre.

Volveremos de forma más sistemática al final de este capítulo a la relación entre verdad categorial, proposicional y ontológica, pero antes vamos a probar un símil cartográfico[121]. Establezcamos que un mapa se convierte en una proposición, en una afirmación de cómo viajar de un sitio a otro, solamente cuando se utiliza durante el trayecto de un viaje. En la medida en que el mapa se malinterpreta y se usa mal, es parte de una proposición falsa sin importar cuán exacto sea en sí. Y a la inversa, aunque sea erróneo de muchas formas en cuanto a sus distancias, proporciones y registros topográficos, se convierte en elemento constitutivo de una proposición verdadera cuando guía al viajero correctamente. Un mapa de un

---

120. Bernard Lonergan, *Método en teología*, o. c., p. 294.

121. John Bowker habla de las religiones como actividades "para encontrar el camino" en *El sentido de Dios: aproximaciones sociológicas, antropológicas y psicológicas al origen del sentido de Dios* (Barcelona: Península, 1977), pp. 97ss., 105ss.

espacio imaginario, por el contrario, no se puede usar (porque es categorialmente falso) para formular proposiciones ontológicamente verdaderas o falsas, sino únicamente para proposiciones carentes de sentido; mientras que uno de un espacio irrelevante (por ejemplo, del Pacífico Sur cuando el objetivo es Jerusalén) puede realmente corresponderse con la realidad, pero no proporciona indicaciones ni buenas ni malas para llegar al destino. Por el contrario, los mapas del área correcta pueden convertirse en proposicionalmente verdaderos o falsos. Algunos serán deliberadamente engañosos, peores que los mapas irrelevantes, no porque omitan Jerusalén, sino porque positivamente dan indicaciones en sentido contrario, mandando al viajero, por ejemplo, a Moscú o Nueva York. Otros pueden ser capaces de convertirse en verdaderos aunque varíen mucho en integridad y precisión. Puede que algunos inicialmente dirijan al peregrino en la dirección más o menos correcta, pero según se avanza hacia donde está Jerusalén se van haciendo inquietantemente imprecisos. Finalmente, hay varias versiones del mapa final, completo e insuperable que, con diferentes grados de detalle y precisión, identifican suficientemente la meta y la ruta (siempre y cuando se utilicen correctamente) para evitar que el viajero se extravíe. Algunas de estas versiones pueden ser meros bocetos que contienen muchos detalles imprecisos, mientras que otras pueden ser obras maestras del arte cartográfico, pero el factor clave en ambos extremos radica en cómo se utilicen. Un boceto impreciso puede ser suficiente para guiar correctamente a aquellos que son concienzudos y habilidosos, mientras que una obra maestra cartográfica puede ser utilizada por bribones perversos y desconsiderados para justificar el hecho de coger cualquier otra carretera que parezca más atrayente, aun cuando nos lleve al oeste en lugar de al este, o al norte en lugar de al sur. En este sentido, extrayendo la moraleja de la metáfora, la religión categorial e insuperablemente verdadera es capaz de ser utilizada correctamente, de guiar el pensamiento, las pasiones y la acción de forma que se correspondan con la realidad última y, por tanto, de ser ontológicamente (y "proposicionalmente") verdadera, pero no siempre, y quizá tampoco habitualmente, se utiliza de esta forma.

II. LAS INTERRELACIONES ENTRE LAS RELIGIONES

Tras esta alegórica exposición de la diversidad de las religiones, será bueno enumerar sus posibles relaciones de forma más prosaica antes de entrar en las implicaciones para el diálogo interreligioso. En primer lugar, está la relación de lo incompleto a lo completo, de la promesa al cumplimiento. Independientemente de lo que uno piense sobre la pretensión tradicional del cristianismo de que esta es su relación con el judaísmo, o del reclamo del Islam de que está relacionado de un modo más o menos parecido con el judaísmo y el cristianismo, esta relación es, al menos, lógicamente posible. En segundo lugar, algunos aspectos de diversas religiones, como sugiere el modelo experiencial-expresivista, pueden estar objetivando de forma variada las mismas o parecidas experiencias. Por ejemplo, las descripciones de la unión mística del Maestro Eckhart y de Shankara parecen referirse a la misma realidad experiencial, aunque uno la sitúe en el camino a Jerusalén y el otro en un mapa vedanta hindú del cosmos. Como consecuencia, las implicaciones para la praxis son notablemente diferentes, y hay razones para sospechar, especialmente si uno se acoge a la perspectiva cultural-lingüística, que las experiencias místicas en sí difieren más de lo que indican sus descripciones[122]. En tercer lugar, las religiones pueden ser complementarias en el sentido de que nos ofrecen orientación para diferentes, pero no incompatibles, dimensiones de la existencia. Por ejemplo, quizá los budistas saben más sobre la contemplación y los cristianos más de la acción social, y quizá pudieran aprender en estos campos los unos de los otros, incluso mientras mantienen categóricamente sus diferentes nociones sobre lo que es importante en grado sumo. En cuarto lugar, la oposición directa también es posible. Las religiones pueden ofrecer direcciones opuestas, no sólo en el sentido de abarcar diferentes áreas, sino de designar metas y caminos opuestos dentro de un mismo mapa o de mapas superpuestos que abarcan un terreno reconociblemente similar. La oposición que profesan las grandes religiones hacia el nazismo o el satanismo (por lo menos hacia el serio, más que hacia el que no es más que una puesta en escena), por ejemplo, es de este tipo. En quinto lugar está la relación de lo coherente a lo incoherente o de lo auténtico a lo inauténtico[123]. Algunas religiones pueden ofrecer mapas que no pueden seguirse sin inconsistencias, fingimientos o superficialidad, y todas las religiones, incluso las mejores, pueden generar versiones que propician sistemáticamente estos trastornos, no sólo en los individuos, sino también en los grupos. Así pues, los auténticos creyentes, sean marxistas, budistas o bíblicos, a menudo pueden estar existencial y moralmente más cercanos el uno al otro que a muchos seguidores de sus propias creencias. Sus lenguajes pueden ser tan diferentes como el cálculo de Leibniz y los sonetos de Shakespeare, lo que hace que la traducción entre ellos sea imposible y, sin embargo, pueden estar unidos por el amor que sienten por sus respectivas lenguas y por la sensibilidad y precisión con que las usan. Finalmente, la mayoría de las religiones son comparables entre sí en más de una de estas instancias. Dependiendo del aspecto concreto, pueden estar relacionadas una con otra desde sus propias perspectivas como lo completo respecto de lo incompleto, como

---

122. El libro de Rudolf Otto, *Mysticism East and West* (Nueva York: Macmillan Co., 1932), sigue siendo una excelente exposición de las similitudes (y, aunque no en la misma medida, de las diferencias) entre Eckhart y Shankara.

123. Aquí estoy usando "autenticidad" sin el sentido técnico de "auto-trascendencia" que ha adquirido en buena parte del pensamiento moderno. Cf. Bernard Lonergan, *Método en teología*, o. c., p. 105.

diferentes expresiones de experiencias parecidas, como complementarias, como opuestas, y como auténticas o inauténticas; pero, por otro lado, también pueden estar relacionadas de una sola de estas formas.

Dadas estas interconexiones, ¿qué se puede decir del diálogo entre las religiones? Como ya dijimos, el deseo de afirmar el diálogo, tanto como la posibilidad de salvación para los seguidores de otras religiones (sobre lo que diremos más en la siguiente sección), es una de las principales causas de la popularidad de los enfoques experiencial-expresivistas. ¿Cómo puede la alternativa cultural-lingüística satisfacer este deseo?

El enfoque cultural-lingüístico puede proporcionar sólidos argumentos para el diálogo interreligioso, pero no para cualquier tipo de diálogo. No queda completamente excluida la razón favorita hoy en día, a saber, la de explorar experiencias comunes de forma cooperativa, pero no es probable que sea la que realmente domina. Las razones legítimas para el debate son tan variadas como en las relaciones internacionales. Dando por hecho que un mundo cada vez más pequeño hace que sea cada vez más necesario que las religiones, no menos que las naciones, aprendan a comunicarse —¿pero, para hacer esto, es de ayuda pensar que sus experiencias y compromisos más profundos deben, de alguna forma, ser básicamente los mismos? ¿Una teoría del diálogo así no corre el peligro de encubrir la infinidad de problemas y fines que existen?

Se conteste o no a estas preguntas, existen otros posibles argumentos teológicos para el diálogo, que varían de una religión a otra, lo que no presupone que las religiones compartan un núcleo experiencial. Por ejemplo, se puede argumentar de varias formas que las iglesias cristianas están llamadas a imitar a su Señor a través del servicio desinteresado al prójimo, más allá de la cuestión de si esto favorece las conversiones. También cuentan con autorización de las Escrituras en pasajes como Amós 9, 7-8 para sostener que las naciones que no son Israel –y, por extensión, las religiones no bíblicas– son también pueblos elegidos (que también fracasan) para llevar adelante sus propias tareas distintivas en el mundo. De ser así, no todo lo que concierne a la venida del reino ha sido confiado al pueblo que testimonia explícitamente que conoce qué es y dónde está Jerusalén y que (como esperan los creyentes) está en marcha hacia allí, aunque sea a trompicones. De estas consideraciones se deduce que los cristianos tienen la responsabilidad de ayudar a que otros movimientos y otras religiones hagan sus propias contribuciones particulares, que pueden ser muy distintas a la cristiana, en la preparación para la Consumación. La tarea misionera de los cristianos puede, a veces, consistir en animar a los marxistas a ser mejores marxistas, a los judíos y musulmanes a ser mejores judíos y musulmanes y a los budistas ser mejores budistas (aunque, admisiblemente, su noción de suponer ser "mejor marxista", etc. estará influenciada por las normas cristianas). Obviamente, esto no puede hacerse sin la más intensa y ardua conversación y cooperación.

No hay que pensar que esta sugerencia es algo novedoso. Está ya presente en gran parte de la política oficial de las iglesias mayoritarias. La Declaración sobre las Religiones No Cristianas del Concilio Vaticano II, por ejemplo, deja claro que el objetivo del diálogo no es necesariamente convertir, sino más bien beneficiar a otras religiones[124]. El Concilio no ofrece un razonamiento teológico completamente desarrollado para fundamentar esto, pero el que hemos perfilado parece tener ventajas claras en cuanto al respeto que concede a otras religiones frente al marco experiencial-expresivista. Es posible admitir la singularidad insustituible de los encargos que la voluntad de Dios ha dado a las religiones no cristianas cuando se piensa en estas comunidades de fe, no como pobres objetivaciones de aquello que el cristianismo concreta bien (como propone Karl Rahner), sino como sistemas cultural-lingüísticos dentro de los cuales las potencialidades se pueden actualizar y se pueden explorar realidades que no están directamente al alcance de los pueblos del testimonio mesiánico, pero que, aún así, son anticipaciones queridas y aprobadas por Dios de aspectos del reino que viene[125].

Obviamente, esto es un argumento bíblico para una práctica de diálogo interreligioso que era impensable en tiempos bíblicos y que la Biblia no aborda, ni aprueba, ni desaprueba en ninguna parte. Dado que se centra en consideraciones específicamente bíblicas, no se puede proponer para que la adopten las religiones no bíblicas. Estas religiones están integradas en sus propios sistemas cultural-lingüísticos y, por tanto, deben desarrollar sus propias razones, que pueden o no incluir un deseo, parecido al que se ha sugerido aquí para los cristianos, de promover el bienestar de otros. En otras palabras, es probable que las distintas

---

124. "Exhorta a sus hijos a que, con prudencia y caridad, mediante el diálogo y colaboración con los adeptos de otras religiones, dando testimonio de fe y vida cristiana, reconozcan, guarden y promuevan aquellos bienes espirituales y morales, así como los valores socio-culturales que en ellos existen". (*Nostra Aetate* [Declaración sobre las Relaciones de la Iglesia con las Religiones No Cristianas] 2). Se debe recalcar que la naturaleza del posible apoyo variará a causa de las diferencias en las relaciones entre las distintas religiones. Está muy extendido argumentar, por ejemplo, que la lógica de las narraciones bíblicas lleva a la conclusión (rechazada habitualmente en la historia del cristianismo) de que Israel y el cristianismo de los gentiles son parte del único pueblo de Dios y que mantendrán sus respectivas identidades (aunque se puede esperar que no mantengan sus relaciones pasadas o presentes) hasta el final (Romanos 9-11). La tarea de la Iglesia de los gentiles es "incitar a Israel a la emulación" (Rom 11,11), y se puede deducir que los judíos, a veces, pueden tener un rol similar con respecto a los cristianos gentiles (Rom 11, 19-24). Aunque también se pueden obtener analogías de este tipo para la relación con otras religiones no cristianas, dentro de un marco teológico serían unas comparaciones más bien distantes. Para un estudio de las opiniones teológicas cristianas más prominentes políticamente sobre las relaciones entre judíos y cristianos, véase George Lindbeck, "Christians Between Arabs and Jews", *Worldview* 22/9 (sept. 1979), pp. 25-39.

125. Un desarrollo de esta idea de "la diversidad providencial de las religiones" se puede consultar en Joseph DiNoia, "The Universality of Salvation and the Diversity of Religious Aims", *Worldmission* 32 (Invierno 1981-82), pp. 4-15.

religiones tengan diferentes justificaciones para el diálogo y la cooperación interreligiosas. La falta de una base común es una debilidad, pero también una fortaleza. Significa, además, que los compañeros en el diálogo no comienzan con la convicción de que todos están básicamente de acuerdo, y también significa que no se les obliga a plantearse el dilema de verse a sí mismos como representantes de una articulación superior (o inferior) de una experiencia común de la cual las otras religiones serían expresiones inferiores (o superiores). Pueden verse a sí mismos como simplemente diferentes y pueden proceder a examinar sus acuerdos y desacuerdos sin tener que entrar en ingratas comparaciones que la aceptación de una base experiencial común hace tan tentadoras. Resumiendo, aunque un enfoque cultural-lingüístico no ofrece un apoyo incondicional al entusiasmo y a los cálidos sentimientos de hermandad que se pueden potenciar fácilmente en un contexto experiencial-expresivista, tampoco excluye el desarrollo de poderosas razones teológicas para un compromiso serio y eficaz con el diálogo y la cooperación interreligiosas desde el punto de vista práctico.

III. SALVACIÓN FUERA DE LA PROPIA COMUNIDAD DE FE

¿Qué hay, entonces, de la salvación para aquellos que pertenecen a otras religiones o a ninguna? Inevitablemente parece que tendrían menos posibilidades que los adeptos a la única fe verdadera. O, por plantearlo de otra forma, tener la razón desde el punto de vista religioso ha de tener algún valor, si esto es preferible a estar equivocado respecto a la cuestión religiosa. Esta convicción, por muy indispensable que sea para la autoestima religiosa, parece poner en peligro el diálogo. Si aquellos que creen en otra cosa, cuyo mapa del cosmos es diferente al propio, como consecuencia de ello son alejados (o peor, excluidos) de la salvación, entonces sería inhumano abandonarles a su propio destino en lugar de buscar por todos los medios convertirles al verdadero camino. La pretensión de superioridad o supremacía, combinada con la preocupación por el prójimo, parecería llevarnos casi inevitablemente a la polémica y al proselitismo en vez de a actitudes de diálogo y cooperación con otras religiones favorecidas oficialmente (por ejemplo, por el Vaticano II) o no oficialmente por gran parte de las personas religiosas contemporáneas. Hemos pospuesto esta cuestión, pero es crucial para las relaciones interreligiosas.

Cada religión tiene su propio modo de formular este problema –el rol de la iluminación y de las enseñanzas de Gautama para los budistas, de la Torá para los judíos, del Corán y de Mahoma para los musulmanes – pero, en la tradición cristiana, la cuestión se centra en la Salvación *solo Christo*, sólo por Cristo, y el dilema fundamental es cómo reconciliar esto con la salvación de los no cristianos.

No nos vamos a ocupar de aquellos que niegan la salvación de los no cristianos (como hacen muchos protestantes y católicos tradicionalistas) o de aquellos que, mientras mantienen ambos extremos del dilema, rechazan todo intento de explicar su compatibilidad. (Esta es una táctica común entre los teólogos protestantes contemporáneos: como ha observado el católico Joseph Neuner, cuando se enfrentan a nuestra pregunta "generalmente responden que no saben: es asunto de Dios, no nuestro; la revelación habla sólo de la salvación en Jesucristo"[126].)

Se han sugerido dos tipos básicos de explicación[127]. Uno de ellos retrata la obra salvadora de Dios en Jesucristo como efectiva para todos los seres humanos aquí y ahora, dentro de los confines de la vida presente. El otro, por el contrario, opta por una imaginería prospectiva o escatológica: el destino eterno de las personas se decide a la hora de la muerte o más allá de la muerte, en su encuentro con Jesús que es la vida del mundo que está por venir. Cada una de estas opciones puede apelar con distintos grados de persuasión a motivos tempranos de tipo escriturístico o patrístico pero, más tarde, la mayoría de cristianos, especialmente en Occidente, se han negado a adoptar ninguna de estas dos formas de explicar la salvación de los no creyentes basándose en que la fe explícita en el Dios trino y/o la pertenencia a la iglesia visible (al menos a través del "bautismo de deseo") son necesarias una vez que la verdad ha sido definitivamente revelada en Jesucristo. Sólo rara vez se salvan aquellos que nunca han oído el Evangelio, pero cuando esto ocurre, así se explicaba generalmente, es a través de una revelación especial para aquellos que no han tenido la oportunidad de escuchar el mensaje bíblico. Aun así, esta exclusividad teológica no se ha convertido en definitiva doctrinalmente en ninguna de las principales tradiciones cristianas y ahora, como ya hemos señalado, es ampliamente rechazada. La principal preocupación doctrinal ha sido preservar el *Christus solus*, no negar la posibilidad de salvación a los no cristianos.

Actualmente, la explicación más extendida de esta posibilidad es del primer tipo, y ha sido desarrollada casi completamente por teólogos experiencial-expresivistas bidimensionales como Karl Rahner y Bernard Lonergan. Estos autores identifican la experiencia prerreflexiva e inarticulada de lo divino que, según ellos, constituye el corazón de todas las religiones, con la gracia salvadora de Cristo. Aquellos no cristianos que responden a la llamada interna comparten ya la misma justificación, la misma salvación que se está operando en los cristianos aunque, a diferencia de los cristianos, no se hayan adherido conscientemente ni a través de

---

126. Joseph Neuner, *Christian Revelation and World Religions* (Londres: Burns & Oats, 1967), p. 10.

127. Para literatura relacionada con pp. 84-88, véase George Lindbeck, *"Fides ex Auditu and the Salvation of Non-Christians: Contemporary Catholic and Protestant Positions"*, *The Gospel and the Ambiguity of the Church,* ed. por V. Vajta (Minneapolis: Fortress Press, 1974), pp. 91-123.

ningún vínculo sacramental visible al Jesucristo histórico, que es, tanto la fuente última como el único correlato objetivo completa y definitivamente apropiado de su experiencia interna de salvación. Podría decirse que su fe es completamente implícita; aunque se pueda hablar de ellos, según Rahner sugiere, como "cristianos anónimos", porque su apropiación subjetiva de la salvación puede ser tan ontológicamente genuina incluso en esta vida como en el caso de aquellos que tienen fe explícita o que son miembros manifiestos del pueblo de Dios. De esta forma *el Christus solus* puede reconciliarse con la salvación para los no cristianos.

Ni los cognitivistas clásicos ni aquellos que piensan en las religiones en términos básicamente cultural-lingüísticos pueden aceptar esta explicación. Los cognitivistas, en el pasado, a menudo han intentado encontrar una revelación general, o una teología natural, o una religión universal que fueran motivo suficiente para una salvación anterior e interior a todas las religiones particulares. Han intentado, además, reducir las verdades proposicionales necesarias para la salvación a un número tan pequeño de "artículos fundamentales" como sea posible (por ejemplo, "el que se acerca a Dios ha de creer que existe y que recompensa a los que le buscan", Hb 11, 6). Después, han argumentado que la aceptación de estas verdades equivale a creer en Cristo y que esto puede tener lugar independientemente de la revelación histórica. Estos esfuerzos han sido ampliamente desacreditados en las iglesias, porque, a menudo, nos han llevado al deísmo de la Ilustración racionalista y, más aún, porque la creciente conciencia moderna de la relatividad histórica y cultural ha hecho que la noción de verdades comunes a todas las religiones proposicionalmente enunciables haya dejado de ser plausible. Actualmente, aquellos que creen que hay una religión o una revelación universal detrás de todas las religiones generalmente la describen en términos experienciales, no proposicionales. Así, la única alternativa disponible actualmente para los que tienen una inclinación cultural-lingüística es una teoría prospectiva. Se ha planteado que los no cristianos pueden compartir la salvación en el futuro aunque, a diferencia de los que poseen una fe cristiana viva, aún no hayan empezado a hacerlo. Según esta opinión, la fe salvadora no puede ser del todo anónima, ni del todo implícita, sino que debe ser en alguna medida explícita: llega, como establece Pablo, *ex auditu*, por la escucha (Rom 10, 17).

La cuestión para nosotros en esta sección es si una explicación prospectiva de la salvación de los no cristianos en el sentido de *fides ex auditu*, como la que es compatible con una perspectiva cultural-lingüística (sin ser, por supuesto, una consecuencia necesaria de ella), es teológicamente tan defendible como la de los "cristianos anónimos". Ambas opciones parecen ser coherentes con la Escritura, con la tradición y con la necesidad contemporánea de diálogo interreligioso. Posiblemente la decisión entre ellas dependa del *Zeitgeist* contemporáneo (es decir, de factores no teológicos) y, por eso, no afecta al problema de la disponibilidad cristiana de teorías de la religión asociadas.

En el tema de las Escrituras, la opción prospectiva *fides ex auditu* parece tener ventaja, aunque no sea decisiva. Si atendemos a las imágenes escatológicas fundamentales del Nuevo Testamento, los no cristianos (es decir, los gentiles) no parecerían todavía enfrentados a la cuestión de la salvación: no van en dirección ni al cielo ni al infierno; no tienen futuro, sino que están todavía atrapados en el pasado, en la oscuridad del viejo eón. Sólo a través del mensaje de la venida del Reino, del Mesías de Dios, la nueva era, el futuro verdadero del mundo, se convierte en real para ellos, y sólo entonces se hace posible la redención o condenación final. Y aun así, esta preferencia bíblica por la imaginería escatológica no excluye (porque no la contempla) la clase de salvación implícita postulada por la teoría de cristianismo anónimo. La decisión entre estos dos planteamientos depende, según parece, no de la exégesis, sino del marco histórico sistemático dentro del cual se interpretan los datos bíblicos.

Se llega a la misma conclusión inconcluyente si uno recurre, no a la letra de las Escrituras, sino a la actitud o al espíritu fundamental de los primeros cristianos hacia los no creyentes. Los cristianos de los primeros siglos parece que tuvieron una extraordinaria combinación de relajación y urgencia en su actitud hacia los que estaban fuera de la Iglesia. Por un lado, no parecían estar preocupados por el destino último de la inmensa mayoría de los no cristianos entre los que vivían. No tenemos noticia de ninguna crisis de conciencia como resultado de la necesidad que a menudo tenían de ocultar el hecho de que fueran creyentes incluso a amigos cercanos o familiares. Los cristianos no se veían a sí mismos como vigilantes a quienes habría que culpar de la sangre de los paganos a los que no fueron capaces de avisar —el texto del Antiguo Testamento se refiere, después de todo, a la obligación de advertir, no a los gentiles, sino a aquellos que ya forman parte del pueblo elegido (Ez 3, 18). Por el otro lado, sin embargo, la proclamación misionera era urgente, y la fe y el bautismo eran vida a partir de la muerte: el paso de la era antigua a la nueva. Desde el punto de vista de muchas teologías posteriores, las anomalías y la disonancia cognitiva implicadas en esta combinación de actitudes parecería ser insostenible; por lo tanto, es al menos plausible suponer que los primeros cristianos tenían ciertas convicciones no escritas que aliviarían las tensiones creadas por la cuestión de cómo Dios salva a los no creyentes. Una de estas convicciones, que muchos exegetas protestantes y católicos mantienen, está quizá reflejada en la referencia a la predicación de Cristo a las almas prisioneras (1Pe 3, 19) y otras tal vez estén sugeridas en los textos bíblicos con resonancias universalistas (por ejemplo, Col 1, 20; Ef 1, 9s; Fil 2, 10s; Cor 15, 28; 1Jn 2, 2; Hch 3, 21). En general, da la impresión de que estos planteamientos nunca se convirtieron en un problema, de modo que quedaron en gran medida sin articularse. Los primeros cristianos, antes y después del periodo del Nuevo Testamento, dijeron demasiado poco sobre estos asuntos como para proporcionar una base que permita decidirnos por alguna de nuestras dos opciones, o por alguna otra alternativa.

Sin embargo, sí parece que posteriormente surgieron objeciones doctrinales a la posibilidad de un encuentro salvífico con el Señor resucitado más allá de los confines de esta vida presente. Una idea que fue primeramente desarrollada por algunos teólogos dogmáticos protestantes del siglo XIX sugiere la posibilidad de un estado futuro en el que los no creyentes recibirían lo que se podría llamar una "segunda oportunidad"; pero una larga tradición (dogmatizada en su vertiente católica) mantiene que el destino último de todo ser humano se decide definitivamente al morir. Sin embargo, recientemente autores católicos, incluido Karl Rahner[128], han sugerido una interpretación de esta idea que, de modo un tanto sorprendente, también se puede utilizar en un enfoque prospectivo *fides ex auditu*.

Esta propuesta plantea que el morirse, en sí mismo, puede describirse como el punto en el que cada persona se confronta con el Evangelio definitiva y expresamente, con el Señor crucificado y resucitado. Sólo entonces se toma la decisión final a favor o en contra de Cristo; y esto es cierto, no sólo para los no creyentes, sino también para los creyentes. Todas las decisiones previas, ya sean a favor o en contra de la fe, son preliminares. El morir definitivo se despliega más allá de nuestro espacio y tiempo, más allá de la observación empírica, más allá de toda especulación sobre muertes "buenas" o "malas", cuando una persona pierde su arraigo en este mundo y pasa a la trascendencia inexpresable que supera toda palabra, imagen y pensamiento. Debemos confiar y esperar, aunque no podemos saber si en este horrendo y a la vez maravilloso final y clímax de la vida nadie se perderá. Y aquí, si no es antes, la posibilidad de redención es explícita. Entonces es posible tener esperanza y confianza en la salvación definitiva de los no cristianos no menos que en la de los cristianos, aunque uno no piense en términos de una experiencia de la gracia de Cristo primordial y pre-reflexiva.

En referencia a las relaciones interreligiosas, esta perspectiva se puede desarrollar de tal forma que se oponga a la vanagloria y a la sensación de superioridad que destruyen la posibilidad de un diálogo abierto y mutuamente enriquecedor. Se puede decir que la situación del cristiano es, en algunos aspectos más, y no menos, peligrosa que la del no cristiano. El juicio empieza en la casa del Señor (1 Pedro 4, 17), y muchos de los primeros serán los últimos, y los últimos, primeros (Mt 19, 30). Cuando se toman en consideración estos y otros pasajes relacionados, uno a veces tiene la impresión de que la Biblia equilibra la afirmación de Cipriano de que no hay salvación fuera de la Iglesia (*extra ecclesia nulla salus*) con la no menos enfática insistencia en que el principio de la condenación, de la oposición

---

128. Karl Rahner, *Sentido teológico de la muerte* (Barcelona: Herder, 1965). La argumentación consiste en que en su muerte, en su "descenso a los infiernos", Cristo se convirtió en "el corazón del mundo, en el centro íntimo de toda realidad creada" (pp. 71-74). El mero acto de morir es un encuentro con Dios que hace que la decisión de una persona a favor o en contra de Dios, prefigurada durante el tiempo de su vida terrenal, sea definitiva e inalterable (p. 33).

deliberada hacia Dios, es posible sólo dentro de la Iglesia, dentro del pueblo de Dios: Jesús pronunció sus lamentos (y sollozó), como recordaremos, por las ciudades de Israel, no por las de los gentiles. En esta idea no hay condenación —al igual que tampoco hay salvación— fuera de la Iglesia. En otras palabras, debemos aprender el lenguaje de la fe antes de poder saber lo suficiente sobre su mensaje como para rechazarlo deliberadamente y entonces perdernos.

Sin embargo, quizá la barrera más importante frente a la vanagloria cristiana dentro de esta perspectiva es que, cuando el *fides ex auditu* se enfatiza, entonces la fe explícita se entiende, no como expresión o articulación de las hondas cuestiones existenciales, sino, más bien, como aquello que las produce y les da forma. Para los cristianos, incluso para cristianos maduros, este proceso no ha hecho más que comenzar. Únicamente han empezado a reconocer a Jesús como Señor, a hablar el lenguaje cristiano, el lenguaje del Reino que viene. Sus pensamientos, su voluntad y sus sentimientos sólo están empezando a estar en consonancia con Aquel que es la imagen expresa del Padre (Heb 1,3). El Espíritu Santo que está en ellos es la promesa de la gloria futura, no la participación en ella. Aún no han aprendido a amar a Dios sobre todas las cosas ni a su prójimo como a ellos mismos, pues esto es lo que hay al final del camino en la culminación escatológica. Lo que distingue su amor de aquel de los no cristianos no es su cualidad objetiva actual, sino el hecho de que empieza a estar estructurado según el mensaje de la cruz y resurrección de Jesús. Sólo al final del camino, sólo en la culminación escatológica, habrán aprendido verdaderamente a amar a Dios sobre todas las cosas y a su prójimo como a ellos mismos.

En esta perspectiva, las descripciones experiencial-expresivistas de la fe implícita son demasiado gloriosas incluso para el *fides ex auditu* y se deben aplicar, más bien, a la consumación final, cuando la fe dé paso a la visión beatífica. Sólo entonces, en las oscuras e indómitas profundidades de su ser, los cristianos (como afirma Rahner) experimentarán y aceptarán el misterio abismal sobre el cual se fundamentan, "como cercanía que calma y no como juicio abrasador"[129], o (como dice Lonergan) estando "enamorado sin límites"[130]. Resumiendo, cada aspecto de la nueva vida existe en modo de esperanza. Esta es la razón (como dice Lutero) por la que "aún no tenemos nuestra bondad *in re*, sino *in fide et spe*"[131]. Esta es también la razón por la que el orgullo queda excluido en la vida del cristiano. Los creyentes acaban de empezar a descubrir por la gracia al único en el que está la salvación, pero en calidad moral y religiosa son como otras personas, peores que algunos y mejores que otros.

129. Karl Rahner, *Estudios de Teología*, Vol. 5 (Madrid: Taurus, 1964), p. 15.

130. Bernard Lonergan, *Método en teología*, o. c., pp. 122-123 y passim.

131. Martin Lutero, *WA* 4.147.23ss (comentario a Sal 101, 3); *Comentarios de Martín Lutero. Romanos* . Vol. 1 (Viladecavals [Barcelona]: CLIE, 2003), p. 168 (*WA* 56.272.16s.).

En respuesta a la objeción de que esto hace que la salvación sea meramente ficticia o imaginaria, no ontológicamente real, se puede decir, usando un símil, que aquellos que se han dado la vuelta pueden estar hombro con hombro con su prójimo y aun así vivir en la claridad y no en la oscuridad, en el amanecer más que en la noche, en el principio de la nueva era, no en el final de la antigua. Hablando en términos más complejos, la metáfora de un niño aprendiendo una lengua puede resultar práctico. El contenido de lo que dicen los niños pequeños es prácticamente lo mismo hablen una lengua moderna o primitiva. En ambos casos expresan las mismas necesidades y reacciones elementales en prácticamente el mismo mundo de objetos para ser disfrutados o evitados y de personas en las que confiar o a las que temer. Pero, a la larga, una de las lenguas puede abrir todas las riquezas de la historia humana y de un futuro inmensamente prometedor, aunque también ominoso, mientras que la otra, cuanto mejor la aprenda el niño, más fuertemente le atrapa en su pequeña tribu o aldea. A la edad de dos años, el miembro de una cultura sin escritura puede ser un potencial Confucio, Newton o Beethoven; pero a los veinte, nunca.

En términos de esta analogía, todas las personas son niños pequeños, sean Pedro o Pablo, o el mayor niño en Cristo. La cuestión decisiva respecto a ellos es si la lengua que han empezado a aprender *ex auditu* es la de Jesucristo, la de la verdadera humanidad, o es otra diferente. ¿Está el amor sobre el cual balbucean torpemente y que están empezando a entender y anhelar, por ejemplo, marcado por la vida, muerte y resurrección de Jesús, o por cualquier otra cosa?

En cualquier caso, es ridículo que los cristianos se vanaglorien. Son como niños recitando como loros fragmentos de Shakespeare o los *Principia Mathematica*, de memoria. Sólo ocasionalmente llegan a tener una ligera noción del significado de las palabras que pronuncian. Así que en esta perspectiva hay todavía menos razones para vanagloriarse que si la salvación pudiera alcanzarse por fe implícita sin necesidad de la fe explícita.

Siguiendo con nuestra argumentación, esta inferencia se ve reforzada cuando pensamos en la tentación de petulancia religiosa o imperialismo implícito que subyace en la idea de que los no cristianos son cristianos anónimamente. Hay algo arrogante en suponer que los cristianos saben lo que sienten los no creyentes y están plenamente convencidos de que lo saben mejor que ellos mismos y, por lo tanto, el objetivo del diálogo o de la evangelización es aumentar su autoconciencia. La comunicación del evangelio no es una forma de psicoterapia, sino el ofrecimiento y el acto de compartir la lengua amada de uno mismo –esa lengua que habla de Jesucristo– con todos aquellos que están interesados en ello, con el pleno convencimiento de que Dios no llama a todos para ser parte del pueblo que da testimonio de Él.

Esta visión de la salvación de los no cristianos parece completamente compatible con lo que se ha dicho en la sección anterior sobre la necesidad de diálogo y cooperación con otras religiones. Sostener que una lengua particular es la única que tiene las palabras y conceptos que pueden realmente hablar sobre el fundamento del ser, el objetivo de la historia y la verdadera humanidad (porque los cristianos creen que no pueden hablar genuinamente de estos temas al margen de contar y recontar la historia bíblica) no es en absoluto lo mismo que negar que otras religiones tengan recursos para decir verdades y referirse a realidades, incluso verdades y realidades extraordinariamente importantes, sobre las que el cristianismo aún no sabe nada y por las que se podría enriquecer profundamente. Por ejemplo, a pesar de los fallos de la helenización, debe verse como un proceso en el que los cristianos aprendieron muchas cosas de inestimable valor de los paganismos antiguos y de las culturas y filosofías que descendían de ellos. Este proceso de aprendizaje necesita ser continuado respecto a las religiones y culturas no cristianas contemporáneas. Y a la inversa, una de las formas en las que los cristianos podemos ayudar al prójimo puede ser ayudando a los seguidores de otras religiones a purificar y enriquecer sus tradiciones, a hacer de ellos mejores hablantes de los lenguajes que tienen. Es, por tanto, legítimo afirmar que esta es una base más razonable para el diálogo que cuando uno busca encontrar la gracia de Cristo operando en las religiones no cristianas. El peligro de esto último no es necesariamente el de negar el *solus Christus*, sino, más bien, el de no hacer justicia a las verdades y valores no cristianos.

Ahora llegamos a lo que quizá presenta mayor dificultad en la alternativa que estamos examinando. Su referencia prospectiva parece mitológica o irreal para aquellos que creen que la ciencia o la filosofía hacen imposible afirmar temporal y objetivamente un esjaton futuro.

Sin embargo, utilizar esto como un argumento también crea dificultades, porque la noción de una experiencia pre-conceptual y pre-lingüística de salvación anónimamente cristiana parece igualmente irreal y mitológica para aquellos que piensan en términos cultural-lingüísticos. Su imagen de una religión, como hemos dicho antes de un modo diferente, es la de un sistema de símbolos discursivos y no discursivos que vinculan la motivación y la acción, y que ofrecen una legitimación última para los patrones básicos del pensamiento, los sentimientos y el comportamiento característicos de una comunidad o sociedad dada y sus miembros[132]. Para ellos, las religiones no son expresiones de las alturas y profundidades trascendentales de la experiencia humana, sino, más bien, estructuras del ritual, el mito, la creencia y la conducta que constituyen eso que la gente moderna a menudo cree lo más profundo del ser humano, es decir, su auto-comprensión existencial, en lugar de ser constituidas por ello. Este modelo de ser humano, repetimos, es lo contrario del experiencial-expresivista. La persona real no se construye de abajo hacia arriba o del interior al exterior, sino del exterior al interior, y de arriba hacia abajo. La adquisición de una lengua

132. Clifford Geertz, *La interpretación de las culturas*, o. c., p. 88.

–necesariamente desde fuera– es un "salto que fue la llegada al ser del hombre"[133]. Todas las cumbres y profundidades del conocimiento, la fe y el amor humanos son efectos y no causas de la habilidad (cuya adquisición va mucho más allá del control consciente) con la que hombres y mujeres aprenden a usar sus recursos lingüísticos y culturales. La aplicación de esta perspectiva por parte de la teología cristiana consiste en que, tal y como un individuo se convierte en humano por el aprendizaje de un lenguaje, así es como él o ella empieza a convertirse en una nueva criatura al escuchar e interiorizar la lengua que habla de Cristo. De hecho, los patrones que imprime una religión pueden llegar a estar latentes en una comunidad o en un individuo en forma de actitudes y sentimientos generalizados que ya no respaldan los rituales y creencias originales. Así, una sociedad post-cristiana puede seguir siendo cristiana en cierto sentido, pero esta cristiandad latente podría no tener otro origen más que la forma explícita de la religión[134]. La idea de un cristianismo anónimo presente en lo más hondo de otras religiones es, desde esta perspectiva, ridícula, y una teología de la salvación de los no cristianos basada en ella resulta totalmente irreal.

No hay una forma específicamente teológica de decidir entre estas acusaciones de irrealidad enfrentadas. Dependen en parte de diferentes orientaciones filosóficas. Una es la tradición continental del idealismo, el romanticismo y el existencialismo fenomenológico, mientras que la otra es la perspectiva angloamericana más empirista (que también tiene afinidades con el pensamiento aristotélico y tomista premoderno, más que con las corrientes platónicas y agustinianas más místicas). Las influencias psicosociales son aún más importantes. El sentido de lo que es real o irreal es construido en gran parte socialmente, y lo que a los teólogos contemporáneos les parece creíble o increíble es más probable que sea producto de su entorno y su preparación intelectual que de su ciencia, su filosofía o su argumentación teológica. Por lo tanto, todo lo que se puede decir para concluir esta cuestión es que los elementos mitológicos (en el sentido técnico y no peyorativo de "mito") son indispensables en cualquier religión, y que la salvación de los no cristianos en el futuro escatológico tiene, al menos, tanto sentido teológico como el mito de una experiencia primordial y pre-lingüística de la *gratia Christi*. Siendo así las cosas, no hay razón para escoger entre las teorías de la religión sobre la base de este asunto teológico concreto. La posibilidad de salvación de los no cristianos –mientras se mantenga el *solus Christus*– se puede afirmar con la misma plausibilidad (o falta de plausibilidad)

---

133. Wilfrid Sellars, *Ciencia, percepción y realidad* (Madrid: Tecnos, 1971), p. 14.

134. Paul Tillich, *Teología Sistemática*, Vol. 3 (Salamanca: Sígueme, 1984 [original de 1963]), p. 322, tiene una noción diferente de "latencia". Para él, más que una consecuencia, puede ser una preparación para la religión explícita.

tanto desde una perspectiva del cristianismo anónimo como desde un enfoque escatológicamente futurista[135].

IV. EXCURSO: RELIGIÓN Y VERDAD

Quedan otros temas y de ellos el más importante para este capítulo es la relación entre la religión y las afirmaciones con pretensión de verdad. Si queremos hacer justicia al discurso y a la práctica actuales de la gente religiosa, tenemos que ir más allá de lo que hemos ido en nuestra anterior discusión sobre la insuperabilidad. No debemos simplemente admitir la posibilidad de que una religión pueda ser tanto categorial como simbólica o expresivamente verdadera; también debemos admitir su posible verdad proposicional. Por ejemplo, los cristianos actúan generalmente como si una afirmación como la de "Jesús es Señor" fuera más que una verdad categorial: las historias de Jesús no sólo definen un concepto particular de señorío (incluyendo, como hace, una singular noción de sufrimiento "no-masoquista" y servicialidad obediente), sino que este concepto de señorío –como sostiene una teología de la cruz– es el único adecuado para lo que, sin duda, es en realidad más propio del señorío. Los cristianos tampoco se conforman con la verdad simbólica, es decir, con la afirmación de que estas historias pueden expresar y comunicar eficazmente el señorío genuino que Tillich llama "el poder del Nuevo Ser"; sino que van más allá al aseverar que es proposicionalmente verdadero que Cristo es Señor: es decir, la persona concreta sobre la que cuentan las historias es, era y será definitiva e insuperablemente el Señor. La gran fuerza de una teoría de la religión cognitivo-proposicionalista es que, a diferencia de una puramente experiencial-expresivista, admite la posibilidad de tales pretensiones de verdad, y un reto teológico crucial para un enfoque cultural-lingüístico es si también es capaz de hacerlo. La discusión sobre este desafío tendrá, inevitablemente, un carácter bastante técnico.

Necesitamos, en primer lugar, distinguir entre lo que voy a llamar la verdad "intrasistémica" y la verdad "ontológica" de las afirmaciones. La primera es la verdad de la coherencia; la segunda, la verdad como correspondencia con la realidad que, de acuerdo a los realistas epistemológicos, es atribuible a las

---

135. El trabajo de Teilhard de Chardin muestra que las cosmologías científicas modernas (excepto por el modelo del universo pulsante) se diferencian de todos los modelos anteriores en la historia cristiana (desde Ptolomeo y Aristóteles hasta Einstein) en su simpatía por una escatología futurista; pero, como hemos indicado en el primer capítulo de este libro, los teólogos deberían ser más cautelosos que Teilhard a la hora de basar sus conclusiones teológicas en presuntas evidencias científicas. Los intentos de mostrar que se puede dar una interpretación de la ciencia o la filosofía coherente con una religión pueden ser, a veces, loables (como, por ejemplo, la interpretación tomista de Aristóteles), pero eso no es lo mismo que convertir a la ciencia o a la filosofía en fundamentos de la teología.

proposiciones de primer orden. Los enunciados son verdaderos intrasistémicamente cuando están en coherencia con el contexto relevante total, que, en el caso de una religión contemplada en términos cultural-lingüísticos, no consiste sólo en otros enunciados, sino también en las formas de vida correspondientes. Así pues, para un cristiano, "Dios es Tres y Uno", o "Cristo es el Señor" son verdaderas solo como partes de una estructura total de habla, pensamiento, sentimiento y acción. Son falsos cuando su uso en cualquier circunstancia dada es incompatible con lo que la estructura como un todo afirma sobre el ser y la voluntad de Dios. El grito de guerra de los cruzados *"Christus est Dominus"*, por ejemplo, es falso cuando se usa para autorizar machacar el cráneo del infiel (aunque las mismas palabras en otros contextos puedan constituir un enunciado verdadero). Cuando se usa así, contradice la comprensión cristiana del señorío como reflejo de, por ejemplo, el siervo sufriente.

Todo esto ha sido traído a colación simplemente para decir que la coherencia es necesaria para la verdad en campos tanto religiosos como no religiosos. Por ejemplo, una demostración en geometría euclídea que implica que las líneas paralelas finalmente se cruzan debe ser falsa formalmente por la misma razón por la que el grito del cruzado debe ser falso: las afirmaciones en ambos casos son inconsistentes intrasistémicamente. La diferencia es que en el caso cristiano el sistema no está constituido en términos puramente intelectuales por axiomas, definiciones y conclusiones, sino por un conjunto de relatos utilizados de formas determinadas para interpretar el mundo y vivir en él. El error de una teoría de la religión primariamente cognitivo-proposicionalista, desde una perspectiva cultural-lingüística, es pasar por alto esta diferencia. No es capaz de hacer justicia al hecho de que un sistema religioso se parece más a un lenguaje natural que a un conjunto de afirmaciones explícitas formalmente organizadas, y que el uso correcto de esta lengua, a diferencia de un uso matemático, no puede separarse de una determinada forma de actuar. Y aun así, una vez que se tienen en cuenta estas diferencias, es importante recordar que una religión, como un sistema matemático, busca entonces ser un todo coherente dentro del cual la verdad o la falsedad intrasistémica de los enunciados particulares es de una relevancia fundamental.

Para los realistas epistemológicos, la verdad o falsedad intrasistémica es fundamental en el sentido de que es una condición necesaria aunque no suficiente para el segundo tipo de verdad: el de la correspondencia ontológica. Una afirmación, en otras palabras, no puede ser ontológicamente verdadera a menos que sea verdadera intrasistémicamente, pero la verdad intrasistémica es bastante posible sin verdad ontológica. Un enunciado intrasistémicamente verdadero es falso ontológicamente —o, de un modo más exacto, carente de sentido— si es parte de un sistema que carece de los conceptos o categorías para referirse a las realidades importantes, pero es ontológicamente verdadero si es parte de un sistema que es en sí mismo categorialmente verdadero (adecuado). La analogía geométrica también apoya este punto. Si el espacio es de hecho euclídeo en lugar de reimanniano o lobachevskiano, entonces los enunciados que dependen del axioma de las líneas paralelas son ontológicamente verdaderos (pero, bajo la influencia de la teoría de la relatividad, ahora por lo general creemos que no lo son). Del mismo modo, si la forma de vida y comprensión del mundo estructurada por un uso auténtico de las narraciones cristianas se corresponde, de hecho, con la existencia y voluntad de Dios, entonces el uso apropiado del *Christus est Dominus* no solo es intrasistémicamente verdadero, sino también ontológicamente. Los enunciados dentro de cualquier religión no totalmente incoherente pueden, según esto, ser verdaderos intrasistémicamente, pero esto de ninguna forma asegura su verdad o significatividad ontológica. De la misma forma, por citar otro paralelo, el enunciado "Dinamarca es la tierra donde vivió Hamlet" es verdadera intrasistémicamente dentro del contexto de la obra de Shakespeare, pero esto no implica nada respecto a la verdad o falsedad ontológica, a menos que la obra se considere como histórica. Repetimos, la verdad intrasistémica es una condición necesaria aunque no suficiente para la verdad ontológica.

La verdad ontológica de los enunciados religiosos, como su verdad intrasistémica, es diferente y a la vez similar a lo que se sostiene en otros ámbitos del discurso. En la perspectiva que estamos exponiendo, su correspondencia con la realidad no es un atributo que tienen cuando se los considera en y desde sí mismos, sino solo el resultado de su rol de constituir una forma de vida, una forma de existir en el mundo, que en sí corresponde a lo Más Importante, la Realidad Última. Los escolásticos medievales hablaban de la verdad como adecuación de la mente a la cosa (*adaequatio mentis ad rem*), pero en el campo religioso, este isomorfismo mental del conocimiento y lo conocido puede verse como parte y parcela de una más amplia conformidad del yo con Dios. Se puede llegar al mismo punto mediante la noción de J.L. Austin de un uso del lenguaje "performativo"[136]: Un enunciado religioso adquiere la verdad proposicional de correspondencia ontológica solamente en la medida en que sea una realización, un acto o un hecho que ayude a crear esa correspondencia.

Ciertamente, esto no ocurre en el discurso performativo no religioso, en el que, por lo menos habitualmente, las afirmaciones no pueden funcionar simultáneamente performativa y proposicionalmente. Decir, por ejemplo, que los votos matrimoniales son performativos, esto es, que crean la realidad del matrimonio, es negar que sean proposicionales, es decir, que se corresponden con una realidad previa al matrimonio. Sin embargo, si se permite la banalidad, en un matrimonio genuinamente creado en el cielo, las promesas de la tierra producirían una

---

136. John L. Austin, "Emisiones realizativas", en su *Ensayos filosóficos* (Madrid: Revista de Occidente, 1975), pp. 217-231. Cf. su *Cómo hacer cosas con palabras: Palabras y acciones* (Barcelona: Paidós, 1982 [original de 1962]).

correspondencia "proposicional" de una realidad con la otra. Si este ejemplo tiene algún mérito, es sugerir un modo en el que un enunciado puede ser concebido como si tuviera la fuerza proposicional de una verdad ontológica sobre la realidad objetiva a pesar de no encajar en el modelo clásico en el que las proposiciones se entienden como *adaequatio mentis ad rem*.

Este no es el sitio para profundizar en detalle en los temas lógicos que surgen de las afirmaciones con pretensión de verdad en la religión, pero es crucial para nuestra reflexión preguntar si la imagen que hemos esbozado hace justicia a lo que las personas religiosas sostienen personalmente. Pablo, por ejemplo, nos cuenta que nadie puede decir "Jesús es Señor" si no es por el Espíritu Santo (1Cor 12,3); y Lutero frecuentemente insiste, en una línea similar, en que no puedo afirmar genuinamente que Cristo es "el Señor" a menos que le haga "mi Señor"[137]. Estos enunciados son difíciles de aceptar si uno apoya a los cognitivistas en que el significado, la verdad y la falsedad de las proposiciones son independientes de las disposiciones subjetivas de los que las enuncian; pero la interpretación alternativa experiencial-expresivista que reduce la relevancia religiosa de afirmaciones como "Jesús es Señor" a su rol de simbolizar experiencias internas u orientaciones existenciales parece, por lo menos, igual de inadmisible. Pablo y Lutero, en algún momento, creyeron con bastante claridad que el señorío de Cristo es objetivamente real sin importar la fe o falta de fe de aquellos que oyen o dicen las palabras. Lo que les importaba dejar bien asentado es que el único camino para reivindicar esta verdad es hacer algo por ella, es decir, comprometerse uno mismo con un estilo de vida; y este asunto es totalmente congruente con la sugerencia de que los enunciados religiosos sólo adquieren fuerza proposicional a través de su uso performativo.

Sin embargo, esta adecuación performativa del yo a Dios también puede ser reflejada epistemológicamente de un modo realista si suponemos una correspondencia entre la mente y la realidad divina. Esto es verdad, en todo caso, cuando uno considera esta correspondencia de forma limitada, como lo hace, por ejemplo, Tomás de Aquino. En otras palabras, no hay razón aparente por la que las teorías cultural-lingüísticas de la religión necesiten excluir, aunque no lo impliquen necesariamente, el cognitivismo o proposicionalismo mitigado representado al menos por algunos teístas clásicos, de los cuales el Aquinate es un buen ejemplo.

El Doctor Angélico sostiene que, aunque en las afirmaciones sobre Dios el modo humano de significar (*modus significandi*) no se corresponde en nada con el ser divino, lo significado (*significatum*) sí lo hace[138]. Entonces, por ejemplo, cuando decimos que Dios es bueno, no afirmamos que se le pueda aplicar cualquiera de nuestros conceptos de bondad (*modi significandi*), sino, más bien, que hay un

---

137. Para este uso concreto del *pro me*, véase Ian Siggins, *Martin Luther's Doctrine of Christ* (New Haven: Yale University Press, 1970), pp. 181s.

138. Tomás de Aquino, *ST* I.13.3; *CG* I.30.

concepto de bondad no disponible para nosotros, a saber, la comprensión de Dios de su propia bondad, que sí se aplica a Dios. En otras palabras, lo que estamos afirmando es "'Dios es bueno' es significativo y verdadero", pero sin conocer el significado de 'Dios es bueno'[139]. Del mismo modo, quien no es físico y no sabe las suficientes matemáticas para entender la teoría de la relatividad puede mantener sin equivocarse la verdad de la expresión "el espacio-tiempo es un *continuum* de cuatro dimensiones", sin conocer el sentido en el que esta afirmación es verdadera o incluso significativa. Tanto ellos como los teólogos puede que usen analogías para excluir interpretaciones erróneas, pero sólo son capaces de especificar cómo estas predicaciones no pueden corresponder a la realidad, no cómo sí corresponden a ella (o, como diría un autor moderno, cómo son falsables) y, por tanto, son incapaces de afirmarlas junto con sus *modi significandi*. Con todo, a pesar de esta vacuidad informativa, los *significata* se pueden afirmar: es posible establecer que los juicios intelectuales "Dios es bueno" o "el espacio-tiempo es un *continuum* de cuatro dimensiones" se refieren o corresponden a realidades objetivas incluso cuando uno no puede especificar los *modi significandi* ofreciendo, por ejemplo, una descripción falsable de la bondad de Dios o de un continuum espacio-tiempo tetradimensional.

No obstante, ¿cuál es la función de las afirmaciones con pretensión de verdad sobre Dios si su contenido cognitivo es tan mínimo como se ha sugerido? Si no sabemos que Dios es bueno (es decir, el *modus significandi*), entonces no podemos sacar ninguna conclusión no tautológica de la afirmación de que es bueno. Aquí los teístas clásicos pueden recurrir provechosamente para sus propósitos a la función performativa de los enunciados religiosos que se ha mencionado antes. Puede decirse que, a pesar de su vacuidad informativa, la afirmación de que verdaderamente Dios en sí mismo es bueno es extremadamente importante, porque nos permite responder como si fuera bueno tal y como indican las historias de la creación, la providencia y la redención que configuran los pensamientos y acciones de los creyentes; o, diciendo lo mismo de otra forma, comprometerse seriamente a pensar y actuar como si Dios fuera bueno en relación a nosotros (*quoad nos*) de la forma que indican esas historias implica afirmar que realmente es bueno en sí (*in se*), aunque, como testifican los textos canónicos, el significado de esta última afirmación está mucho más allá de la comprensión humana.

Del mismo modo, por citar un caso lógicamente más complejo, el *significatum* de la afirmación de que Jesús verdadera y objetivamente fue resucitado de entre

---

139. Para interpretaciones de Tomás de Aquino similar a esta, véase David Burrell, *Aquinas: God and Action* (Notre Dame: University of Notre Dame Press, 1979), pp. 8-10 and passim; y su *Analogy and Philosophical Language* (New Haven: Yale University Press, 1973), pp. 136-139. Cf. también Víctor Preller, n. 116, más arriba. En el trasfondo de la interpretación de Preller está el trabajo de Wilfrid Sellars (n. 133, más arriba).

los muertos establece el mandato de comportarse de acuerdo a lo recomendado por las historias de la resurrección incluso cuando uno admite la imposibilidad de concretar el modo en que esas historias son significativas[140]. Ciertamente, este segundo ejemplo, no así el primero, va más allá de cualquier cosa que dijera Tomás de Aquino, pero no parece que haya razón para no usar la distinción entre el *modus significandi* y el *significatum* y la noción de conocimiento analógico de la resurrección (y de la creación, de la consumación, etc.), así como de la existencia de Dios *in se*. En cualquier caso, cuando el proposicionalismo se vuelve tan modesto como en esta lectura "agnóstica"[141] de Tomás de Aquino, ya no es incompatible con la clase de teoría teológica "performativa-proposicionalista" de la verdad religiosa que se ajusta a una perspectiva cultural-lingüística.

Para completar este esbozo, es deseable extenderse brevemente en ese tópico de que las oraciones no se deben identificar con las proposiciones: distintas oraciones pueden hacer una misma y única afirmación sobre la realidad y, más relevante para nuestros objetivos inmediatos, la misma oración puede usarse tanto proposicionalmente como no proposicionalmente. Por ejemplo, la oración "este coche es rojo" tal y como está en esta página no puede ser una proposición, porque no especifica un coche particular ni un tiempo concreto anterior o posterior al cual el vehículo pudiera ser de otro color: no puede ser ni verdadera ni falsa. Lo mismo ocurre, *mutatis mutandis*, con las oraciones religiosas: adquieren suficiente especificidad referencial para contener verdad o falsedad de primer orden u ontológica sólo en determinadas condiciones, y en muy raras ocasiones, si es que ocurre alguna vez, en las páginas de tratados teológicos o en el transcurso de debates doctrinales. Los usos teológicos y doctrinales de, por ejemplo, "Cristo es Señor" son importantes (como tendremos ocasión de observar con más detalle en los siguientes dos capítulos), pero no son proposicionales. Para los propósitos de la teología cristiana, esa oración se convierte en una proposición de primer orden capaz (como dirían los no idealistas) de hacer afirmaciones con pretensiones de verdad ontológica únicamente en cuanto es usada en prácticas tales como la adoración, la proclamación, la obediencia, la escucha de la promesa y su realización, que configuran a los individuos y a las comunidades de acuerdo con el pensamiento de Cristo.

Si esto es así, hay un sentido en el que aquellos que no están ejercitados en el lenguaje de la fe no solo fracasan a la hora de afirmar que "Jesús es Señor", sino

---

140. Para reflexiones adicionales sobre esta forma de contemplar la resurrección, véase George Lindbeck (junto con G. Baum y R. McBrien) en John Sirvan (ed.), *The Infallibility Debate* (Nueva York: Paulist Press, 1971), pp. 132-133.

141. Los tomistas tradicionales fervientes se han contado entre los que hablan del "agnosticismo" de Tomás de Aquino. Véase, por ejemplo, Antonin Sertillanges, *Santo Tomás de Aquino* (Buenos Aires: Dedebec, 1946 [original de 1925]).

que tampoco pueden negarlo. Las razones para esto son formalmente parecidas a las que hacen imposible negar el enunciado "este coche es rojo" a no ser que uno conozca las circunstancias –por ejemplo, el parking, el vehículo ostensiblemente indicado y el momento concreto– en las que la oración se produjo. Uno debe estar, por así decirlo, dentro del contexto relevante; y en el caso de una religión, esto significa que uno debe tener cierta habilidad en *cómo* usar su lenguaje y practicar su estilo de vida antes de que el significado proposicional de sus afirmaciones llegue a ser suficientemente determinado para poder ser rechazado.

Es casi innecesario señalar que este análisis sobre las proposiciones apoya la propuesta teológica planteada en la sección anterior referente a la salvación de los miembros de otras religiones: los no creyentes no se han confrontado todavía con la cuestión de la salvación, porque sólo se puede comprender el significado de los enunciados religiosos lo suficientemente bien como para rechazarlos (o aceptarlos) genuinamente si se adquiere cierta familiaridad con las condiciones precisas en las que estos enunciados adquieren fuerza proposicional. De la misma forma, esta explicación puede ayudar a comprender por qué habitualmente la apostasía es considerada como algo más serio que la negación de la fe. El no creyente, por muy bien informado que pueda estar sobre el vocabulario simbólico y la sintaxis conceptual de una religión, es de esperar que, ante la ausencia de práctica efectiva, no vaya a entender las afirmaciones proposicionales, pero es más difícil esperar lo mismo de un apóstata.

En conclusión, se puede suponer que una religión posiblemente contenga afirmaciones ontológicamente verdaderas, no solo desde teorías cognitivistas sino también desde las cultural-lingüísticas. No hay nada en el enfoque cultural-lingüístico que exija rechazar (o aceptar) el realismo epistemológico y la teoría de la verdad como correspondencia que, de acuerdo a la mayor parte de la tradición teológica, están implícitos en la convicción de los creyentes de que cuando usan correctamente una oración como "Cristo es Señor" están enunciando una proposición de primer orden verdadera.

A pesar de todo, las condiciones bajo las que se pueden enunciar proposiciones son muy diferentes para los congnitivistas y para los cultural-lingüísticos: están situados en estratos lingüísticos muy distintos. Para los cognitivistas, son principalmente la teología técnica y la doctrina las que son proposicionales, mientras que en el modelo alternativo, la verdad y falsedad proposicional caracterizan el lenguaje religioso común cuando se usa para modelar la vida a través de la oración, la alabanza, la predicación y la exhortación. Este es el único nivel en el que los seres humanos manifiestan lingüísticamente su verdad o falsedad, su correspondencia o su falta de correspondencia con el Misterio Último. La teología técnica y la doctrina oficial, por el contrario, son discursos de segundo orden sobre los usos del lenguaje religioso de primera intención. Aquí, al contrario de lo que comúnmente se cree, sólo raramente, si acaso, conseguimos hacer afirmaciones con importancia ontológica, sino que, más bien, nos dedicamos a explicar, defender, analizar y regular las formas de discurso y acción litúrgicas, kerigmáticas y éticas dentro de las cuales se dan tales afirmaciones de vez en cuando. Exactamente igual que la gramática por sí misma no afirma nada ni verdadero ni falso sobre el mundo en el que se usa el lenguaje, sino sólo sobre el lenguaje, así también la teología y la doctrina, en la medida en que son actividades de segundo orden, no afirman nada ni verdadero ni falso sobre Dios y su relación con las criaturas, sino que solo hablan acerca de tales afirmaciones. Estas afirmaciones, a su vez, no se pueden hacer excepto cuando se habla religiosamente, es decir, cuando se busca armonizar performativamente a uno mismo y a los otros, a través de la adoración, la promesa, la obediencia, la exhortación y la predicación, con lo que uno considera lo más importante en el universo.

Esto nos lleva al siguiente gran problema, el de las doctrinas eclesiales. Hemos mostrado en este capítulo que un enfoque cultural-lingüístico es compatible con planteamientos sólidos de la insuperabilidad, el diálogo religioso, la salvación de los no cristianos y la verdad proposicional de las afirmaciones religiosas, y no sólo con los débiles; aún así, sigue habiendo un problema: el papel que la mayoría de las tradiciones cristianas ha asignado históricamente a las doctrinas eclesiales parece peligroso. Si estas doctrinas no son proposiciones de primer orden, ¿qué son? ¿Se pueden interpretar de un modo no proposicional (tal como una perspectiva cultural-lingüística sugiere que debe ser), y a la vez aceptar su posible continuidad y normatividad, y la posible infalibilidad de la función magisterial en la Iglesia? Estas y otras cuestiones comparables no son urgentes para la mayoría de las religiones, pero son de gran importancia intracristiana. La utilidad ecuménica de un enfoque cultural-lingüístico depende en gran medida de si estas cuestiones pueden contestarse satisfactoriamente, y volveremos a ellas en los siguientes dos capítulos.

Capítulo 4

TEORÍAS SOBRE LA DOCTRINA

La teoría sobre la doctrina eclesial constituye el test definitivo de la utilidad teológica y ecuménica de las aproximaciones cultural-lingüísticas a la religión. ¿Qué tipo de significado pueden dar estos planteamientos a la idea de que las doctrinas son, no sólo normativas, sino también permanentes? La mayoría de las tradiciones cristianas han mantenido que sus doctrinas tienen esta característica y el catolicismo, además, sostiene que su magisterio, cuando hace pronunciamientos sobre cuestiones de fe, es infalible. Si la teoría regulativa o normativa apropiada para los modelos culturales y lingüísticos excluyese estas pretensiones de normatividad, permanencia e infalibilidad, sería teológicamente inservible para muchos teólogos, y ecuménicamente inútil para todos ellos.

La conclusión de este capítulo, como muchos lectores pueden sospechar, es que una teoría regulativa no es sólo doctrinalmente posible, sino que tiene ventajas sobre otros planteamientos. Ciertamente, la demostración está lejos de ser rigurosa. Como suele ser verdad en debates entre perspectivas esencialmente diferentes, no existe un punto de vista neutral desde el que evaluar las diferencias. Las perspectivas por sí mismas moldean los criterios e inclinan las evidencias a su favor. Sin embargo, al menos espero mostrar que una teoría regulativa es una seria opción para los teólogos de las principales corrientes históricas cristianas, no sólo para los que estudian la religión desde una perspectiva no teológica.

La primera tarea será identificar los problemas que las teorías sobre la doctrina deben abordar. En segundo lugar, volveremos a la exposición de la teoría regulativa con especial atención sobre el problema de la continuidad y el cambio religioso y doctrinal y, en tercer lugar, presentaremos los diferentes tipos de doctrina. El capítulo siguiente aplicará la teoría regulativa a determinados ejemplos de controversia doctrinal y reflexionará sobre las principales divergencias entre una teoría regulativa y las interpretaciones alternativas.

I. LAS DOCTRINAS Y SUS PROBLEMAS

Una descripción breve y, si es que es posible, no controvertida de las doctrinas será suficiente para poner sobre la mesa los problemas con los que las teorías deben lidiar[142]. Las doctrinas eclesiales son enseñanzas comunitariamente autoritativas concernientes a las creencias y las prácticas que son consideradas esenciales para la identidad o el bienestar del grupo en cuestión. Pueden estar formalmente establecidas o ser informalmente operativas, pero, en cualquier caso, indican lo que constituye la adhesión leal a una comunidad. Discrepar con la doctrina metodista, cuáquera o católica indica que uno no es un "buen" metodista, cuáquero o católico. Por ejemplo, alguien que se opone al pacifismo, no será considerado como un completo cumplidor de lo que un miembro de la Sociedad de Amigos debe ser. Si no se llega a esta conclusión, entonces es evidente que esa creencia ha dejado de ser algo que configura a la comunidad y, por tanto, es una doctrina que ya no está operativa, aunque pueda continuar siendo una doctrina formal u oficial. En todo caso, las doctrinas operativas, incluso sin ser oficiales, son necesarias para la identidad comunitaria. Una comunidad religiosa no puede existir como una colectividad reconociblemente distinta de las demás a menos que tenga algunas creencias y/o prácticas por las cuales pueda ser identificada.

Si queremos ser claros acerca de las implicaciones de esta descripción, necesitaremos desarrollar algunas cuestiones. En primer lugar, en referencia a la necesidad de la doctrina, puede parecer que el "cristianismo sin credo" profesado por ciertos grupos (incluidos, por ejemplo, muchos cuáqueros y Discípulos de Cristo) no es genuinamente "sin credo". Cuando se insiste en el hecho de no tener credo como una seña de identidad del grupo, se convierte, por definición, en algo que operativamente funciona como un credo. En efecto, se transforma en algo al menos semioficial, como ocurre con el eslogan usado por algunos protestantes, "Ningún credo más que la Biblia". Este lema no se dirige contra las doctrinas en

142. La extensa literatura sobre el significado de términos como "doctrina", "dogma", "credo" o "confesión", está generalmente de acuerdo con las características "no controvertidas" que presento a continuación, pero está escrita desde perspectivas diferentes a la "cultural-lingüística" que estamos desarrollando en este libro y, por lo tanto, no puede usarse para sustentar directamente nuestras posiciones. La caracterización de la doctrina cristiana como "lo que la iglesia de Jesucristo cree, enseña y confiesa sobre la base de la palabra de Dios" realizada por Jaroslav Pelikan (*The Christian Tradition: A History of the Development of Doctrine*, Vol. 1 [Chicago: University of Chicago Press, 1971], p. 1) no hace una distinción lo suficientemente estricta para los propósitos de este ensayo entre doctrina eclesial y teología. Bernard Lonergan, por el contrario, dibuja la línea que separa las doctrinas eclesiales de las teológicas y metodológicas casi en el mismo lugar en que lo hago yo (*Método en Teología*, o. c., pp. 287ss.). Una versión anterior de la comprensión de la doctrina de la presente obra se puede encontrar en: George A. Lindbeck, "Creed and Confession", *Encyclopaedia Britannica*, 15ª Ed. (1974), Macropaedia 5, pp. 243-246.

general, sino contra las doctrinas postbíblicas –o, de un modo más preciso, contra el estatus oficial de tales doctrinas (muchos protestantes biblicistas, por ejemplo, se adhieren, en la práctica, a la doctrina trinitaria postbíblica: no rechazan lo que el credo niceno enseña, pero ignoran el propio credo en sí mismo y actúan como si sus enseñanzas fueran bíblicas de un modo autoevidente).

Un segundo punto que debemos desarrollar es la distinción entre doctrinas operativas y oficiales. Acabamos de señalar que la enseñanza trinitaria nicena puede dejar de ser oficial mientras que sigue siendo operativa, como ocurre en ciertos protestantismos biblicistas, pero también puede ocurrir lo contrario: puede dejar de ser operativa mientras sigue siendo oficial, como sucede en buena parte del protestantismo liberal. Además, muchas doctrinas se mantienen operativas sin que nunca se hayan convertido en oficiales. Esto puede ocurrir, ya sea porque parecen tan explícitamente auto-evidentes que ninguna iglesia ha sentido nunca la necesidad de dogmatizar sobre ellas ("Dios es amor" puede servir como un ejemplo cristiano), o ya sea porque, a pesar de estar implícitas en el sistema religioso que las contiene, permanecen sin ser reconocidas (como ocurrió durante muchos siglos con la oposición cristiana a la esclavitud, que sólo en épocas relativamente recientes ha sido ampliamente reconocida como comunitariamente obligatoria, como poseyendo un estatus doctrinal).

Un tercer punto a desarrollar es el hecho de que la controversia es la forma usual por la cual las doctrinas implícitas se convierten en explícitas y las operativas en oficiales. En la mayoría de los casos, únicamente cuando aparecen disputas sobre lo que es permisible enseñar o practicar es cuando una comunidad recompone su mente colectiva y formalmente realiza una decisión doctrinal. Los dogmas marianos de 1854 y 1950 son prácticamente las únicas aparentes excepciones a esta regla (puesto que en el tiempo de su promulgación lo único que era abiertamente contestado dentro del catolicismo era su definibilidad, no su verdad), pero, incluso en este caso, un factor fundamental que provocó los acontecimientos fue el deseo de destacar lo distintivo del catolicismo frente a lo que en ese momento era visto como un mundo especialmente amenazador. De cualquier modo, dado que como doctrinas oficiales son producto del conflicto, se pueden extraer dos importantes consecuencias: primera, deben ser entendidas en términos de aquello a lo que se oponen (habitualmente es mucho más fácil especificar lo que rechazan que lo que afirman); segunda, las doctrinas oficiales de una comunidad tienen una pobre capacidad para reflejar sus orientaciones o creencias más importantes y duraderas, bien porque algunas de éstas últimas puede que nunca hayan sido seriamente desafiadas (y, por tanto, tampoco oficialmente definidas), o bien porque elementos que bajo la mayoría de las circunstancias son triviales, en ocasiones se convierten en asuntos de vida o muerte.

Merece la pena señalar que este último asunto lleva mucho tiempo siendo reconocido. Lutero, por ejemplo, dijo en cierta ocasión: "Si yo profeso a voz en grito y con la mayor claridad cualquier elemento de la verdad de Dios excepto ese pequeño punto que el mundo y el diablo están precisamente atacando en este momento, entonces no estoy confesando a Cristo, por muy valientemente que pueda estar profesando a Cristo. Allí donde la batalla se recrudece es donde es probada la lealtad del soldado. Mantenerse firme en todos los demás frentes de la batalla, no sería más que huida y deshonra, si se repliega en ese punto"[143].

El Cardenal Newman expresó esta misma idea de un modo un tanto difuso y abstracto, aunque usando igualmente metáforas militares: "No hay nada tan frívolo y tan antifilosófico como lo ridículo que resulta el combate por mantener o deponer un rito o una observancia, como el uso de la Cruz en el Bautismo o la postura arrodillada ante la Mesa del Señor*. Es la misma sátira que se podría dirigir contra la estrategia de dos generales para hacerse con el control de una pequeña porción de terreno. El Rubicón era un río bastante estrecho. Conseguir una ligera ventaja suele ser, al mismo tiempo, presagio y medida de la victoria final. Analizando esta cuestión en su manifestación más a ras de tierra, los partidos políticos se mantienen unidos por los detalles más insignificantes. Un emblema accidental o cualquier otra inconsistencia puede llegar a ser principio y esencia de un partido. Un sistema debe ser visto como un todo; y, al igual que las personas, no le gusta ser enmendado o alterado. No podemos cambiar ninguna articulación de nuestro cuerpo por una mejor; ni podemos seccionar impunemente una vena. Estas analogías no pueden ser forzadas en exceso, pero se pueden aplicar a la moral y a la política mucho más de lo que los estudiosos de hoy en día querrían creer. Hay que destacar lo ignoradas y escondidas que están estas cámaras del tesoro que guardan nuestros hábitos más importantes"[144].

Esto no sólo ocurre con la moral y la política, también la historia de la doctrina está repleta de ilustraciones de la tesis de Newman. Gibbon se burlaba de la iota que diferenciaba el *homoousios* niceno respecto del *homoiousios* semiarriano[145]. Él se fijó únicamente en su insignificancia y no en que su ausencia señalaba (para los ortodoxos) una de las "cámaras del tesoro que guardan nuestros hábitos más importantes" de la fe. Las disputas sobre las vestiduras y las imágenes en el siglo XVI funcionaron de un modo similar; y, en nuestros días, la cuestión sobre el uso exclusivo de pronombres masculinos para referirnos a Dios se ha convertido,

143. Martín Lutero, *WA-BR*, Vol. 3, pp. 81s.
* Este término "Lord's Table" es usado en numerosas iglesias protestantes para referirse a la mesa que se utiliza para la preparación del sacramento de la Sagrada Comunión. Estas iglesias no utilizan la palabra "altar", porque rechazan cualquier sentido sacrificial para la Comunión [N. de los T.].
144. Citado por Garry Wills, *Bare Ruined Choirs* (Nueva York: Doubleday & Co., 1972), pp. 64-65.
145. Edward Gibbon, *The History of the Decline and Fall of the Roman Empire,* ed. por J. B. Bury (Londres: Strahan & Cadell, 1896-1900), Vol. 2, p. 352.

con razón o sin ella, en un asunto profundamente importante. En sí mismos, estos pueden ser problemas triviales, pero, sin embargo, las decisiones sobre ellos pueden adquirir una significación trascendental, a causa de los "hábitos importantes", las doctrinas que a menudo operan implícitamente, cuyos repositorios son estas aparentes nimiedades.

Esto nos lleva a un cuarto punto, a saber, la distinción entre teología y doctrina. Que ambas son diferentes es algo evidente: puede existir una gran variedad dentro de la explicación, comunicación y defensa teológica de la fe dentro de un mismo marco de acuerdo doctrinal comunitario. Los mismos que están de acuerdo en la formulación explícita de unas determinadas doctrinas pueden discrepar marcadamente sobre cómo interpretarlas, justificarlas o defenderlas. Y, a la inversa, un amplio consenso a nivel teológico puede atravesar las fronteras confesionales. Ni que decir tiene que la teología y la doctrina habitualmente se corresponden; por ejemplo, es posible que católicos y protestantes compartan una misma perspectiva teológica erasmiana (o, casi en el extremo opuesto, barthiana) mientras que permanecen doctrinalmente divididos sobre los sacramentos y la organización eclesial[146]. No en vano, muchos de los libros titulados "doctrina eclesial" o "dogmática eclesial" son, de hecho, amplios tratados teológicos que no se ciñen simplemente a las doctrinas de las iglesias en el sentido estricto en el que solemos usar la palabra. Normalmente abarcan todo aquello que consideran conveniente enseñar, y no únicamente lo que opera como esencial desde el punto de vista comunitario; y las explicaciones, justificaciones y defensas de la doctrina que tales obras presentan son teorías teológicas más bien optativas y no tanto comunitariamente normativas. Esta distinción entre teología y doctrina eclesial suele ser advertida más comúnmente por los católicos que por los protestantes[147], pero no es algo que en sí mismo esté en discusión. Al igual que los tres puntos anteriores –la imposibilidad de una comunidad religiosa sin credo, la distinción entre doctrinas operacionales y oficiales, y el papel de la controversia en la articulación de la doctrina– este es parte de una descripción de lo que son las doctrinas aceptada de un modo generalizado y no tanto de una determinada teoría entre varias posibles.

---

146. Hans Küng, al menos en su libro sobre *La justificación. Doctrina de Karl Barth y una interpretación católica* (Barcelona: Estela, 1967), puede servir como ejemplo de un católico "barthiano", mientras que una buena parte de la teología anglicana desde la época de Jeremy Taylor (+ 1667) ha sido conscientemente "erasmiana".

147. Véase "Was ist eine dogmatische Aussage?" de Karl Rahner, publicado en *Catholica* 15 (1961), pp. 161-184; y el ensayo complementario de Wolfhart Pannenberg en *Kerygma und Dogma* 8 (1962), pp. 81-99. Sobre la historia del significado de la palabra "dogma", véase Karl Rahner y Karl Lehmann, "Kerigma y dogma", en J. Feiner y M. Loehrer (eds.), *Mysterium Salutis. Volumen I. Tomo II* (Madrid: Cristiandad, 1969), pp. 704-791, esp. 722-746.

Antes de pasar a las cuestiones teóricas sobre la naturaleza de la doctrina, dedicaremos unas palabras a la dificultad que tenemos hoy en día para tomarnos las doctrinas lo suficientemente en serio como para tratar de comprenderlas.

El carácter moderno se opone a la mera noción de normas comunitarias[148]. Esta antipatía se puede interpretar, como hacen los sociólogos del conocimiento, como el producto de factores tales como el pluralismo religioso e ideológico y la movilidad social. Cuando los seres humanos se exponen continuadamente a puntos de vista conflictivos y cambiantes, tienden a perder su confianza en cualquiera de ellos. Las doctrinas dejan de representar realidades objetivas y, en su lugar, son experimentadas como expresiones de las preferencias personales: algunas personas tienen afinidad con el budismo y otras con el cristianismo, de estas últimas algunas son afines al catolicismo, mientras que otras lo son al protestantismo; pero, siempre que cada persona sea honesta y sincera, la religión que cada uno profese no marca ninguna diferencia. Es inevitable que en este tipo de ambiente las lealtades comunitarias se debiliten y sean reemplazadas por un énfasis en la libertad, autonomía y autenticidad personales. La opinión de que las comunidades tienen el derecho a insistir en estándares de creencia y práctica como condición para la pertenencia es vista como una injerencia intolerable en la libertad de cada uno. Esta reacción se ve intensificada por la creciente contradicción entre los contenidos tradicionales y los valores predominantes en el conjunto de la sociedad, tal y como son transmitidos por la educación, los medios de comunicación y las relaciones personales. Las simples palabras "doctrina" y "dogma" suenan a gueto y da la impresión de que tomárselas en serio es aislarse del amplio mundo. Una manera de escapar de este dilema es sostener que las (desde una perspectiva moderna) absurdas doctrinas del pasado nunca fueron importantes por sí mismas, sino únicamente simbolizaciones para expresar experiencias y orientaciones más profundas, que deberían ser hoy articuladas de un modo diferente, más contemporáneo[149]. En este sentido, un enfoque experiencial-expresivista de la religión puede ser fácilmente, aunque no necesariamente, utilizado para legitimar el privatismo y el subjetivismo religiosos que son alimentados por la presión social actual. Cuando esto ocurre, se tiende a echar indiscriminadamente todas las doctrinas históricas al montón de chatarra de las supersticiones desfasadas. Como sostenían algunos teólogos de la "muerte de Dios" de los años 60, el propio Dios se convierte en un elemento desechable incluso entre aquellos que continúan considerándose a sí mismos como cristianos. Este último extremo, en particular, ha perdido popularidad, pero la acomodación

---

148. Este párrafo vuelve, desde una perspectiva algo diferente, sobre cosas ya dichas más arriba en la sección II del capítulo 1.

149. Gregory Baum, *Faith and Doctrine. A contemporary View* (Nueva York: Paulist Press, 1969), es un ejemplo católico; pero Baum, como podríamos esperar de un teólogo, no extrae las consecuencias populares enumeradas aquí.

a la cultura que manifiesta continúa siendo influyente en el pensamiento religioso actual; aunque ahora, en parte por la influencia de nuevos mensajes venidos de oriente, esta acomodación tiende a ser más prorreligiosa y menos secular que hace una década o dos.

El impulso para acomodarse puede ser explicado, en parte, reconociendo que la tendencia antidoctrinal contemporánea y la adhesión a las iglesias particulares y a sus doctrinas propias del pasado son, en la misma medida, el producto de procesos sociales. Más aún, el privatismo y el subjetivismo que van unidos al rechazo de las doctrinas comunitarias desemboca en un debilitamiento de los grupos sociales (*Gemeinschaften*), que constituyen los principales baluartes contra el caos y contra los esfuerzos totalitarios por controlar el caos. En otras palabras, se podría argüir, como hacen algunos de los fundadores más agnósticos de la república americana, que una sociedad abierta necesita comunidades religiosas comprometidas doctrinalmente para inculcar los absolutos morales y de creencias necesarios para mantener su carácter abierto. Sin embargo, cuando el espíritu de la época (*Zeitgeist*) es tan desfavorable como el que hay ahora, lo normal es que solamente unos pocos intelectuales se vean influenciados por tales absolutos. Se necesitan otras iniciativas para convencer a un número mayor de la importancia de la doctrina.

Bien pudiera suceder que sea necesaria alguna medida del tipo de lo que en otras ocasiones he denominado "sectarismo sociológico"[150]. Da la impresión de que las colectividades religiosas que quieran mantener creencias fuertemente alejadas de las más comunes en un entorno tan inhóspito deben desarrollar grupos estrechamente unidos, capaces de proporcionar las "estructuras de plausibilidad" psicosociales (como Peter Berger las denomina) necesarias para sostener una fe extranjera. Estos grupos no necesitan recluirse en guetos sociológicos del estilo de los Amish o los Judíos jasídicos, sino que pueden, más bien, formar células como las del movimiento cristiano primitivo (o las del más reciente movimiento comunista internacional), o bien desarrollar *ecclesiolae in ecclesia* (pequeñas iglesias dentro de la iglesia) similares a las del monaquismo, el pietismo primitivo o una parte del movimiento carismático contemporáneo.

Superar la actual aversión a los patrones doctrinales y recuperar la preocupación por la doctrina correcta depende mucho más de los desarrollos sociales y eclesiales que de la solución de las cuestiones teóricas de las que se ocupa este libro, pero la teoría no deja de tener un papel que jugar. Las dificultades conceptuales implicadas en las nociones proposicionales tradicionales de la enseñanza magisterial han contribuido a desacreditar la empresa doctrinal en su conjunto. En la práctica, han ayudado a legitimar rigideces innecesarias y contraproducentes

---

150. Sobre la argumentación de ese párrafo, véanse mis artículos citados más arriba en la nota 78 del capítulo 1. Volveré a esta cuestión en la última sección del último capítulo.

porque, en primer lugar, el proposicionalismo hace difícil comprender cómo pueden desarrollarse nuevas doctrinas en el curso del tiempo[151], y cómo las antiguas pueden olvidarse o convertirse en periféricas[152]. En segundo lugar, las explicaciones proposicionalistas de cómo las antiguas doctrinas pueden ser reinterpretadas para adecuarse a las nuevas circunstancias no son convincentes: tienen dificultades a la hora de distinguir entre lo que cambia y lo que permanece igual[153]. En tercer lugar, estas explicaciones no abordan adecuadamente las problemáticas específicamente ecuménicas: ¿cómo es posible que las doctrinas, una vez que se han contradicho unas a otras, se puedan reconciliar manteniendo su identidad propia? Los enfoques experiencial-expresivistas, que reducen las doctrinas a simbolismos no discursivos, tienen un conjunto de dificultades completamente opuesto. En cada uno, el asunto subyacente es el de la constancia y el cambio, la unidad y la diversidad. ¿Cómo puede una religión pretender preservar "la fe que de una vez por todas ha sido transmitida a los creyentes" (Judas 3), como todas las religiones hacen en algún sentido, si esta fe toma tantas formas distintas, tanto en el pasado como el presente?

Una posible reacción a estas consideraciones es el relativismo. No existe tal fe que de una vez por todas ha sido ya transmitida a los creyentes. No hay ningún núcleo siempre idéntico a sí mismo que sobreviva a lo largo de los siglos y subsista dentro de tradiciones diferentes y habitualmente enfrentadas que inevitablemente se van desarrollando. Todo fluye. El cristianismo (o, para este problema, cualquier otra religión) no tiene más que el tipo de constancia y unidad representado por las continuidades históricas[154]. Este planteamiento está basado en el conocimiento moderno de la historia y las diferencias culturales e individuales. Se ha convertido, para las clases educadas, en parte del conocimiento heredado, y los intentos de desafiarlo suelen ser recibidos con incredulidad.

151. La resistencia tanto de protestantes como de católicos a la noción de desarrollo doctrinal está bien descrita en Owen Chadwick, *From Bossuet to Newman:The Idea of Doctrinal Development* (Cambridge: Cambridge University Press, 1957).

152. Sobre la noción de doctrina olvidada, véase Karl Rahner, "Verdades olvidadas sobre el sacramento de la Penitencia", *Escritos de teología*, Vol. 2 (Madrid: Taurus, 1963), pp. 141-180.

153. Los debates católicos contemporáneos acerca de las muchas (y a menudo radicales) reinterpretaciones propuestas para casi cualquier dogma concebible han sido especialmente intensos en relación a la presencia eucarística, la infalibilidad y la cristología. Este último tema es también muy discutido en círculos no católicos, pero la mayoría de las comuniones anglicanas y luteranas tradicionales han abandonado los esfuerzos para perfilar líneas doctrinales explícitas. Véase, por ejemplo, *Christian Believing: The Nature of the Christian Faith and Its Expresion in Holy Scripture and Creeds: A Report of the Doctrinal Commision of the Church of England* (Londres: S.P.C.K., 1976).

154. Esto ha sido expuesto en profundidad por Wilfred Cantwell Smith, *The Meaning and End of Religion: A New Approach to the Religious Traditions of Mankind* (Nueva York: Macmillan Co., 1963).

El extremo contrario es, por el lado protestante, el biblicismo y, por el lado católico, el tradicionalismo. Lo que se pretende, en ambos casos, es preservar la identidad reproduciendo lo más literalmente posible las palabras y acciones del pasado[155]. El defecto de esta táctica es que confunde la letra y el espíritu (como Pablo, Agustín o Lutero habrían podido expresar). El significado de los ritos y los discursos depende de los contextos. Reproducir literalmente las antiguas formas en las nuevas situaciones a menudo traiciona el sentido original, el espíritu original. Así como la única manera de amar a los padres, esposos, hijos y vecinos es comportarse con cada uno de un modo particular, así también la única forma de transmitir el mismo mensaje es proclamarlo de un modo diferente. Todo el mundo conoce esto de un modo intuitivo, pero a veces el miedo a la anomía relativista lleva a los grupos religiosos a una rigidez que daña seriamente su lealtad hacia el pasado que dicen reverenciar.

La doctrina y la teoría de la doctrina pueden hacer únicamente una pequeña contribución a la tarea de determinar cuál de sus cambiantes manifestaciones es fiel a su esencia presuntamente permanente[156]. Los más capaces para juzgar en este tipo de asuntos (como ya hemos señalado de pasada y analizaremos más detenidamente al entrar en el debate sobre el oficio de enseñar) son aquellos que han interiorizado una religión de un modo efectivo. Estos saben discernir de un modo connatural, como diría Tomás de Aquino[157], si los usos específicos están en conformidad con el espíritu, es decir, con la regulación interior de la fe, y no necesitan las burdas directivas del dogma oficial. Pero las burdas directivas tienen también su lugar. Los santos y los profetas son un fenómeno raro, y las decisiones doctrinales y las correspondientes reflexiones sobre esas decisiones, aunque son pobres sustitutos de la inspiración, son preferibles a los prejuicios irreflexivos y faltos de inspiración. De este modo, los teorizadores pueden ofrecer una modesta ayuda a las comunidades religiosas si son capaces de mostrar cómo las doctrinas pueden ser firmes y flexibles al mismo tiempo, permanentes y adaptables. En la medida en que no son capaces de hacer esto, sus teorías son teológica y pastoralmente infructuosas.

155. Aquí estoy pensando en actitudes populares. Ningún teólogo bien informado e intelectualmente responsable, no importa lo conservador que pueda ser, incluso ni un J. Gresham Machen o un Cardenal Ottaviani, rechaza la necesidad de algún tipo de cambio.

156. "Una cosa, en efecto, es el depósito de la fe o las verdades que contiene nuestra venerable doctrina, y otra distinta es el modo como se enuncian estas verdades, conservando, sin embargo, el mismo sentido y significado" (Juan XXIII, *Concilio Ecuménico Vaticano II. Constituciones. Decretos. Declaraciones*, [Madrid: Biblioteca de Autores Cristianos, 1993], p. 1095). Esta distinción entre la "forma" y la "sustancia" de las doctrinas fue utilizada por Juan XXIII en su discurso inaugural del Concilio Vaticano II.

157. Véase más arriba, Capítulo 2, n. 100.

II. GRAMÁTICA Y DOCTRINA, CONTINUIDAD Y CAMBIO

Las únicas teorías de la doctrina que necesitan ser tomadas en serio para nuestros propósitos son las regulativas y las proposicionalistas modificadas. Aunque quizá son las más populares actualmente, solamente nos vamos a referir de pasada a las teorías simbólicas. Como ya hemos señalado, tienden a excluir *a priori* las características tradicionales de la doctrina. La afirmación de la resurrección, por ejemplo, no puede ser tomada fácilmente como una norma duradera de creencia y de práctica comunitarias si es vista primariamente como el símbolo de un cierto tipo de experiencia (como la de la presencia espiritual de Cristo como poder del Nuevo Ser) que, en principio, puede ser expresada o evocada de otras formas[158]. De igual modo, vamos a pasar por alto los planteamientos sobre la doctrina que Lonergan denomina "clásicos"[159]. Estos enfoques tienden a tomar una determinada formulación de una doctrina (por ejemplo, una descripción concreta de la resurrección) como una verdad que posee una relevancia objetiva u ontológica, haciendo, en consecuencia, difícil vislumbrar la posibilidad de que existan formulaciones marcadamente diferentes de la misma doctrina. Algunas expresiones modernas del proposicionalismo, en cambio, buscan superar este defecto distinguiendo entre lo que una doctrina afirma ontológicamente y las diversas conceptualizaciones o formulaciones en las que esa afirmación puede ser expresada[160]. Estos enfoques admiten la posibilidad de que las doctrinas tengan aspectos tanto permanentes como cambiantes. Lo mismo hace, como vamos a ver a continuación, una teoría regulativa o normativa, aunque su análisis de esos dos aspectos es, en parte, muy diferente.

Es preciso aclarar un punto que puede generar confusiones: Decir que las doctrinas son reglas no supone negar que en ellas se incluyan proposiciones. Las reglas formuladas por un lingüista o por un lógico, por ejemplo, expresan afirmaciones proposicionales acerca de cómo el lenguaje o el pensamiento funcionan realmente. Sin embargo, se trata más bien de proposiciones de segundo orden, no de primer orden, que no afirman nada sobre la realidad que está más

---

158. Paul Tillich, *Teología sistemática*, Vol. 2 (Salamanca: Sígueme, 1982 [original de1957]), pp. 202-208, esp. 207. Tillich dice que la "imagen concreta de Jesús de Nazaret quedó indisolublemente unida a la realidad del Nuevo Ser", pero en este texto no afirma la relación inversa. Para un análisis crítico más completo del planteamiento de Tillich sobre la finalidad de Cristo, véase George Lindbeck, "An Assessment Re-assessed: Paul Tillich on the Reformation", *Journal of Religion* 63/4 (1983), pp. 376-393, esp. 391s.

159. Bernard Lonergan, *Doctrinal Pluralism* (Milwaukee: Marquette University Press, 1971).

160. Esta tendencia no se circunscribe a los autores católicos como Rahner y Lonergan. Un planteamiento ecuménicamente germinal desde el lado protestante se puede consultar en Edmund Schlink, "The Structure of Dogmatic Statements as an Ecumenical Problem", *The Coming Christ and the Coming Church* (Minneapolis: Fortress Press, 1968), pp. 16-84.

allá de lo lingüístico o lo humano. En pocas palabras, para una teoría regulativa las doctrinas en cuanto doctrinas no son proposiciones de primer orden, sino que deben ser entendidas como afirmaciones de segundo orden: como hemos señalado en la sección final del último capítulo, afirman una verdad no tanto ontológica, sino más bien intrasistémica.

Es necesario no olvidar que, como hemos indicado, estamos hablando de las doctrinas en cuanto doctrinas. Esta acotación es importante, porque una afirmación doctrinal también puede funcionar simbólicamente, y también como una afirmación de primer orden. En la medida en que es utilizada de estas otras formas, como ya hemos señalado anteriormente[161], una doctrina ni puede ni necesita ser entendida como una norma de creencia o de praxis comunitaria: simplemente no está siendo usada como una doctrina eclesial.

A continuación, es preciso aclarar que la novedad de la teoría regulativa es que no encuentra la dimensión permanente y doctrinalmente significativa de la religión en verdades formuladas proposicionalmente, ni menos aún en experiencias interiores, sino en el relato que narra y en la gramática que da forma al modo en el que ese relato es narrado y utilizado. Desde una perspectiva cultural-lingüística, volveremos más tarde sobre este asunto, una religión es, ante todo, una mediación para una interpretación global de la realidad, o un marco categorial dentro del cual se tienen determinadas experiencias y se hacen determinadas afirmaciones. En el caso del cristianismo, el marco es proporcionado por las narraciones bíblicas interconectadas de determinadas formas específicas (por ejemplo, por Cristo como su centro). Establecida esta analogía lingüística, podemos distinguir entre el vocabulario y la gramática. El vocabulario, compuesto por símbolos, conceptos, ritos, mandatos e historias es, en parte, muy variable, aunque podríamos decir que existe un núcleo relativamente fijado de elementos léxicos que se corresponde de un modo aproximado con el inglés básico. Este núcleo léxico se encuentra, en su mayor parte, en las escrituras canónicas, aunque de ningún modo está incluida toda la Biblia (como testifican los diferentes énfasis que se dan a las diversas partes de la Biblia). Algunas contribuciones a este vocabulario básico (como el lenguaje trinitario) pueden proceder también de tradiciones postbíblicas; aunque este es un punto que católicos y protestantes suelen interpretar de un modo diferente. En cualquier caso, lo que las doctrinas eclesiales principalmente reflejan no es el léxico, sino la gramática de la religión. Algunas doctrinas, como las que delimitan el canon y especifican la relación entre la Escritura y la tradición, ayudan a determinar el vocabulario, mientras que otras (a veces esas mismas) implementan reglas semánticas que guían el uso de ese material a la hora de construir el mundo, la comunidad y el sujeto, y aún hay otras que proporcionan referencia semántica. Por ejemplo, la doctrina de que Jesús es el Mesías, léxicamente funciona como

---

161. Véase más arriba, Capítulo 1, sección I.

la garantía para añadir la literatura neotestamentaria al canon, sintácticamente como una regla hermenéutica que establece que Jesús sea interpretado como el cumplimiento de las promesas del Antiguo Testamento (y el Antiguo Testamento como señalando hacia Él), y semánticamente como una norma relativa al uso referencial de títulos tales como "Mesías".

Desde esta perspectiva, las doctrinas toman su fuerza de su vinculación con la gramática de una religión. Las diferentes prácticas que ellas condenan o recomiendan a veces parecen triviales, más o menos como preferir decir "yo no soy…" en lugar de "uno no es…", o "amarillo" en lugar de "chino", pero, como ya hemos podido comprobar, esa trivialidad puede ser, en ocasiones, sólo aparente. En un cierto nivel, por ejemplo, es indiferente que los cristianos celebren el Sabbat en sábado o en domingo, pero en algunas circunstancias puede ser de una importancia decisiva. Algunas doctrinas, tales como la *sola gratia* o la *sola fide* en el cristianismo, son declaraciones explícitas de principios regulativos generales, pero la mayoría de las doctrinas, más que definir, ilustran las prácticas correctas. Son ejemplificaciones o paradigmas ejemplares de la aplicación de las reglas. Tener fidelidad a esas doctrinas no supone, necesariamente, repetirlas miméticamente; al contrario, a la hora de elaborar cualquier tipo de nueva formulación, esta fidelidad supone la adhesión a las mismas directrices que se siguieron en su primera formulación. Como explicaré más adelante, es así como pudo desarrollarse la lealtad a un antiguo credo como el niceno. Tomando un ejemplo de la gramática latina, *"amo, amas, amat"* opera como un paradigma cuando decimos, por ejemplo, *"rogo, rogas, rogat"*, no cuando insistentemente repetimos como un loro el original.

Más incluso que la gramática en los libros de gramática, la doctrina eclesial es una guía para las interconexiones fundamentales dentro de una religión inevitablemente imperfecta y muchas veces mal comprendida. Esto es, en parte, porque toda regla formulada explícitamente tiene más excepciones que las que los gramáticos y los teólogos son capaces de apreciar. Algunas reglas pueden reflejar características transitorias de la gramática superficial, o incluso pueden ser imposiciones arbitrarias (como cuando se intentaban forzar las lenguas modernas para que adoptaran los patrones del latín). La gramática profunda del lenguaje puede ser esquiva a la detección. Puede que sea imposible encontrar reglas que reflejen por qué algunos usos fundamentales son bellamente correctos mientras que otros son peligrosamente erróneos. Los expertos, en ocasiones, deben rendirse a la sabiduría superior del hablante competente que, simplemente, sabe que tal o cual cosa es correcta o errónea, incluso aunque vaya en contra de las reglas que ellos mismos han formulado[162]. Sin embargo, a pesar de estas imperfecciones,

---

162. La idea de acudir a las "intuiciones" de los que son lingüísticamente "competentes" viene de Chomsky, pero yo estoy usando estos términos, no en el estricto sentido técnico de las

la orientación que ofrece la gramática de la doctrina contenida en los libros de texto puede ser indispensable, especialmente para aquellos que están estudiando un lenguaje, los que no lo dominan bien, o los que, por la razón que sea, están en peligro de caer en el sinsentido.

No quiero cansar más al lector con este tedioso e improductivo recuento de los posibles modos de comparar la gramática y la doctrina. Ahora necesitamos darnos cuenta de cómo, según este modelo, las dimensiones cognitivas y experienciales de una religión son variables, a diferencia del núcleo gramatical doctrinalmente significativo.

La proclamación de las verdades de primer orden de una religión cambia en la medida en que emerge a partir de la aplicación de sus esquemas interpretativos a los cambiantes mundos que los seres humanos habitamos. Lo que tomamos como realidad es, en gran medida, algo socialmente construido y, por tanto, cambia a lo largo del tiempo. El universo, para el antiguo Oriente Próximo, era muy diferente del de la filosofía griega, y ambos difieren del cosmos moderno. Es inevitable que las versiones cristianizadas de estas diferentes imágenes del mundo estén lejos de ser idénticas. Cuando mundos diferentes, con sus definiciones propias de lo que es el bien y lo real, lo divino y lo humano, se reescriben dentro de un mismo marco único de narraciones bíblicas, continúan siendo mundos diferentes. Por ejemplo, en un mundo, el origen de las cosas se describe en términos de la mitología babilonia; en otro, en términos del mito del Timeo de Platón; y en un tercero, en términos de una exposición científica de la evolución cósmica. Consecuentemente, las descripciones de Dios como principio creador también cambian. Usando la terminología tomista que utilizamos anteriormente, lo que permanece inalterado no es el *modus significandi*, sino, como mucho, el *significatum*[163].

Cabe señalar que esta forma de plantear el problema cambia el énfasis habitual. La religión ya no necesita ser primariamente reinterpretada por las diferentes concepciones del mundo que van cambiando, sino más bien al contrario: las cambiantes visiones del mundo deben ser reinterpretadas por una misma religión. Indudablemente, también se producen ajustes en el esquema interpretativo. Ya nos hemos referido a los cambios en los conceptos teóricos o teológicos

---

teorías de Chomsky, sino en un sentido más general, como el que describe John Lyons en *Noam Chomsky* (Nueva York: Viking Press, 1970), pp. 38-39, 96-97.

163. Desde un punto de vista cognitivista, se podría decir que la esencia proposicional (por ejemplo, *creatio ex nihilo*) permanece inalterada mientras que la forma conceptual cambia; pero si adoptamos el análisis de la sección IV del Capítulo 3 que hicimos más arriba, todos los esfuerzos para aislar la "sustancia" (*significatum*) –incluyendo "Dios crea de la nada"– de los *modi significandi* están destinados a fracasar. La afirmación de que Dios crea *ex nihilo* puede servir para orientar cómo deben hablar y actuar los creyentes, pero la fuerza proposicional que vaya a tener depende (como para la mayoría del lenguaje mitológico del Génesis) del "lenguaje ordinario" en cuyo contexto se exprese.

(o incluso en el lenguaje ordinario) de creador o iniciador, y lo mismo ocurre en cristología. Jesucristo, por ejemplo, en un determinado contexto es afirmado como el Mesías; en otro, como el Logos encarnado; y en un tercero, quizás, como el "hombre-para-los-demás" de Bonhoeffer o la "humanidad de Dios" de Barth. Sin embargo, en medio de estos cambios en las afirmaciones cristológicas y en las correspondientes experiencias de Jesucristo, el relato de la pasión y la resurrección y las reglas básicas para su uso siguen siendo las mismas. Las transformaciones teológicas y religiosas que llevan a las negaciones relativistas de una identidad permanente (cuando es asumido que la constancia debe ser proposicional, o simbólica, o experiencial) pueden considerarse, si adoptamos la teoría regulativa, como la fusión de un relato idéntico a sí mismo con los nuevos mundos dentro de los cuales es narrado y renarrado.

No hay nada exclusivamente cristiano en esta permanencia: no son necesarias explicaciones sobrenaturales. Simplemente es el tipo de constancia que las lenguas y las religiones y, en un sentido más amplio, también las culturas, tienen visiblemente. Son las lentes[164] a través de las cuales los seres humanos vemos y respondemos a nuestros mundos en transformación, o los distintos medios en los cuales formulamos sus descripciones. El mundo y sus descripciones pueden variar enormemente, aún cuando las lentes o los medios permanezcan iguales. O, cambiando la comparación, precisamente como los códigos genéticos o los programas de ordenador pueden permanecer idénticos aunque estén produciendo productos asombrosamente diferentes dependiendo de los datos introducidos y la situación, así ocurre también con las gramáticas básicas de las culturas, las lenguas y las religiones. Ellas permanecen mientras que las producciones cambian.

De acuerdo con este planteamiento, la variabilidad de las experiencias generadas por una religión depende de la estabilidad proposicional de sus descripciones del mundo y de Dios. Esto contrasta con los modelos expresivistas, que localizan lo normativo y permanente desde el punto de vista religioso en las profundidades del yo interior. Este modelo puede sugerir que, por ejemplo, la experiencia del amor es una señal de identidad de lo verdaderamente cristiano, pero para una teoría regulativa el relato cristiano es lo único capaz de identificar lo que para los cristianos es el verdadero amor. Dado que la experiencia del amor está condicionada por factores psicológicos y culturales, puede variar, pero sólo puede ser calificada como cristiana en la medida en que está auténticamente modelada por la historia de Jesús. La experiencia en sí misma es una variable, porque se da en función de la interacción de yoes cambiantes en circunstancias igualmente cambiantes con un relato que permanece inalterable.

164. La metáfora de las lentes o los "anteojos" fue empleada por Calvino (aunque en referencia exclusiva a la Escritura). Véase *Institución de la religion cristiana* I.6.1.

Puede ocurrir que los sentimientos, sensaciones, estados de ánimo y emociones característicos del amor cristiano hayan sido, en cierto sentido, básicamente los mismos a través de los siglos, pero las evidencias que podemos encontrar en himnos y manifestaciones artísticas hacen que esto parezca poco plausible. Indudablemente, es inimaginable que la agonía de la *Crucifixión* de Grünewald pueda llegar a ser una imagen de la bondad en un contexto budista; y, en el extremo opuesto, la serenidad contemplativa e introspectiva encarnada en las estatuas de Gautama nunca podría convertirse en algo central para los cristianos. En otras palabras, hasta cierto punto podemos distinguir sentimientos y actitudes característicamente budistas y característicamente cristianas. Sin embargo, dejando a un lado esos casos extremos, el abanico de posibilidades entre el Cristo de Grünewald y un Pantocrátor bizantino es tan amplio que parece fenomenológicamente imposible identificar un núcleo experiencial común. En cualquier caso, para el enfoque cultural-lingüístico, eso no es algo apremiante. Lo que da su especificidad cristiana a las diferentes formas de amor, cualquiera que esta sea, no es tanto algún tipo de núcleo emocional común, cuanto compartir el mismo objetivo. Lo importante es que los cristianos dejan que sus condiciones culturales y sus emociones tan diferentes sean moldeadas por el conjunto de relatos bíblicos que se extiende desde la creación al esjaton, y que culmina en la pasión y resurrección de Jesús. Los resultados experienciales de este proceso estructurador, empero, serán infinitamente variados a causa de las diferencias en los materiales afectivos sobre los cuales opera.

En efecto, desde el planteamiento que estamos analizando, los cambios, tanto en la experiencia como en las declaraciones exteriores, no se oponen a la continuidad. Son, más bien, signos de vitalidad. Únicamente en las lenguas y religiones muertas o mal conocidas no se utilizan palabras nuevas, ni se afirman verdades, ni se expresan sentimientos. Ni tampoco la identidad se ve afectada por esta diversidad. Se puede hablar la misma lengua en las playas de Florida y en la tundra ártica, y practicar la misma religión en Constantinopla y en las catacumbas, a pesar de que las afirmaciones que se hagan y los sentimientos que se experimenten sean increíblemente diferentes.

Desde esta perspectiva, la dificultad para localizar lo permanente en una religión, tanto a nivel de descripción objetiva como de experiencia interna, radica en que tiende a situarlo en la identificación de la forma normativa de la religión con la formulación de verdades o con las experiencias que se adaptan a un mundo concreto, ya sea Constantinopla o las catacumbas, Florida o el Ártico. En consecuencia, para ser cristianos deberíamos pensar, quizá, como un escolástico medieval, o como un teólogo de la liberación contemporáneo, o tener una actitud existencial como la de Jesús. Puede ser más difícil comprender bien que lo que mantiene la continuidad y la unidad a través de los siglos no es tanto lo que los cristianos experimentan o creen que saben, sino el contexto y el medio en el cual conocen y experimentan. Sin embargo, la primera explicación parece tener más sentido empírico, histórico y doctrinal. En la medida en que las religiones son como las lenguas, obviamente pueden permanecer siendo las mismas en medio de profundas transformaciones a nivel expositivo y experiencial. Si lo planteamos de este modo, parece casi evidente que la permanencia y la unidad de las doctrinas, a pesar de los cambios y las diferentes formulaciones, se pueden explicar mucho más fácilmente si las tomamos como algo parecido a reglas gramaticales, en lugar de a proposiciones o símbolos expresivos (aunque, como ya hemos señalado, las mismas formulaciones en las que las reglas se enuncian pueden funcionar también de estas otras formas).

III. TAXONOMÍA DE LAS DOCTRINAS

Estas consideraciones generales no han sido más que un preámbulo para la cuestión central, a saber, si las doctrinas pueden de hecho ser comprendidas como algo comparable a reglas. Este es el objeto de este apartado. Tendremos la oportunidad de confrontarnos con las interpretaciones proposicionalistas, porque éstas, a diferencia de los enfoques simbólicos sobre la doctrina, admiten la posibilidad, contemplada en la mayoría de las tradiciones religiosas, de que las doctrinas puedan funcionar legítimamente como normas de creencia y de práctica.

El desacuerdo se centra en las creencias sobre qué es lo ontológicamente verdadero, más que sobre doctrinas prácticas (que, por definición, son reglas y no tanto afirmaciones con pretensión de verdad). Por este motivo, a la hora de considerar las diversas formas en las que las reglas pueden tener una validez permanente, es preferible comenzar con las doctrinas prácticas, antes de abordar la problemática cuestión de si las doctrinas concernientes a las creencias pueden también ser consideradas satisfactoriamente como regulativas.

Algunas doctrinas prácticas, como la "ley del amor" en el cristianismo, son consideradas como necesarias incondicionalmente. Forman parte de la gramática o lógica indispensable de la fe. No existe, por ejemplo, circunstancia alguna en la que a los cristianos se les mande no amar a Dios o al prójimo. Otras normas, sin embargo, son esenciales condicionalmente. Hoy en día muchas iglesias interpretan así la prohibición de que los cristianos participen en la guerra. Se aplicaba en los primeros tiempos de la iglesia, puede ser obligatoria para determinados pacifistas con una vocación especial, y quizá pueda volver a convertirse en obligatoria para toda la comunidad en la era nuclear; pero, bajo las circunstancias imperantes durante la mayor parte de la historia cristiana, el pacifismo no ha sido habitualmente considerado algo obligatorio. Tal y como es considerado por muchas iglesias, no se trata de una consecuencia incondicionalmente necesaria de la norma cristiana del amor, aunque pueda ser condicionalmente necesaria.

Mientras que todas las doctrinas incondicionalmente necesarias son permanentes, las de tipo condicional pueden ser tanto permanentes como temporales. Si las condiciones determinantes prevalecen siempre, la norma doctrinal permanece operativa mientras que la religión sobreviva, aunque se trate de una norma condicional. "Dad de comer al pobre", por ejemplo, a pesar de ser condicional, es un mandato permanente si de hecho es verdad que "siempre tendréis a los pobres con vosotros". Muchos de los debates actuales en el campo de la ética sexual pueden ser analizados como discusiones acerca de si las condiciones bajo las cuales se aplican ciertas doctrinas morales tradicionales son permanentes o han sido desbancadas por los desarrollos científicos, tecnológicos, sociales y culturales.

Las doctrinas temporalmente condicionales pueden, a su vez, subdividirse en reversibles e irreversibles. Los planteamientos sobre la guerra que acabamos de mencionar pueden servir como ilustración de las doctrinas de tipo reversible. Si, por otro lado, hay cambios históricos que son irreversibles, entonces las doctrinas producidas por esos cambios son, en sí mismas, irreversibles. La condena de la esclavitud, que a día de hoy tiene un estatus doctrinal al menos informal en todas las principales tradiciones cristianas, podría parecer un ejemplo. Al principio, los cristianos compartieron el consenso de las culturas clásicas de que la esclavitud era una institución inevitable (aunque discrepaban con muchas de ellas al considerarla como algo antinatural, resultado del pecado). Sin embargo, una vez que los desarrollos históricos les mostraron que son posibles sociedades sin esclavitud institucionalizada, concluyeron que la lógica del relato bíblico exige, no sólo un trato humanitario para los esclavos, sino luchar contra la institución misma. Asumiendo que la historia es lo suficientemente acumulativa como para que la conciencia de la posibilidad de sociedades sin esclavos no vaya a desaparecer, la obligación cristiana de oponerse a la esclavitud es irreversible, aunque condicional.

Una última posibilidad es que las doctrinas sean necesarias no incondicional ni condicionalmente, sino simplemente de un modo accidental. En algunos casos, una práctica en concreto podría haber tomado una forma completamente diferente, pero una vez que se ha establecido, es inútil, o incluso imposible, intentar cambiarla. La decisión de conducir por el lado derecho de la carretera en lugar de por el izquierdo puede ser un ejemplo de este tipo de normas accidentales pero que alcanzan una importante permanencia. Si no fuera por el hecho de haberse convertido en un procedimiento estandarizado, incluso ahora esa norma podría ser diferente; y, sin embargo, está tan profundamente interiorizada en nuestras estructuras vitales que, si no se dan presiones generalizadas para que cambie (como las que los británicos tienen que afrontar porque ellos conducen por la izquierda mientras que casi todo el resto del mundo conduce por la derecha), es mejor para el bienestar de la población dejarla como está. El desarrollo de la liturgia postbíblica, como el establecimiento de las celebraciones del domingo y de la Navidad, podría también servir como ejemplo; pero, suscitando mucha más controversia, parece que algunos teólogos protestantes admiten la posibilidad de que incluso el papado pueda tener este tipo de normatividad accidental que puede llegar a ser permanente (aunque, en principio, es una permanencia reversible). Los teólogos católicos, por el contrario, suelen mantener que, aunque la comprensión y la práctica del primado papal puedan cambiar, el hecho de que tenga que existir en la iglesia una función de enseñanza universal que, de algún modo, tiene continuidad institucional en el papado es irreversible[165]. En cualquier caso, el propósito de un esquema clasificatorio como este no es resolver cuestiones materiales acerca de la naturaleza o el lugar de determinadas doctrinas, sino indicar las posibilidades formales y resaltar las opciones de un diálogo y un debate significativos.

Así pues, si tratamos como normas las doctrinas que plantean creencias, también les podemos aplicar el mismo esquema. Pueden ser igualmente vistas como necesarias incondicional o condicionalmente, como permanentes o como provisionales, como reversibles o como irreversibles. Por ejemplo, históricamente los artículos del credo apostólico y de las antiguas confesiones de fe trinitarias y cristológicas de Nicea y Calcedonia han sido tratadas como incondicional y permanentemente esenciales. Una doctrina como la inmortalidad del alma, por el contrario, podría, tal vez, ser clasificada como condicional, temporal y reversible. Se podría aducir que esta creencia es inherente a la integridad de la fe cristiana únicamente cuando los creyentes piensan en términos del dualismo clásico mente-cuerpo, pero no cuando su antropología es hebrea o moderna[166]. Un tercer grupo de creencias, como las marianas, han sido tradicionalmente vistas por los católicos como necesarias condicionalmente (porque no siempre han sido consideradas esenciales, e incluso han sido ampliamente rechazadas), pero, sin embargo, irreversibles. Lo que me parece dudoso es que haya quien piense que existen creencias doctrinales legítimas (a diferencia de las prácticas) que son "accidentalmente" necesarias. Al menos yo no consigo encontrar ejemplos plausibles.

No parece que nadie mantenga ninguna posible objeción a esta noción de doctrinas eventuales y reversibles. Esto no contradice de forma directa el planteamiento católico oficial de que todas las doctrinas eclesiales son permanentes. Una necesidad temporal en un momento dado puede ser una necesidad permanente y

165. George Lindbeck, "Papacy and *ius divinum*: A Lutheran View", en Paul C. Empic et al. (eds.), *Papal Primacy and the Universal Church* (Minneapolis: Augsburg Publishing House, 1974), pp. 193-207.

166. Esta es la orientación que toma H. Engelland en *Evangelisches Kirchenlexikon* Vol. 3 (Göttingen: Vandenhoeck & Ruprecht, 1962), cols. 1579s. J. Splett, por el contrario, aduce que la sustancia de la doctrina de la inmortalidad puede mantenerse incluso aunque se le pueda dar hoy una forma conceptual muy diferente (post-kantiana), al estar fundamentada en la "experiencia básica inmanente de la libertad misma (que) se experimenta a sí misma en la experiencia de pretensión incondicional de verdad y de bien" (*Encyclopedia of Theology*, ed. por Karl Rahner [Nueva York: Seabury Press, 1975], p. 689).

condicional. Como ya hemos sugerido, afirmar la inmortalidad del alma puede ser permanentemente necesario para los cristianos en tanto en cuanto piensen en términos del dualismo clásico alma-cuerpo, pero no cuando su antropología es hebrea o moderna. Independientemente de lo que uno piense sobre este ejemplo concreto, sirve para ilustrar la posibilidad lógica de doctrinas condicionalmente permanentes. Siempre que tal o cual condición impere, será de aplicación tal o cual doctrina. Por tanto, es la condición, no la doctrina, lo que es provisional o "reformable". Mientras que los obispos en el Vaticano I nunca contemplaron la posibilidad de doctrinas "permanentemente condicionales" y, por tanto, tampoco las aceptaron ni las rechazaron, no parecen existir razones por las cuales tales doctrinas no puedan denominarse *irreformabiles* en el pleno sentido de la definición conciliar (DH 3074). Aparentemente, no es necesario que esta definición cree dificultades en este punto a una teoría regulativa.

No obstante, también debemos preguntar si las creencias que acabamos de reseñar pueden clasificarse plausiblemente como hemos hecho aquí. Los artículos del credo apostólico y la doctrina de la inmortalidad son las que menos preguntas plantean. El *Symbolum Apostolicum* es, en efecto, en gran medida, léxico: certifica el carácter indispensable de los elementos centrales en el relato bíblico de Dios como Padre, Hijo y Espíritu Santo y, consiguientemente, ha sido aceptado fácilmente como incondicionalmente necesario. La inmortalidad, en un sentido técnico, es también claramente un préstamo postbíblico tomado de la filosofía griega y, por tanto, un buen candidato para ser condicional.

Sin embargo, los problemas aparecen al referirnos a las doctrinas clásicas trinitarias y cristológicas de Nicea y Calcedonia, por un lado, y a los dogmas marianos, por el otro. Las principales tradiciones han mantenido históricamente que las primeras son doctrinas incondicionalmente permanentes, una reformulación de las enseñanzas esenciales de la Escritura en un nuevo lenguaje, pero también se ha dicho a menudo, sobre todo en la época moderna, que son doctrinas condicionales y, tal vez, reversibles (por no mencionar la postura extrema que llega a decir que ya en el momento de su formulación fueron simplemente ilegítimas, meros errores). El debate sobre los dogmas marianos entre aquellos que aceptan su legitimidad es bastante diferente. Estos dogmas, en su forma de doctrina eclesial, son evidentemente condicionales (porque no han existido durante buena parte de la historia de la iglesia). La cuestión es si la teoría regulativa permite (aunque no exija) que sean comprendidos como irreversibles.

También tenemos que fijar nuestra mirada en las recientes afirmaciones sobre la infalibilidad. Estas pretensiones plantean cuestiones de orden lógicamente diferente que se refieren, no a la naturaleza de las doctrinas eclesiales *in se*, sino al tipo de certeza que legítimamente se les puede atribuir por parte de las comunidades religiosas en cuyo seno son enunciadas. Sin embargo, esa dimensión epistemológica debe ser también tenida en consideración a la hora de examinar la neutralidad confesional y potencial utilidad ecuménica de interpretar las doctrinas como reglas. Así pues, el próximo capítulo pondrá a prueba esta teoría a través de breves discusiones sobre la significatividad de considerar que las afirmaciones cristológicas y trinitarias clásicas son incondicionales, que los dogmas marianos son irreversibles y que los pronunciamientos (magisteriales) *de fide* son infalibles.

Capítulo 5

PONIENDO A PRUEBA LA TEORÍA: CRISTOLOGÍA, MARIOLOGÍA E INFALIBILIDAD

El objetivo de este capítulo es poner a prueba la utilidad teológica y ecuménica de una teoría regulativa de la doctrina (y, por extensión, de la comprensión cultural-lingüística de la religión asociada a ella) comprobando si es operativa para los casos más difíciles: respecto de la incondicionalidad de las afirmaciones cristológicas (y trinitarias) clásicas, la irreversibilidad del desarrollo de los dogmas marianos y la infalibilidad de la enseñanza magisterial. Estos van a ser los temas que aborden las primeras tres secciones de este capítulo. ¿Puede nuestra teoría dar algún sentido a estas doctrinas y, sin embargo, no decidir el asunto sustantivo de si deberían ser aceptadas? ¿Puede dar algún significado no vacío a la incondicionalidad, la irreversibilidad y la infalibilidad mientras deja abierta la cuestión de si estos predicados han sido asignados correctamente? Si puede, la teoría resultará satisfactoria: proveerá un marco no reductivo para el diálogo entre los que discrepan genuinamente.

En este capítulo, el debate, como en la última sección del capítulo 3, se mantendrá básicamente entre las perspectivas regulativas sobre la doctrina y las proposicionalistas. Las interpretaciones puramente expresivo-simbólicas pueden ser desatendidas porque (como ya hemos señalado y lo volveremos a hacer) convierten las afirmaciones doctrinales históricas sobre la incondicionalidad, irreversibilidad e infalibilidad en expresiones sin significado, lo que no deja nada sobre lo que discutir. Como consecuencia, en la cuarta sección, que concluye el capítulo, compararé brevemente los enfoques regulativos y los proposicionalistas, para concluir que los primeros tienen sus ventajas, no solo porque pueden ofrecer una presentación de la permanencia de la doctrina a través de los cambios históricos más plausible que los enfoques alternativos, sino también por el argumento tradicional, aunque de apariencia moderna, según el cual esta perspectiva hace que las doctrinas eclesiales sean normativas de un modo mucho más efectivo, al relacionarlas mucho más estrechamente con la praxis. Este argumento no es estrictamente necesario para la tesis principal de este libro (que consiste simplemente en plantear la utilidad, no la superioridad, de una teoría regulativa de la doctrina y del planteamiento cultural-lingüístico de la religión asociado a ella), pero sí parece ser una conclusión derivada del conjunto de su argumentación.

I. NICEA Y CALCEDONIA

Para poder defender satisfactoriamente la incondicionalidad y la permanencia de los antiguos credos trinitarios y cristológicos, es necesario realizar una distinción entre las doctrinas, por un lado, y la terminología y la conceptualización en la que están formuladas, por el otro. Como ya hemos indicado en el capítulo anterior, este es un asunto reconocido por los proposicionalistas y no depende de si se adopta una perspectiva regulativa o simbólico-expresiva respecto de la doctrina. Algunos de los conceptos centrales empleados en estos credos, como "sustancia" (*ousía*), "persona" (*hypostasis*) y "en dos naturalezas" (*en dyo physeis*) son innovaciones postbíblicas. Si estas nociones en particular son esenciales, entonces las doctrinas de estos credos son claramente condicionales, dependientes del entorno tardo-helenístico. Más aún, su irreversibilidad parecería, entonces, depender de la irreversibilidad de las circunstancias condicionantes, es decir, de la filosofía griega. Esto, de alguna manera, es el modo en el cual las diversas posturas debatieron, comenzando en el siglo IV, pero incluso más en los tiempos modernos[167]. El argumento –repetimos– es convincente a menos que se pueda distinguir entre doctrina y formulación, entre contenido y forma.

Independientemente de lo que pueda ser verdad en otras religiones, esa distinción parece imprescindible en el caso del cristianismo. Desde su mismo inicio, esta religión ha apostado por la posibilidad de expresar la misma fe, la misma enseñanza y la misma doctrina de formas diversas. Esto se puede ver en la gran multiplicidad de títulos cristológicos recogidos en el Nuevo Testamento. No hay palabras concretas o nociones interpretativas específicas que sean las únicas sacrosantas. La creencia fundamental acerca de la importancia central de Jesús fue expresada tanto en términos de *christos* como de *kyrios*, de mesianismo y de señorío, según se dirigiera a una audiencia de lengua hebrea o griega. Debido a

---

167. El ataque a la doctrina de los antiguos credos más reciente y ampliamente discutido se puede encontrar en John Hick (ed.), *The Myth of God Incarnate* (Philadelphia: Westminster Press, 1977). Para un análisis crítico, véase George Lindbeck, *Journal of Religion* 60/2 (1980), pp. 149-151.

que sus escrituras sagradas fueron escritas a lo largo de muchos siglos por una gran variedad de autores, los cristianos sienten la inusual presión a no ser literalistas (en el sentido de diferenciar de algún modo entre forma y contenido) para mantener la unidad del canon.

A menos que se adopte una interpretación proposicionalista o bien regulativa, es difícil mantener esta diferenciación preservando, al mismo tiempo, la singularidad de una doctrina (o religión) determinada. Desde un punto de vista simbólico, donde las doctrinas se identifican con las imágenes en las que están expresadas, distinguir entre forma y contenido no es una distinción interior a las doctrinas, sino entre las doctrinas y la experiencia. Cuando la forma de un simbolismo no discursivo, ya sea en arte o en religión, se altera, lo mismo le ocurre a la experiencia que comunica o expresa. Así pues, no es una sorpresa que muchos de los que hoy en día atacan con más virulencia las doctrinas clásicas de la encarnación, de hecho la están identificando con la imagen (o, como se suele decir, "el mito") de Dios descendiendo y asumiendo la carne. A veces se oponen a las actitudes jerárquicas y autoritarias que, en su opinión, este mito evoca y refuerza. A esta objeción se puede responder diciendo que el contexto también ayuda a determinar la importancia evocativa de un símbolo. El mito de la encarnación puede funcionar en algunas configuraciones culturales o psicológicas fortaleciendo la autoestima de los oprimidos y marginados, en lugar de legitimar la condescendencia de los poderosos, como sucede en otros contextos[168]. Sin embargo, el problema original permanece: es verdad que la forma, tomada conjuntamente con el contexto, es inseparable del contenido (es decir, la experiencia) en el caso de los símbolos no discursivos, resultando que cuando la forma o el contexto cambia, eso mismo le ocurre al contenido o la sustancia del símbolo (o de la doctrina, en la medida en que se construye como un símbolo). Así, usando otro ejemplo, los que defienden que llamar a Dios "él" o "ella" cambia la sustancia misma de la doctrina, están en lo cierto desde el punto de vista de algunas perspectivas experiencial-expresivistas.

Frente a esto, es evidente que tanto las proposiciones de primer orden como las de segundo orden (como las reglas) se pueden separar de las formas en las que están articuladas. Una misma proposición puede ser expresada en una gran variedad de oraciones utilizando una gran variedad de conceptualizaciones. El hecho de que tal persona tenga ictericia puede expresarse en el lenguaje de las teorías médicas de Galeno (una descompensación de humores) o en el de la ciencia moderna (una infección vírica). El hecho de que el sol alcance el observatorio de Greenwich a las 6 a. m. en el equinoccio de primavera o en el de otoño se puede enunciar diciendo que el sol se eleva o que la tierra gira. Igualmente, la misma

---

168. Como muchos otros autores contemporáneos, Don Cupitt desatiende esta polivalencia de los símbolos y subraya únicamente la importancia psicosocial negativa de la doctrina de la encarnación. (Véase John Hick (ed.), *The Myth of God Incarnate*, o. c., pp. 133-147).

estructura u operación gramatical puede ser descrita y volverse a describir de nuevo de diferentes maneras sin alterar su valor regulativo. Una conceptualización puede ser más satisfactoria que otra desde un punto de vista científico, pero el cambio en la conceptualización no exige cambiar la verdad o la regla que está siendo enunciada.

Sin embargo, mientras que el mismo contenido se puede expresar en diferentes formulaciones, no hay forma de establecer de un modo totalmente independiente cuál es ese contenido. Por ejemplo, "12" en base cuatro es igual a "6" en base diez, pero no hay ningún mecanismo para especificar el número común independientemente de la notación matemática. Podemos llegar a comprender ese contenido idéntico como algo distinto de la forma únicamente observando que las diversas formulaciones son equivalentes y, normalmente en un segundo paso, estableciendo las reglas de equivalencia. De modo parecido, la única forma de mostrar que las doctrinas de Nicea y de Calcedonia se pueden diferenciar de los conceptos en los que están formuladas es enunciar esas doctrinas en términos diferentes que, pese a todo, tienen consecuencias equivalentes.

Esto es más fácil de hacer si consideramos que las doctrinas expresan directrices de segundo orden para el discurso cristiano, en lugar de tomarlas como afirmaciones de primer orden sobre el ser íntimo de Dios o de Jesucristo. Que pueden ser entendidas como proposiciones de segundo orden (es decir, reglas) es una idea antigua[169]. En sus amplios estudios del desarrollo de los dogmas trinitarios y cristológicos[170], Lonergan, al contrario que otros, plantea persuasivamente que son el resultado de la reflexión sistemática sobre una multiplicidad confusa de símbolos, títulos y predicados pre-sistemáticos aplicados a Dios y Jesucristo. Como resultado de este análisis "lógico" (también podríamos llamarlo "gramatical") de los datos de la Escritura y la tradición, Atanasio expresó el significado de, por ejemplo, la consustancialidad en términos de la regla que dice que lo que se diga del Padre se dice también del Hijo, excepto que el Hijo no es el Padre (*eadem de Filio quae de Patre dicuntur excepto Patris Nomine*)[171]. De este modo, el teólogo que tiene más responsabilidad en el triunfo final de Nicea consideraba esta doctrina, no como una proposición de primer orden con referencialidad

---

169. Esta idea está reflejada indirectamente en el término *regula fidei* y se hace explícita en la máxima de Atanasio citada más abajo. Para el desarrollo desde el Nuevo Testamento por medio de la regla de fe hasta el antiguo símbolo romano y los credos posteriores véase J. N. D. Kelly, *Primitivos credos cristianos* (Salamanca: Secretariado Trinitario, 1980 [original de 1972]).

170. Bernard Lonergan, *De Deo Trino* (Roma: Pontificia Universitas Gregoriana, 1964). Parte de este trabajo ha sido publicado en una traducción al inglés: *The Way to Nicea*, (Philadelphia: Westminster Press, 1976). Véase también "The Dehellenization of Dogma", en el libro de Lonergan *A Second Collection* (Londres: Darton, Longman & Todd, 1974; Philadelphia: Westminster Press, 1975); y véase también su *Método en teología*, o. c., pp. 298ss.

171. Bernard Lonergan, *Método en teología*, o. c., p. 298.

ontológica, sino como una regla del discurso de segundo orden. Para él, aceptar la doctrina significaba aceptar hablar de un modo determinado. Él y otros padres de la Antigüedad no niegan las interpretaciones de primer orden, pero, según Lonergan, al principio estas interpretaciones se hicieron sólo "incoativamente"[172]. Sólo después, en la escolástica medieval, fue establecido el valor metafísico pleno de la doctrina[173] (pero si esto fue un desarrollo deseable, como Lonergan asume, o no es una cuestión discutible, como veremos después).

Examinar las pruebas históricas que apoyan una interpretación regulativa de los orígenes de los credos antiguos en lugar de una proposicionalista está fuera del alcance de este ensayo, pero es fácil (ciertamente banal) mostrar cómo podría ser tal interpretación. Al menos estaban operando de forma clara tres principios regulativos[174]. El primero es el principio monoteísta: sólo hay un Dios, el Dios de Abraham, Isaac, Jacob y Jesús. El segundo es el principio de la especificidad histórica: los relatos de Jesús se refieren a un ser humano genuino que nació, vivió y murió en un tiempo y lugar concretos. El tercero es el principio de lo que, con una denominación poco feliz, puede llamarse maximalismo cristológico: se puede atribuir a Jesús cualquier asunto de envergadura siempre que no esté en contradicción con las dos primeras reglas. Como se puede apreciar, esta última regla se desprende de la creencia central cristiana en que Jesucristo es la clave suprema (aunque, a menudo, débil y ambigua para los ojos creaturales y pecadores) para acceder a Dios, es decir, a lo importante en grado sumo, dentro del mundo espacio-temporal en el que acontece la experiencia humana.

Sólo la primera de estas reglas fue formulada en la iglesia primitiva en términos mínimamente comparables a los que he usado, pero las tres operaban claramente ya en el período neotestamentario. No sería difícil analizar cuatro siglos de desarrollo trinitario y cristológico como el resultado de la presión lógica conjunta de estos tres principios empujando a los cristianos a usar los materiales conceptuales y simbólicos a su alcance para relacionar a Jesús con Dios de unas formas determinadas y no de otras. El docetismo, el gnosticismo, el adopcionismo, el sabelianismo, el arrianismo, el nestorianismo y el monofisismo fueron rechazados porque la comunidad cristiana, en su vida y su culto concretos, sentía

---

172. Ibid., p. 299.

173. Ibid., p. 300. Cf. para este apartado la discusión completa en "Dehellenization", o. c., pp. 23ss.

174. En lo que sigue utilizo "principio" y "regla" como términos intercambiables, porque las tres reglas doctrinales de las cuales hablamos aquí funcionan en gran medida como, por ejemplo, el principio de causalidad. Tal y como suele usarse este último, consiste en hacer una afirmación pretendidamente verdadera ("todas las cosas tienen una causa"), pero se trata de una aseveración que funciona como orden y directriz más que como una proposición que puede ser comprobada del modo que sea. Cf. John H. Whittaker, *Matters of Faith and Matters of Principle: Religious Truth Claims and Their Logic* (San Antonio: Trinity University Press, 1981).

que violaban los límites de lo que era aceptable en cuanto definido por la interacción de estos tres criterios. Con la posible excepción del arrianismo[175], parece evidente que lo que acabó convirtiéndose en la ortodoxia católica fue lo que se ajustaba a la presión combinada de esas tres reglas de la forma cognitivamente menos disonante en comparación con las herejías rechazadas. Así pues, se puede afirmar que las formulaciones nicenas y calcedonianas están entre los pocos, son quizá los únicos, resultados del proceso de ajuste del discurso cristiano al mundo de la antigüedad clásica tardía, ajuste realizado conforme a los principios regulativos que ya estaban operando en los estratos más tempranos de la tradición. Estos credos pueden ser comprendidos, por cristianos y no cristianos de un modo similar, como reglas doctrinales establecidas paradigmáticamente que han sido perdurablemente importantes desde el principio a la hora de configurar la identidad cristiana mayoritaria[176].

175. El arrianismo es difícil de valorar, porque se están acumulando evidencias de que la razón por la que algunos arrianos rechazaban el *homoousion* podía ser, no que tuvieran una visión más helenista de la trascendencia y la unicidad divinas que sus contrarios, sino que hacían especial hincapié en la plenitud con la que el Hijo divino participa de la condición humana (véase Marcel Richard [ed. y tr.], *Thirty-One Homilies of Asterius* [1956]. Estoy en deuda en esta referencia a un trabajo no publicado de Maurice Wiles titulado "Early Arianism Revisited"). Si esto es cierto, se podría alegar contra la interpretación tradicional que la preocupación arriana era más de soteriología bíblica que de metafísica ajena al mensaje de la Escritura. Esto sugiere la hipótesis de que tanto el arrianismo como sus oponentes compartían una noción bíblicamente inaceptable de la trascendencia e impasibilidad divinas que hacía imposible mantener al mismo tiempo el *homoousion* y lo que Lutero llamaría más tarde una *theologia crucis*. Sólo cuando estas asunciones antibíblicas relativas a la unicidad y la trascendencia divinas son superadas es posible combinar las preocupaciones de Atanasio y las (supuestamente) arrianas. Es todavía demasiado pronto para saber si alguna de tales revisiones de la interpretación tradicional del arrianismo se acabará demostrando. J. Pelikan, en *The Christian Tradition,* Vol. 1 (Chicago: University of Chicago Press, 1971), por ejemplo, sigue presentando el planteamiento antiguo.

176. La causa no es que los cristianos de los primeros siglos razonaran en términos de esos tres principios más conscientemente de lo consciente que son los hablantes de un idioma natural de seguir reglas gramaticales. Sin embargo, en ambos casos el acierto de los intentos de formular las reglas se puede medir comprobando si de hecho describen o "predicen" los usos, especialmente los que suponen alguna novedad, que se muestran aceptables o inaceptables en una comunidad concreta. Los principios que he sugerido, por tanto, tienen el estatus de hipótesis que se puede examinar históricamente. Se necesita preguntar, por ejemplo, si en aquel contexto hubo algún modo posible de establecer que Jesucristo es un único ser que es verdadero Dios y verdadero hombre de forma diferente a algo como el calcedonense "una persona en dos naturalezas". Bien podría suceder, como aduce Maurice Wiles (*Working Papers in Doctrine* [Londres: SCM Press, 1976], pp. 38-49, esp. p. 47) que esta formulación fuera necesaria por el fuerte énfasis griego en la total impasibilidad de Dios. Sin embargo, como este acento era algo supuesto por cualquier persona y no algo que pudiera ser objeto de discusión o elección, desde nuestra perspectiva (al contrario de lo que ocurre con la que adopta Wiles) se puede considerar un factor condicionante en la aplicación de las reglas, más que un cuarto principio que hubiese sido en sí mismo establecido. Indudablemente, son necesarios estudios más detallados sobre estos asuntos. Como todavía no los

Los paradigmas, como recordaremos, no son algo que se reproduce miméticamente, sino algo para ser continuado al elaborar nuevas formulaciones. La terminología y los conceptos de "una sustancia y tres personas" o "dos naturalezas" pueden no estar presentes, pero si las mismas reglas que guiaron la formulación de los paradigmas originales siguen estando operativas en la construcción de las nuevas formulaciones, entonces siguen expresando la misma y única doctrina. En este sentido, puede darse una completa fidelidad a las doctrinas trinitarias y cristológicas clásicas incluso cuando la imaginería y el lenguaje de Nicea y Calcedonia han desaparecido de la teología y el culto, la predicación y la devoción ordinarios.

Sin embargo, esto no significa que necesariamente haya que reescribir los credos para adecuarlos a las nuevas situaciones. En primer lugar, los paradigmas doctrinales aceptados por la iglesia como un todo son logros raros y difíciles. Más aún, particularmente el Credo Niceno ha adquirido unas funciones litúrgicas y expresivas que, en cierto sentido, para una amplia proporción de la cristiandad son más importantes que su uso doctrinal. El acto de recitarlo es, para millones de cristianos, un poderoso símbolo de la unidad de la iglesia en el espacio y el tiempo. Últimamente, aunque sólo en raras ocasiones, las conceptualizaciones arcaicas e incluso ininteligibles pueden, en cierto modo, adaptarse mejor para el establecimiento de reglas generales que el lenguaje vivo con un significado contemporáneo. Los conceptos poco familiares pueden ser más fácilmente tratados como reemplazables. Funcionan como "x's" en blanco o variables abiertas para ser rellenadas con el contenido simbólico o intelectual que sea más efectivo

---

hay, simplemente dejo constancia de mi impresión de que los datos históricos disponibles pueden interpretarse plausiblemente en términos de los tres principios que acabo de indicar. En cualquier caso, aunque surjan dudas sobre el número y las características de estos principios tal como los he descrito, parece claro que para conceptualizar las continuidades en medio de discontinuidades que caracterizaron el pensamiento del cristianismo primitivo es necesaria la noción de algo parecido a principios o condicionamientos gramaticales. Palabras como "objetivo" y "propósito", que autores como Wiles usan para referirse a las continuidades (Maurice Wiles, *Del Evangelio al dogma. Evolución doctrinal de la Iglesia antigua* [Madrid: Cristiandad, 1974], pp. 146-147), tienen el inconveniente de estar concebidos desde el lenguaje de la intencionalidad consciente, con el resultado de que el factor que permanece consiste simplemente en la continuación de "la tarea de interpretación de la Escritura, de la liturgia y de la experiencia salvífica de la Iglesia" (ibid., p. 153). Esta formulación puede ofrecer una interpretación aceptable, pero tal y como está planteada, es demasiado vaga como para sugerir alguna hipótesis históricamente comprobable y, cuando se combina con términos como "propósito" y "objetivo", tiene el defecto de sugerir algún tipo de finalidad colectiva. Es precisa una terminología más impersonal. En el contexto de la historia secular, aunque no de la teología, sería un error hablar como si hubiese una voluntad colectiva que dirigiese el pensamiento cristiano en una dirección doctrinal determinada a lo largo de un dilatado periodo de tiempo. Empíricamente es más razonable preguntar si esta dirección se puede explicar por medio de determinadas características lógicas del lenguaje religioso representadas en la Escritura y el culto. Se podría decir que lo que guió este desarrollo fue la superación de las disonancias cognitivas y no tanto un proyecto colectivo concreto.

en unas condiciones concretas. Por el contrario, sería menos probable que una versión actualizada del credo invitara a los creyentes al culto, la proclamación y la confesión de la fe en sus lenguas naturales en lugar de en su propio lenguaje.

En todo caso, aunque las antiguas formulaciones pueden tener un valor permanente, no tienen autoridad doctrinal sobre la base de una teoría regulativa. Esa autoridad pertenece, más bien, a las reglas que esas formulaciones representan. Como ya hemos indicado, si esas reglas son principios regulativos como el monoteísmo, la especificidad histórica y el maximalismo cristológico, entonces es cuando menos plausible afirmar que Nicea y Calcedonia representan formulaciones históricamente condicionadas de las doctrinas que son incondicional y permanentemente necesarias para la corriente principal de la identidad cristiana. En pocas palabras, la teoría regulativa permite (aunque no exige) dar a estos credos el estatus que las tradiciones cristianas principales les han atribuido, pero entendiendo que se trata de paradigmas permanentemente autoritativos, no fórmulas que deban ser repetidas miméticamente.

II. DOGMAS MARIANOS

Las creencias marianas como la Inmaculada Concepción y la Asunción representan otro tipo de problema. Dos de los modos en los que se diferencian de las doctrinas que hemos analizado hasta ahora son particularmente importantes para el propósito de este ensayo. En primer lugar, como Lonergan, entre otros, señala[177], son en mucha mayor medida el producto de desarrollos del culto y la sensibilidad y en mucha menor medida el resultado de reflexiones sistemáticas, y no tanto afirmaciones trinitarias y cristológicas supuestamente incondicionales ni doctrinas aparentemente condicionales como la inmortalidad del alma. Sin embargo, en segundo lugar, los que las defienden generalmente las consideran irreversibles. Desde su punto de vista, representan nuevos descubrimientos o ideas perdurablemente válidas de lo que hasta ese momento estaba sólo implícito en la fe cristiana. Lo que ahora nos preguntamos es cómo una teoría regulativa podría explicar la posibilidad de tal irreversibilidad en los desarrollos postbíblicos de este tipo concreto.

La cuestión, como recordaremos, no es material, sino formal. Nos preguntamos si un enfoque regulativo abre opciones teológicas y si, por tanto, es capaz de abarcar la irreversibilidad tanto como la reversibilidad (por no mencionar el típico planteamiento protestante, que la teoría regulativa también permite, según el cual estas doctrinas son simplemente ilegítimas).

---

177. Bernard Lonergan, *Método en teología*, o. c., p. 310.

Tanto la irreversibilidad como la reversibilidad se pueden debatir más fácilmente en referencia a la Inmaculada Concepción, aunque un esquema argumentativo similar se podría desarrollar también para la Asunción[178]. Se podría señalar, a favor de la posibilidad de la irreversibilidad, que cualquier idioma tiene restricciones ocultas acerca de lo que se puede y lo que no se puede decir dentro de esa lengua. A veces se hacen nuevos descubrimientos sobre cuáles son esas restricciones (como, por ejemplo, el teorema de Gödel). En religión, no menos que en matemáticas o en lenguajes naturales, el análisis de estos límites es una tarea inacabable. Sólo se descubre cuáles son intentando decir cosas nuevas, ya sea teniendo éxito o fallando. Esto es lo que ocurrió en los variados, y a veces aberrantes, desarrollos de la piedad mariana. Sólo fue posible identificar los principios gramaticales y lógicos que restringen o que abren nuevas posibilidades después de desarrollarse un nuevo consenso sobre María. Únicamente entonces se pudo plantear la cuestión correcta del modo adecuado, y esto acabó desvelando la estructura subyacente. Sólo después de un largo y lento desarrollo de la devoción mariana, combinado con la doctrina agustiniana del pecado original y una aguda conciencia del respeto de Dios por la libertad de sus criaturas, la cuestión de la Inmaculada Concepción pudo plantearse o responderse adecuadamente. Y fue respondida positivamente porque las sensibilidades cristianas se rebelaron contra la atribución de pecado a María, incluso desde el primer momento de su vida. Su aversión a esta idea se justificó porque en el nivel de la vida de piedad, aunque no fuera demostrable a partir de la especulación teológica, esa atribución es incompatible con la libertad de María para convertirse en *Theotokos* y, más importante aún, con la humildad de Dios y su condescendencia para esperar el "sí" de sus criaturas (que, ciertamente, él mismo ha capacitado gratuitamente). Así, los cristianos descubrieron que la gramática de su fe les empujaba a hablar de la Madre de nuestro Señor como sin pecado de un modo que estaba incoado desde las primeras generaciones.

Es evidente, sin embargo, que esta misma doctrina puede también ser interpretada como reversible. Se puede decir, por ejemplo, que sólo en el contexto de una teología occidental y un sentido del pecado cuestionables[179] ha sido necesario excluir de la Madre de nuestro Señor toda mancha de nacimiento, con el objetivo de mantener su libertad dada-por-Dios y dependiente-de-Dios a la

---

178. Karl Rahner, "La Inmaculada Concepción", en su obra *Escritos de teología*, Vol. 1 (Madrid: Taurus, 1961), pp. 223-237; "Sobre el sentido del dogma de la Asunción", ibid., pp. 239-252. La libertad con la que Rahner especula en estos ensayos sobre el posible sentido doctrinal de los dogmas marianos es, no tanto la fuente, cuanto la inspiración de los párrafos siguientes.

179. Para el cuestionamiento de la enseñanza occidental (agustiniana) sobre el pecado, véase Piet Schoonenberg, *Man and Sin: a Theological View* (Notre Dame: University of Notre Dame Press, 1972); George Vandervelde, *Original Sin: Two Major Trends in Contemporary Roman Catholic Reinterpretation* (Ámsterdam: Rodopi, 1975).

hora de decir su "sí" al abrumador anuncio del ángel. Esto no es una negación de la doctrina. Como en el caso de nuestro anterior ejemplo más simple sobre la inmortalidad del alma, podríamos contemplar la Inmaculada Concepción como una aplicación válida de reglas permanentemente esenciales. La diferencia es que aquí, como ya hemos señalado, es mucho más difícil especificar cuáles pueden ser esas reglas subyacentes. Nos podría bastar con decir que estas normas tienen que ver con los aspectos no codificables de la interacción entre la libertad divina y la humana. Más aún, aunque la afirmación positiva de la Inmaculada Concepción fuese provisional o reversible, todavía se podría sostener que es irreformablemente incorrecto aseverar lo contrario: que María nació con pecado original. Pero esto, ciertamente, no tendría sentido, porque lo que se ha vuelto problemático es la noción tradicional occidental de pecado original. Por tanto, la razón por la que esta doctrina, a diferencia de las trinitarias y cristológicas, puede fácilmente comprenderse como reversible es que algunas de las reglas implicadas en su emergencia (es decir, aquellas conectadas con una teología del pecado concreta) parecen ser en sí mismas provisionales.

Si este análisis es correcto, una teoría regulativa puede reunir, al menos, las exigencias dogmáticas más evidentes de las principales formas del cristianismo histórico, incluyendo las especialmente rotundas del catolicismo. Esto nos permite mantener que las doctrinas, no importa si son condicional o incondicionalmente esenciales para la comunidad de fe, son "irreformables" y que, incluso aquellas más condicionales, pueden, en algunos casos, ser irreversibles. Más aún, esto no plantea cuestiones materiales referentes al estatus de las doctrinas concretas y, por tanto, deja espacio tanto para desarrollos como para retrocesos doctrinales*, y tanto para la facilidad católica para la multiplicación de los dogmas como para el deseo de la Reforma de podar las excrecencias. Sin embargo, aún no hemos comprobado si el ámbito de alcance de la teoría puede también favorecer la significatividad de las pretensiones de infalibilidad del magisterio. Es, pues, el momento de abordar esta cuestión.

III. INFALIBILIDAD

La infalibilidad es, desde un punto de vista lógico, diferente respecto de los asuntos doctrinales que hemos discutido hasta el momento, porque tiene más que ver con la naturaleza de la iglesia que con la de la doctrina. No son las doctrinas, sino las decisiones doctrinales de una comunidad o de la minoría docente dentro de esa comunidad lo que se proclama como infalible. Las doctrinas, por el contrario,

---

* N. de los T.: en el original Lindbeck hace un juego de palabras con desarrollo (development) y deshacer ese desarrollo ("de-development"), que resulta imposible mantener en castellano.

no son infalibles, sino "irreformables" (aunque no en el sentido de que las formulaciones no pueden ser modificadas, sino en el sentido de que eran correctas en sus contextos originales y así se mantienen indefinidamente, siempre y cuando los contextos sean suficientemente parecidos en los aspectos más relevantes)[180].

Una decisión infalible es aquella inmune, no a cualquier defecto concebible (porque esto sólo es cierto de Dios), sino a un tipo concreto de defecto. La infalibilidad, según un defensor contemporáneo de esta doctrina como Karl Rahner, es inmunidad frente al error más serio que puede haber, un error que separa a la iglesia definitivamente de Jesucristo[181]. De este modo, en términos de nuestro análisis previo, una iglesia o un magisterio infalible sería aquel que no comete errores definitivos (es decir, dogmáticos) sobre qué creencias y prácticas son vitalmente necesarias –o peligrosas- para la identidad o el bienestar de la comunidad. Esto no excluye la posibilidad de que, en ocasiones, pueda haber que tomar una decisión entre dos alternativas que sean malas, pero una de ellas será peor que la otra[182]. Su infalibilidad se pondría entonces en práctica a través de la elección del mal menor.

Describir esta concepción de la infalibilidad en términos de la teoría regulativa no conlleva una especial dificultad. Las definiciones doctrinales se conciben como algo comparable a decisiones gramaticales sobre la corrección o incorrección de usos del lenguaje concretos. No necesitan suponer grandes generalizaciones sobre la estructura del lenguaje de una religión, y menos aún sobre realidades ontológicas. Afirmar la infalibilidad es, simplemente, afirmar que la iglesia y/o su magisterio no transgrede fatalmente la gramática de la fe en sus decisiones solemnes sobre temas particulares que son esenciales para la identidad o el bienestar de la iglesia.

Una ventaja de subrayar el parecido de las decisiones doctrinales con las gramaticales es que esto hace posible dar a la doctrina de la infalibilidad un significado parcialmente empírico. Como veremos, esto propone explicaciones sobre

---

180. Discusiones sobre la infalibilidad que contienen referencias a la literatura sobre el tema se pueden encontrar en George Lindbeck, *Infallibility* (Miwaukee: Marquette University Press, 1972); también en J. J. Sirvan (ed.), *The Infallibility Debate* (Nueva York: Paulist Press, 1971), pp. 107-152; "The Reformation an the Infallibility Debate", en P. y C. Empie y A. Murphy (eds.) *Teaching Authority and Infallibility in the Church* (Minneapolis: Augsburg Publishing House, 1980), pp. 101-119. La totalidad del último volumen citado es relevante. Para un estudio católico del problema que llega a conclusiones a menudo paralelas a las mías, aunque por un camino más "lonerganiano", véase Peter Chirico, *Infallibility: The Crossroads of Doctrine* (Kansas City: Sheed, Andrews & McMeel, 1977).

181. Karl Rahner, *Escritos de teología*, Vol. 6 (Madrid: Taurus, 1969, pp. 351-352).

182. A veces los protestantes defienden la doble predestinación de los reformadores sobre esta base, y los católicos usan la misma argumentación respecto de la definición de la infalibilidad papal en el Vaticano I.

cómo el Espíritu Santo opera para preservar a la iglesia del error. Las versiones regulativas de la doctrina no pueden ser fácilmente acusadas de vacuidad, como sí les sucede a las proposicionalistas. Más aún, los cristianos no católicos no necesitan disentir completamente de la infalibilidad cuando es entendida de esta manera (aunque la atribución del Vaticano I a las decisiones papales de una infalibilidad que no se deriva de la del consentimiento de la iglesia [*non ex consensu ecclesiae*] sí puede ser irreconciliable con lo que ellos podrían aceptar).

Al analizar más detenidamente el significado empírico que se le puede dar a la infalibilidad desde esta perspectiva, nos preguntaremos a quién o a qué se puede apelar como la instancia más próxima a la infalibilidad en asuntos gramaticales y, por transferencia, doctrinales. La respuesta más obvia es lo que la tradición teológica llama *consensus fidelium* o *consensus ecclesiae*.

Del mismo modo que un lingüista contemporáneo examina las formulaciones gramaticales técnicas comprobando si sus consecuencias en el lenguaje ordinario son aceptables o inaceptables para hablantes competentes de la lengua que está estudiando, así también el estudioso de una religión somete las consecuencias de las formulaciones doctrinales al juicio de los practicantes competentes de esa religión: "¿Son ofensivas para oídos piadosos?", por citar un adagio familiar.

Sin embargo, existe una especial dificultad a la hora de aplicar este procedimiento a religiones con manifestaciones muy variadas, como el cristianismo. ¿Quiénes son los practicantes competentes? ¿Quiénes tienen oídos piadosos? ¿Son los arrianos o los atanasianos, los católicos o los protestantes, las masas de creyentes convencionales o una élite de santos o teólogos? Es fácil identificar la competencia en las lenguas naturales. La poseen los hablantes nativos y unos pocos no nativos que pueden comunicarse de modo efectivo en una lengua dada. Los límites de una lengua están marcados por el punto en el que las variaciones dialectales se vuelven tan diferentes que resulta imposible la comunicación si no es aprendiendo el idioma como un discurso extranjero. Entre los cristianos, sin embargo, existen muchos grupos que parecen hablar dialectos mutuamente ininteligibles. Esto es cierto, no sólo respecto de sectas marginales como los Mormones, los Testigos de Jehová o la Ciencia Cristiana, sino también de los grupos principales como arrianos y atanasianos, latinos y griegos, católicos y protestantes. De esos grupos que reclaman representar el auténtico idioma cristiano, ¿a cuál debemos hacer caso?

Un investigador no teólogo que intentara responder a esta cuestión probablemente utilizaría a su propio modo pruebas que son también familiares para los teólogos. Querría preparar una muestra tan representativa y de un consenso tan amplio como fuera posible, y acudiría, por lo tanto, a la tradición, a los pronunciamientos magisteriales (en cuanto reflejos de la tradición y del consenso) y a los escritos canónicos como instancias generalizadamente aceptadas del discurso genuinamente cristiano (o islámico, o budista, o judío). Estos criterios harían posible delimitar la corriente dominante de esa religión en cuestión desde donde elaborar una muestra de practicantes competentes.

Sin embargo, es necesaria una prueba adicional. La pertenencia a una corriente dominante no garantiza la competencia. No importa lo que pueda ser verdad en las otras religiones, especialmente en las primitivas, que son culturalmente homogéneas, la mayoría de los cristianos a lo largo de la mayor parte de la historia cristiana han hablado su propia lengua oficial de un modo muy pobre. No se ha convertido en una lengua materna, el medio primario en el que se piensa, se siente, se actúa y se sueña. Así, careciendo de competencia, desde una perspectiva cultural-lingüística no han podido ser parte de ese *consensus fidelium* contra el que las propuestas doctrinales se ponen a prueba.

Esta necesidad de competencia es el equivalente empírico a la insistencia en el Espíritu como una de las pruebas de la doctrina. En categorías cultural-lingüísticas el papel del Espíritu Santo se puede destacar más fácilmente que en categorías cognitivistas, y está menos sujeto al entusiasmo o *Schwärmerei* que en un enfoque experiencial-expresivista. Estas categorías señalan cómo plantear tests al menos parcialmente objetivos para identificar la sintonía con el Espíritu. Recapitulando, los lingüísticamente competentes se encontrarán en la corriente principal, más que en estanques aislados o en sectas cerradas sobre sí mismas no interesadas en comunicarse abiertamente. Con otras palabras, son lo que en los primeros siglos se quería decir con términos como "católico" u "ortodoxo", y lo que hoy en día generalmente llamamos "ecuménico". Más aún, la competencia que poseen debe ser en alguna medida empíricamente reconocible. Como el caso de hablantes nativos de lenguas naturales, no están atados a fórmulas fijas, sino que son capaces de comprender, hablar y diferenciar entre las infinitas variedades que, para abordar situaciones sin precedentes, pueden adoptar las formas innovadoras de usar tanto el antiguo vocabulario como el nuevo. Aunque puede que no tengan una capacitación teológica formal, es probable que estén empapados del lenguaje de la Escritura y/o la liturgia. Quizá podríamos llamarlos flexiblemente devotos: tienen tan interiorizada la gramática de su religión que son jueces fiables, no de las formulaciones doctrinales directamente (porque pueden ser demasiado técnicas para que las puedan comprender), sino de si las consecuencias de esas formulaciones son aceptables o no aceptables en la vida y el lenguaje religioso ordinario.

La fiabilidad de su acuerdo en temas doctrinales puede denominarse infalible sin usar este término de un modo impropio. Este planteamiento ha sido propuesto como una descripción empírica, no como una afirmación de fe. Pensemos por un momento qué significaría fuera del ámbito cristiano (desde donde quizá podemos contemplar la cuestión con una cierta distancia). Imaginemos un acuerdo unánime y duradero a lo largo y ancho del mundo entre corrientes islámicas flexibles aunque profundamente piadosas sobre algún elemento de la doctrina coránica que en un tiempo fue controvertido. Este consenso constituiría una evidencia empíricamente indiscutible, desde un punto de vista académicamente desvinculado del Islam, de que esa doctrina no está en contradicción con la lógica interna del Islam. Ciertamente, las dificultades prácticas para verificar la existencia de tal consenso pueden ser insuperables. Sin embargo, como en el caso de la gramática, sí está disponible teóricamente y accesible asintóticamente una especie de certeza empírica inquebrantable, incluso en referencia a cuestiones doctrinales no resueltas hasta el momento. No hay nada extraño en esto, porque tenemos parecidas certezas respecto a otros tipos de conocimiento empírico, como las leyes de la mecánica, el movimiento y la gravedad, por no hablar del hecho de que el sol siempre sale por el este o que los objetos pesados siempre tienden a caer sobre la superficie de la tierra a menos que algo se interponga. No es extraño psicológica ni retóricamente decir que estos principios, incluso cuando se formulan de modo imperfecto, son infalibles y son conocidos infaliblemente. No hay razón para negar una certeza similar a las doctrinas religiosas. También ellas, desde un enfoque cultural-lingüístico, son problemas del conocimiento empírico. Pueden ser conocidas infaliblemente, en cuanto "cristianas", como "intrasistémicamente" verdaderas, aunque no "ontológicamente" (este último tipo de certeza es de una modalidad lógicamente diferente, porque significa fe en el mensaje cristiano, no conocimiento sobre él)[183].

Al considerar las implicaciones de este análisis, como vamos a hacer ahora para cerrar esta exposición, surgen dos grupos de cuestiones. Primero: ¿Es teológicamente suficiente la certeza atribuida a la doctrina de este modo? Segundo: ¿Dónde se sitúa la infalibilidad, la autoridad que garantiza las doctrinas?

Sobre la certeza, la cuestión es si una variedad empíricamente descriptible, por muy fuerte que sea, es religiosamente suficiente. ¿No necesitan los creyentes una seguridad mayor que la que la "razón natural" puede proporcionar para la creencia en que la iglesia no se equivoca en su oposición a la esclavitud, sus decisiones cristológicas y trinitarias, su rechazo al pelagianismo y su aceptación de la posibilidad del bautismo de niños, y un sinfín de problemas parecidos? ¿No dependen los creyentes del testimonio infalible del Espíritu Santo, o de la Escritura, o del magisterio, más que de una confianza fundada empíricamente en que el *consensus fidelium* no puede errar fatalmente?

Sospecho que esta objeción se nutre, en parte, de un fallo en la comprensión, parcialmente, de un prejuicio moderno y, también en parte, de un error teológico. El fallo epistemológico es no distinguir, como hemos hecho, entre verdad gramatical (o intrasistémica) y ontológica. La pregunta que hay que hacer es "¿qué es cristiano?" y no "¿es verdadero el cristianismo?" Es la segunda pregunta y no la primera la que, para ser respondida, precisa lo que está ahora tan en boga, esto

---

183. Véase, más arriba, la sección IV del Capítulo 3, para la distinción entre verdad intrasistémica y verdad ontológica.

es, lo que hoy suele llamarse compromiso existencial y que tradicionalmente se denominaba fe sobrenatural. Ciertamente, aquellos para los que el cristianismo es verdadero, los que están ejercitados para hablar y vivir su lenguaje, en la práctica conocen mejor que los no cristianos lo que es el cristianismo; pero juzgar el carácter cristiano o no cristiano de las doctrinas es una empresa en la que el no creyente podría ser competente. De igual modo, un dominio defectuoso del inglés es compatible con tener más competencia gramatical a la hora de determinar qué reglas siguen los hablantes nativos que la que tienen los hablantes por sí mismos.

El prejuicio moderno al que me refiero es el cartesiano. La certeza podría ser capaz de superar la duda universal. Sin embargo, como muchos pensadores nos recuerdan[184], la certeza siempre viene primero. Es la condición de posibilidad de la duda. Dudar de lo que es aceptado mayoritariamente es algo irrealista y contrario a la razón, es una emoción o una patología, a menos que haya razones constatables para dudar (como, por ejemplo, un conflicto acerca de la evidencia o las autoridades). Los ateos coinciden con el pueblo cristiano en que las afirmaciones del Credo Apostólico son auténticamente creencias cristianas. Este acuerdo hace que sea algo estúpido poner en duda que estos artículos sean normativamente cristianos, a no ser que se tengan razones concretas para poner en cuestión determinados artículos[185].

El error teológico que nos hace poner en cuestión nuestra propuesta es, como resulta fácil adivinar, un tipo equivocado de supernaturalismo. La razón y la naturaleza, la certeza empírica y la seguridad de la fe, no son departamentos estancos separados tajantemente. Decir que los juicios teológicos, al igual que la corrección de las decisiones doctrinales referentes a la lógica interna de la fe son, en un cierto nivel, tan empíricos como los que hace un estudioso de la gramática en el ejercicio de su profesión, no supone negar la actividad de Dios. Dios no va a negar su orientación a los teólogos que oran por ella ni, quizá, a algunos de los que no rezan por ella, pero tampoco se la va a negar a los estudiosos de la gramática. Por todas estas razones, es admisible que los creyentes digan que, aunque el conocimiento infalible de la autenticidad de las *regulae* puede ser analizado como algo natural en cierto nivel, también es sobrenatural: un don de la gracia libre e inmerecido.

Respecto del lugar de la infalibilidad, nuestro modelo plantea que este *locus* es la comunidad completa de hablantes competentes de una lengua. Esto

184. Bernard Lonergan nos ofrece una bella exposición de los defectos del método de la duda universal: *Insight*, o. c., pp. 484-488. Cf. su *Método en teología*, o. c., pp. 46-52.

185. Esta observación no significa, por ejemplo, cuestionar la legitimidad de afirmar que "Virgen" en la expresión "nacido de la Virgen María" funciona como un apelativo que identifica, y no como una afirmación. En todo caso, aquí el argumento es que aquellos que tienen reservas sobre el lugar de una determinada doctrina en el corpus autoritativo de las creencias cristianas deberían dudar por razones específicas (es decir, en referencia al nacimiento virginal, o al carácter literario de las narraciones evangélicas de la infancia de Jesús), y no a causa de una actitud crítica en general.

parece más en la línea de la ortodoxia oriental que de la tradición protestante o católica[186]. Para los ortodoxos la infalibilidad pertenece a la iglesia como un todo, en la medida en que está abierta al Espíritu y está unida en el espacio y en el tiempo con todos los testigos fieles desde los tiempos bíblicos hasta el presente. No ocupa un lugar privilegiado en la Biblia, como se diría siguiendo el estilo protestante, ni en el magisterio oficial, como los católicos han afirmado. Ni siquiera los concilios ecuménicos son infalibles por sí mismos, sino sólo en la medida es que sus decretos son recibidos por las iglesias. ¿Significa esto, entonces, que la *sola scriptura*, por un lado, o la infalibilidad papal y conciliar, por el otro, son simplemente incompatibles con una teoría regulativa de la doctrina? ¿Excluye esta teoría ciertas opciones teológicas después de todo?

Llegar a esta conclusión significaría olvidar la importancia de las situaciones y la posibilidad de doctrinas condicionales. La perspectiva de la ortodoxia oriental es apropiada cuando la iglesia no está dividida, mientras que los católicos y los protestantes han buscado identificar autoridades, tribunales supremos de apelación, que serían operacionalmente efectivos cuando la iglesia está dividida. Esto ha sido beneficioso para ellos. No se han quedado esclerotizados en un inmovilismo tradicionalista en el mismo grado que en oriente, un inmovilismo, por cierto, en absoluto desvinculado de la carencia de una teoría de la autoridad suprema adecuada para una cristiandad rota. Así, en términos de la tipología doctrinal que hemos propuesto, tanto el *sola scriptura* exclusivista como el énfasis católico en el magisterio oficial podrían verse como doctrinas condicionalmente necesarias pero reversibles. Cuando no se puede disponer del conjunto de la iglesia como corte de última apelación, situar la infalibilidad en la Escritura o en el magisterio en lugar de decir que no hay modo de decidir sobre nuevos asuntos (como han hecho los ortodoxos) sería un mal menor (ciertamente, ellos siempre pueden responder que el autoritarismo católico y el escisionismo protestante son costos excesivos que hay que pagar para escapar del tipo de impotencia doctrinal que han padecido los orientales).

Más aún, estas doctrinas pueden ser reinterpretadas. Los protestantes pueden decir que la Escritura debe ser escuchada como autoridad última, pero en compañía de todos aquellos que, en todo tiempo y lugar, se han tomado en serio el relato bíblico. Si no escuchamos a aquellos que escucharon antes que nosotros, nuestra escucha no está realmente comprometida. Los católicos pueden señalar que las condiciones bajo las que el papa puede actuar con "aquella infalibilidad de que el Redentor divino quiso que estuviera provista su Iglesia" (DH 3074) nunca se han especificado del todo y que, quizá, una de las condiciones no mencionadas

---

186. Para un tratamiento ortodoxo oriental de la infalibilidad, véase Nicolas Afanassieff en O. Rousseau y J. J. von Allmen (eds.), *L'Infaillibilité de l'Eglise* (Gembloux: Chevetogne, 1963), pp. 183-201.

es, precisamente, que Él busca seriamente comunicarse con el conjunto de la comunidad eclesial, y no sólo con una parte de ella. En ambos casos, en la medida en que la iglesia se vuelva a unir, las consecuencias operacionales en el nivel del uso coincidirían con lo que los ortodoxos recomiendan. Estas tres teorías de la infalibilidad, de cómo está garantizada la corrección en materia doctrinal, se convertirían, así, en diferentes formulaciones de la misma regla de acción, o de reglas, al menos, compatibles.

Puede parecer que hemos propuesto un modo excesivamente fácil de solucionar los conflictos sobre la infalibilidad papal y escriturística, pero no ha sido un juego de manos. Si las doctrinas son reglas, de ahí se sigue que muchas veces serán conciliables en circunstancias en las que las verdades proposicionales permanecen tercamente opuestas. Este no es el tipo de irenismo en el que todas las diferencias se difuminan en una difusa nebulosa, en esa noche (como Hegel describía a Schelling) en la que todos los gatos son pardos. Las reglas entran, a veces, en una ineludible colisión, cuando son aplicadas en la misma situación, como nos recuerdan las contradicciones entre las regulaciones del tráfico en Gran Bretaña y en Norteamérica, pero no cuando sus ámbitos de aplicación son diferentes. Lo que ocurre, simplemente, es que la lógica de las reglas y la de las proposiciones son diferentes.

La doctrina del Vaticano I sobre la infalibilidad conlleva este tipo de choque, y continuará haciéndolo a menos que las iglesias se reunifiquen. No importa cuán minimalista sea la interpretación, incluso dentro de una teoría regulativa su enseñanza supone, como mínimo, que las decisiones dogmáticas de la Iglesia Católica no están equivocadas irremediablemente. Por muy desastrosas que puedan parecer, al final se arreglarán para mejor o, en cualquier caso, no separarán a la iglesia de la fe. Así pues, aceptar esta doctrina de la infalibilidad supone estar autorizado y obligado a permanecer en la comunión católico romana sin importar cuánto podamos rechazar algunas de sus doctrinas. Supone estar comprometido a comprender estas doctrinas de la mejor forma posible (aunque, en ocasiones, esto pueda significar, simplemente, elegir el menor de dos males posibles), y a trabajar, quizá sin éxito visible aunque con esperanza, para superar sus defectos. Esto puede significar tener una confianza *à contrecœur*, pero, en todo caso, es confianza. Es una confianza que los protestantes no solamente no tienen, sino que doctrinalmente está excluida de tenerla cualquier iglesia u oficio eclesiástico particular. Los protestantes quizá puedan tener una confianza equiparable en el *consensus scripturae et patrum* y en una iglesia del futuro reunificada, pero esto es algo demasiado vago como para funcionar como una corte suprema de apelación utilizable en el presente. Para esto los protestantes recurren a algunas formas del *sola scriptura*, pero esto también conlleva graves dificultades, aunque son diferentes respecto de las dificultades que crea la infalibilidad magisterial. Así pues, las posiciones católicas, reformadas y ortodoxas sobre la infalibilidad continúan siendo irreconciliables en la situación actual. La teoría regulativa ni las reconcilia ni establece que una es preferible a las demás.

Sin embargo, esto significa que la teoría regulativa sería doctrinalmente aceptable para los católicos igual que para los miembros de otras confesiones. No parece contravenir ninguno de los dogmas de las tradiciones históricas más importantes, y sí proporciona un marco dentro del cual los acuerdos y desacuerdos ecuménicos pueden ser debatidos de un modo significativo. Esta conclusión nos permite volver, en lo que queda de capítulo, a la comparación entre la perspectiva regulativa y la proposicionalista moderna. Como en la última sección del tercer capítulo, aquí también será imposible evitar completamente los tecnicismos.

IV. LA SUPERIORIDAD DE UNA PERSPECTIVA REGULATIVA

Las coincidencias entre una visión regulativa de la naturaleza de la doctrina y una perspectiva proposicionalista contemporánea son, en algunos aspectos, más destacables que los desacuerdos. Ni Lonergan ni Rahner[187], por usarlos como ejemplos, niegan que las doctrinas sean reglas. Las doctrinas prácticas ni siquiera pueden ser otra cosa; y, dadas las referencias de Lonergan en sus últimos escritos al carácter "afectivo" de las doctrinas del tipo mariano[188], podríamos pensar que, al menos, está abierto a la propuesta de la sección II de este capítulo de que estas doctrinas deben considerarse como aplicaciones de reglas más que como poseyendo un contenido que se puede expresar proposicionalmente. Incluso en el terreno de los antiguos credos existe una convergencia considerable. Aquí Rahner y Lonergan ofrecen una interpretación proposicional ontológica o metafísica de primer orden, pero Lonergan añade también, como recordaremos, una explicación regulativa de la aparición de las doctrinas trinitarias y cristológicas.

En este último aspecto, el proposicionalismo contemporáneo representado por alguien como Lonergan está en un punto intermedio entre la diversidad clásica y una teoría de la doctrina consecuentemente regulativa. Para muchos teólogos medievales y postmedievales una doctrina es una regla únicamente porque, antes que nada, es una proposición. Por ejemplo, si el discurso cristiano se puede ajustar a la norma de Atanasio (que ya hemos mencionado) de que todo lo que se diga del Padre se puede decir también del Hijo, excepto que el Hijo no es el Padre, es porque Padre e Hijo son ontológicamente consubstanciales. El trabajo histórico

187. Véanse más arriba los comentarios sobre las perspectivas "mixtas" o "bidimensionales" en la sección I del Capítulo 1.

188. Bernard Lonergan, *Método en teología*, o. c., p. 310.

de Lonergan invierte esta relación. La función regulativa fue lo que se percibió primero con claridad, y sólo posteriormente, con el ascenso de la Escolástica, se comprendió y se afirmó plenamente la importancia de la metafísica. Lonergan, por tanto, comparte con la teoría regulativa la idea de que la autoridad doctrinal, no sólo respecto de las normas prácticas, sino también de las afirmaciones centrales del credo, no depende necesariamente de una referencialidad ontológica de primer orden.

También está de acuerdo en otros puntos. Ya nos hemos referido tanto a Lutero como a Newman al señalar que lo que es esencial para la iglesia en una determinada situación puede no serlo en otra. Esta prevención es muy común entre muchos teólogos contemporáneos. De ahí se desprende que lo doctrinalmente significativo varía de edad en edad. Lo que en un contexto es vital en otro puede convertirse en periférico, y viceversa. Pueden desarrollarse nuevas doctrinas y las antiguas pueden ser olvidadas (aunque la lógica de tomar las doctrinas como verdades proposicionales sugiere que habría que rechazar este último punto, en lugar de aceptarlo). Segundo, Lonergan y otros proposicionalistas actuales suelen hacer hincapié, oponiéndose a las posiciones clásicas, en que, a pesar de que una proposición doctrinal sea permanente, su formulación puede variar enormemente de un periodo a otro y de una cultura a otra. A causa de estas consideraciones, las teorías proposicionalistas modificadas o historizadas no parecen menos capaces de admitir el cambio y la diversidad históricas que una teoría regulativa (aunque, como ya hemos indicado, lo hacen de modos especialmente complicados).

Así pues, como suele ocurrir en las disputas teóricas, las consecuencias prácticas del desacuerdo son, en cierto sentido, menores. Excepto para velocidades extremadamente altas o para masas extremadamente grandes o pequeñas, la física de Newton y la de Einstein producen aproximadamente el mismo resultado. De igual modo, si se me permite la comparación, cuando las teorías proposicionalistas y regulativas intentan explicar los mismos datos doctrinales en el contexto de las concepciones modernas de la historia y la cultura, sus diferencias en temas concretos son prácticamente marginales. Existen, empero, diferencias, que son importantes para nuestra investigación.

Empezaremos con la principal disputa teórica, que versa sobre la aplicación adecuada de la navaja de Ockham. Desde una perspectiva regulativa, las interpretaciones proposicionales son innecesarias. Si doctrinas como las de Nicea pueden ser duraderamente normativas en cuanto reglas, no hay razón para ir más allá insistiendo en la referencialidad ontológica.

El asunto es muy sencillo. La teoría regulativa no prohíbe especulaciones sobre la posible correspondencia del esquema trinitario del lenguaje cristiano con la estructura metafísica de la divinidad, sino que simplemente dice que estas especulaciones no son doctrinalmente necesarias y no pueden ser vinculantes. Se parecen a discusiones sobre si existe una estructura sustancia-atributo de los entes finitos que se corresponda con la estructura sujeto-predicado de las oraciones. Algunos filósofos, como Aristóteles, sostienen que existe (y yo, por mi parte, soy lo suficientemente aristotélico como para tender a compartirlo), pero esto es algo irrelevante para el lingüista. Que Aristóteles acierte o se equivoque apenas cambia la estructura sujeto-predicado con la que debemos hablar para entender el mundo que nos rodea; de modo parecido, para vivir y pensar como un cristiano no es preciso que las interpretaciones ontológicas de la Trinidad sean comunitariamente normativas.

Puede ser de ayuda una comparación con las teorías científicas. Al igual que las trinitarias y cristológicas, las teorías científicas no necesitan que se les dé una interpretación metafísica, aunque en ambos casos dar esa interpretación podría ser legítimo para ciertos fines. Las teorías aristotélicas, newtonianas y einsteinianas del espacio y el tiempo, por ejemplo, se evalúan científicamente con independencia de la cuestión metafísica de cuál es más próxima al modo de ser real de las cosas. Si la relatividad es ontológicamente verdadera, entonces tanto Aristóteles como Einstein son, en este punto, superiores a Newton y su noción de espacio y tiempo absolutos. Sin embargo, científicamente –por ejemplo, para fines predictivos- la teoría de Newton es superior a la de Aristóteles e inferior a la de Einstein. De modo similar, las teorías teológicas tendentes a identificar la Trinidad económica y la inmanente, como la de Rahner y las de muchos otros teólogos de la tradición oriental[189], puede que se correspondan mejor con la realidad trina de Dios que las teorías agustinianas o tomistas, preferidas por Lonergan, que subrayan la trinidad inmanente con analogías psicológicas y relaciones substanciales, o puede que no[190]. Esta cuestión no se puede responder desde este lado del *esjaton*. Es, además, irrelevante para una evaluación teológica. Qué teoría es mejor teológicamente depende de lo bien que organice los datos de la Escritura y la tradición con miras a su uso en el culto y la vida cristianos. Sobre la base de estos criterios específicamente teológicos, habrá buenas y malas teorías en ambos lados del debate teológico sobre los aspectos económicos e inmanentes de la Trinidad. La cuestión de la referencialidad ontológica de las teorías puede ser, a menudo, muy poco importante para la evaluación teológica.

La aplicación de estas consideraciones a la doctrina trinitaria es bastante clara. Si la doctrina es una regla o un conjunto de reglas para, entre otras cosas, la construcción de teorías trinitarias, entonces los dos tipos de teoría a los que nos hemos referido podrán ser doctrinalmente correctos, siempre y cuando se ajusten a las mismas reglas. Sin embargo, si la doctrina es una proposición con referencia

189. Karl Rahner, *The Trinity*, (Nueva York: Herder & Herder, 1970). Para saber cómo platea Rahner la relación de su postura con la de los griegos, véanse pp. 16-18, esp. n. 13; y para su crítica de las teorías psicológicas, incluyendo una referencia a Lonergan, véanse pp. 96-97.

190. Bernard Lonergan, *De Deo Trino* (Roma: Pontificia Universidad Gregoriana, 1964).

ontológica, sólo un tipo de teoría tiene posibilidades de ser verdadero, porque las teorías discrepan sobre cuál es la referencia ontológica.

Esta discrepancia no es meramente técnica: las desventajas prácticas de la perspectiva proposicionalista son considerables. La postura proposicionalista supone que una de las dos grandes corrientes del pensamiento teológico cristiano sobre la Trinidad es inconscientemente herética, aunque la iglesia no haya decidido todavía cuál de ellas es. Dada esta importante implicación, debe haber razones muy sólidas para afirmar que la doctrina de la Trinidad es tanto proposicional como regulativa, pero no es ni mucho menos evidente que ninguno de los integrantes en el debate haya siquiera intentado proporcionarlas.

Quizá la mejor forma de explicar con sencillez la diferencia práctica entre el enfoque proposicionalista y el regulativo es considerando la diferencia entre interpretar una verdad y seguir una regla[191]. Cambiando de ejemplo, si la inmortalidad del alma es una proposición de primer orden, entonces los que forman parte de una tradición para la cual ha sido una doctrina pero que ahora encuentra inaceptable su dualismo mente-cuerpo están obligados a descubrir qué verdad enuncia esta doctrina, por muy improbable que esa verdad pueda parecer desde el punto de vista dualista de los que originalmente la formularon[192]. Están virtualmente obligados a realizar ese infinito proceso de reinterpretación especulativa que supone la principal actividad de buena parte de la teología contemporánea, tanto protestante como católica. Si la doctrina, por el contrario, es tomada como una regla, la atención se centra en la vida y el lenguaje concretos de la comunidad. Debido a que la doctrina debe ser seguida, y no interpretada, la tarea del teólogo es especificar las circunstancias, ya sean provisionales o duraderas, en las cuales se aplica. En el primer caso, como Wittgenstein podría decir, el lenguaje se paraliza sin realizar ningún trabajo, mientras que en el segundo caso, los engranajes se engarzan con la realidad, y la reflexión teológica sobre la doctrina se vuelve directamente relevante para la praxis de la iglesia. La cuestión que entonces se plantea respecto de Nicea y Calcedonia no es cómo deben interpretarse desde las categorías modernas, sino, más bien, cómo pueden hacer los cristianos contemporáneos para optimizar, tan bien como entonces o mejor, al Jesucristo de las narraciones bíblicas como el camino hacia el Dios único del que habla la Biblia. Estas consideraciones nos llevan a pensar que la teoría regulativa, en lugar de socavar la autoridad de

---

191. Ludwig Wittgenstein señala que "hay una captación de una regla que no es una interpretación, sino que se manifiesta, de caso en caso de aplicación, en lo que llamamos 'seguir la regla' y en lo que llamamos 'contravenirla'" (*Investigaciones Filosóficas* [Barcelona: Altaya, 1993], #201). Cf. también: "Toda interpretación pende, juntamente con lo interpretado, en el aire; no puede servirle de apoyo. Las interpretaciones solas no determinan el significado" (#198).

192. Véase Capítulo 4, n. 164, más arriba, para un ejemplo típico, aunque aleatorio.

las doctrinas, puede estar mejor preparada para potenciar su eficacia regulativa de lo que lo están las modernas y relativistas interpretaciones proposicionalistas.

Así pues, el resultado de este análisis es una mayor estima por una teoría regulativa de la doctrina de la que nuestra argumentación exige estrictamente. Comenzamos preguntando si una perspectiva regulativa podría ser tan satisfactoria como una proposicionalista a la hora de ofrecer la posibilidad de normatividad y continuidad doctrinales, pero la conclusión es que, además, es superior en, al menos, el primer punto. El centrarse en la praxis, como también la oposición a la relevancia doctrinal (aunque no necesariamente al disfrute intelectual) de la especulación teológica orientada metafísicamente, facilita especificar qué es lo normativo respecto de las doctrinas. Ha llegado, por tanto, el momento de debatir con más detalle las consecuencias para el trabajo teológico de la teoría de la religión y la doctrina que hemos estado presentando y analizando.

Capítulo 6

HACIA UNA TEOLOGÍA POSTLIBERAL

Este último capítulo es una especie de anexo al argumento fundamental del libro, pero es necesario. Si la teoría de la religión que hemos analizado es útil únicamente para comprender la doctrina eclesial y no lo es también en otras áreas teológicas, resultará inaceptable incluso para los especialistas en la doctrina. Consecuentemente, en este capítulo analizaremos las implicaciones para el método teológico de una aproximación cultural-lingüística a la religión, comenzando con algunas reflexiones introductorias sobre el sentido y las dificultades de evaluar la fidelidad, la aplicabilidad y la inteligibilidad de modelos teológicos fundamentalmente diferentes, evaluación que realizaremos más adelante.

I. EVALUAR: UNA TAREA PROBLEMÁTICA

En el cristianismo occidental, generalmente se ha considerado que la teología sistemática o dogmática está especialmente preocupada por la fidelidad, la teología práctica por la aplicabilidad y la teología fundamental o apologética por la inteligibilidad; sin embargo, cada una de estas preocupaciones está presente en todas las disciplinas teológicas. Cuando los dogmáticos intentan describir fielmente las características normativas de una religión, también están interesados en la aplicabilidad y la inteligibilidad. De un modo parecido, los teólogos prácticos y fundamentales buscan, no sólo aplicar la religión y hacerla inteligible, sino también hacerlo de un modo fiel.

Concretar más el significado de estos términos depende de los contextos en los que se empleen. Planteamientos teológicos de un tipo determinado, ya sean de tipo proposicionalista preliberal, liberal experiencial-expresivista o postliberal cultural-lingüístico, pueden tener, al mismo tiempo, parecidos formales y diferencias materiales profundas en su forma de comprender la fidelidad, la aplicabilidad y la inteligibilidad. Los inquisidores españoles y los teólogos de la Ilustración discrepaban radicalmente en su credo y en su praxis pero, sin embargo, estaban de acuerdo en el asunto formal de que la verdad proposicional es la prueba decisiva para evaluar la adecuación de una afirmación. Igualmente, anglo-católicos como los autores de *Lux Mundi*, luteranos confesionalistas de la escuela de Erlangen y algunos teólogos de la denominada "muerte de Dios" comparten el postulado liberal de la primacía de la experiencia, pero difieren en la cuestión material de qué tipo de experiencias son las decisivamente relevantes desde un punto de vista religioso. De forma análoga, un consenso cristiano postliberal sobre el carácter primariamente cultural-lingüístico de las religiones podría no ser capaz, por sí mismo, de superar desacuerdos sustantivos entre conservadores y progresistas, feministas y antifeministas, católicos y protestantes. Los debates se centrarían más en consideraciones conceptuales o gramaticales que en asuntos experienciales o proposicionales, pero también incluirían discrepancias sobre dónde encontrar la gramática adecuada, es decir, quiénes son los hablantes competentes de un lenguaje religioso. Los progresistas señalarían a los rebeldes, los conservadores al establishment, y católicos y protestantes continuarían discrepando en su comprensión de la relación entre Escritura y tradición. Sin embargo, el marco común postliberal podría hacer posible, aunque sin garantizarlo, encontrar argumentos legítimos sobre la relativa adecuación de posturas expresamente diferentes.

En todo caso, encontrar esos argumentos es difícil cuando las teologías tienen concepciones de la religión formalmente diferentes. El problema, como ya hemos indicado en capítulos anteriores, es que cada tipo de teología está inserto en un marco conceptual tan abarcante que configura sus propios criterios de adecuación. Así, lo que para los proposicionalistas, con su hincapié en una verdad y una falsedad inmutables, sería fiel, aplicable e inteligible, sería desechado, con toda probabilidad, por los liberales experiencial-expresivistas como una ortodoxia muerta. Y, al contrario, la pretensión liberal de que el cambio y el pluralismo en las expresiones religiosas son necesarios para su inteligibilidad, aplicabilidad y fidelidad sería atacado por el proposicionalismo ortodoxo como una traición a la fe irracionalmente relativista y contraproducente desde un punto de vista práctico. Un postliberal podría proponer superar esta polarización entre tradición e innovación a través de una distinción entre gramática doctrinal permanente y vocabulario teológico variable, pero esta propuesta, desde otras perspectivas, parecería recoger lo peor de ambos extremos, en lugar de reunir lo mejor de ellos. A la vista de esta situación, lo máximo que puede hacerse en este capítulo es estudiar cómo podrían ser entendidas la fidelidad, la aplicabilidad y la inteligibilidad en las teologías postliberales[193] y, entonces, dejar al lector que haga su propia evaluación.

193. El tipo de teología que tengo en la mente podría denominarse también "postmoderna", "postrevisionista" o "post-neo-ortodoxa", pero "postliberal" me parece mejor porque mi

II. FIDELIDAD COMO INTRATEXTUALIDAD

La tarea de una teología descriptiva (dogmática o sistemática) es dar una explicación normativa del significado que tiene una religión para sus seguidores. Una manera de llevar a cabo esta tarea que es compatible con un enfoque cultural-lingüístico es lo que voy a denominar método "intratextual", en contraste con uno "extratextual", que sería natural para aquellos cuya comprensión de la religión es proposicionalista o experiencial-expresivista. Estos últimos sitúan el significado religioso fuera del texto o sistema semiótico, ubicándolo, o bien en las realidades objetivas a las cuales se refiere, o bien en las experiencias que simboliza, mientras que para la perspectiva cultural-lingüística el significado es inmanente. El significado se constituye a través de los usos de un lenguaje concreto, en lugar de ser algo que se pueda distinguir de él. Así pues, el modo correcto de determinar lo que, por ejemplo, "Dios" significa, es examinando cómo funciona esa palabra en el interior de una religión estructurando la realidad y la experiencia, y no comenzando por establecer su significado proposicional o experiencial y reinterpretando o reformulando sus usos conforme a ello. En este sentido, la descripción teológica, dentro del modelo cultural-lingüístico, es intrasemiótica o intratextual.

En un sentido más amplio o impropio, algo como la intratextualidad es característico de las descripciones, no sólo de la religión, sino también de otras formas de conducta humana gobernada por reglas, desde la carpintería y las matemáticas a las lenguas y las culturas. Realidades como martillos y sierras, números cardinales y ordinales, guiños y señales de la cruz, palabras y frases, llegan a ser comprensibles indicando qué lugar ocupan dentro de los diferentes sistemas de comunicación o de las acciones conducentes a lograr un fin a los que pertenecen, y haciendo referencia a factores externos. No se logra establecer que son las 8:02 en Nueva York describiendo la historia de la fabricación de trenes ni a través de un inventario completo de los vagones, pasajeros y conductores que conforman los trenes y viajan en ellos en un día determinado. Los vagones, pasajeros o tripulaciones podrían ser completamente distintos al día siguiente y, sin embargo, el tren estaría idénticamente a las 8:02 en Nueva York. Su significado, su realidad propia, es su función dentro de un sistema concreto de transporte. En buena medida, lo mismo puede decirse de los guiños y los signos de la cruz: están lejos de carecer de significado, pero la realidad de idénticos movimientos de ojos y de manos como

---

reflexión se sitúa en un marco temporal posterior al enfoque experiencial-expresivista que es el marco del método liberal. Este uso técnico del término es más amplio que el ordinario: teólogos metodológicamente liberales pueden tener una teología conservadora o tradicionalista y ser reaccionarios en asuntos sociales o políticos (como la referencia que hacemos en la página 159 de este capítulo a los *Deutsche Christen* pro-nazis parece indicar).

signos significativos está enteramente constituida, en cada caso concreto, por su intratextualidad, por su lugar, por así decirlo, dentro de una historia.

El significado es más plenamente intratextual en el caso de los sistemas semióticos (compuestos completamente por signos, símbolos y acciones interpretativas y comunicativas) que en otras formas de conducta humana regulada como la carpintería o los sistemas de transporte; pero, entre los sistemas semióticos, la intratextualidad (usada todavía en un sentido amplio) es mayor en los lenguajes naturales, las culturas y las religiones, los cuales (a diferencia de, por ejemplo, las matemáticas) son potencialmente omniabarcantes y poseen la propiedad de la reflexividad. Podemos hablar de la totalidad de la vida o de la realidad en francés, o desde una perspectiva norteamericana o judía; también podemos describir el francés en francés, la cultura norteamericana en términos norteamericanos, y el judaísmo en términos judíos. Esto hace posible que la teología sea intratextual, no por el mero hecho de explicar la religión desde dentro, sino en el sentido más fuerte de describir todas las cosas como interiores a la religión, como interpretadas por ella, y de hacerlo por medio de conceptos de segundo orden configurados religiosamente.

A la vista de su capacidad abarcante, su reflexividad y su complejidad, las religiones precisan lo que Clifford Geertz, tomando prestado un término de Gilbert Ryle, ha llamado "descripción densa"[194], y que él aplica a la cultura, pero con la interpretación que también mantiene para la religión. Una religión no puede ser tratada como un "sistema simbólico [formalizable] (…) aislando sus elementos, especificando las relaciones internas que guardan entre sí esos elementos y luego caracterizando todo el sistema de alguna manera general, de conformidad con los símbolos centrales alrededor de los cuales se organizó la cultura, con las estructuras subyacentes de que ella es una expresión, o con los principios ideológicos en que ella se funda (…) este enfoque hermético me parece que corre el peligro (…) de cerrar las puertas del análisis cultural a su objeto propio: la lógica informal de la vida real". El teólogo, como el etnógrafo, debería abordar "esas interpretaciones más amplias y (…) esos análisis más abstractos partiendo de los conocimientos extraordinariamente abundantes que tiene de cuestiones extremadamente pequeñas". "Entendida como sistemas en interacción de signos interpretables (…) la cultura [incluida la religión] no es una entidad, algo a lo que puedan atribuirse de manera causal acontecimientos sociales, modos de conducta, instituciones o procesos sociales; la cultura es un contexto dentro del cual pueden describirse todos esos fenómenos de manera inteligible, es decir, densa". Sólo a través de una detallada "familiaridad con el universo imaginativo en el cual los actos (…) son signos" se puede establecer o especificar el significado de estos actos

---

194. Clifford Geertz, *La interpretación de las culturas*, o. c., pp. 19-40. Las citas incluidas en este párrafo enstán tomadas, sucesivamente, de las páginas 29, 30, 33, 27, 26, 24 y 36.

para los miembros de una religión. Lo que el teólogo necesita explicar es "una multiplicidad de estructuras conceptuales complejas, muchas de las cuales están superpuestas o enlazadas entre sí, estructuras que son al mismo tiempo extrañas, irregulares, no explícitas, y a las cuales el etnógrafo debe ingeniarse de alguna manera, para captarlas primero y para explicarlas después". A la hora de explicar esas características fundamentales, la tarea esencial "no [es] codificar regularidades abstractas, sino hacer posible la descripción densa, no generalizar a través de casos particulares sino generalizar dentro de éstos". Si no se hace esto, se podría pensar, por ejemplo, que la *gravitas* católica y confucionista son, en gran medida, lo mismo, o que el marxismo ateo está más cercano al budismo ateo que el teísmo bíblico. Este es un error tan atroz como suponer que el inglés, que no se declina, sería más parecido al chino, que tampoco se declina, que al alemán.

Ahora bien, no hay que confundir la descripción densa con el empirismo baconiano, con su apego a los hechos fácticos. Más bien, es toda la extensión del medio interpretativo lo que debe ser presentado y, debido a que en el caso de la religión esta extensión es potencialmente omniabarcante, la descripción tiene una dimensión creativa. Efectivamente, no hay ejercicio más exigente entre las capacidades inventivas e imaginativas que analizar cómo una lengua, cultura o religión puede usarse para dar significado a nuevos dominios del pensamiento, de la realidad y de la praxis. La descripción teológica puede ser un ejercicio increíblemente constructivo.

Finalmente, en el caso de las religiones más que cualquier otro tipo de sistema semiótico, la descripción es algo intratextual no sólo metafóricamente, sino también literalmente. Esto es cierto en un grado u otro respecto de las principales religiones del mundo. Todas ellas tienen escritos canónicos relativamente fijados que se tratan como instancias ejemplares o normativas de sus códigos semióticos. Una prueba para comprobar la fidelidad de las descripciones es medir su correspondencia con el universo semiótico codificado paradigmáticamente en los escritos sagrados.

La importancia de los textos y de la intratextualidad para la fidelidad teológica se hace aún más clara cuando tomamos en consideración las religiones sin textos escritos de las sociedades puramente orales. Evans-Pritchard[195] describe a un hombre de la tribu Nuer que contaba con emoción que una mujer en el poblado había dado a luz a unos gemelos que nacieron muertos, y que uno de ellos era un hipopótamo que colocaron en un arroyo y el otro un pájaro que pusieron en un árbol. En esa sociedad existen documentos no canónicos que son consultados para contextualizar esos acontecimientos desconcertantes dentro de

---

195. E. E. Evans-Pritchard, *La religión Nuer* (Madrid: Taurus, 1982), p. 104. Este "notable ejemplo etnográfico" es citado por T. M. S. Evans, "On the Social Anthropology of Religions", *Journal of Religion*, 62/4 (1982), p. 376.

un marco más amplio que pueda darles un significado. La ecuación de gemelos muertos y pájaros e hipopótamos, ¿es central o periférica para el pensamiento y la vida Nuer? ¿Se vería la religión y la cultura Nuer significativamente perturbada si esta ecuación se eliminase? Ni los más sabios informantes de Evans-Pritchard habrían entendido estas preguntas y, aunque lo hubiesen hecho, seguramente no habrían tenido ni idea de cómo alcanzar un consenso al responderlas. En las culturas orales no hay autoridades transpersonales desde las que los expertos en la tradición puedan dirimir sus disputas. Esto ayuda a explicar por qué las religiones y culturas puramente consuetudinarias se disuelven con tanta facilidad bajo la presión de los cambios históricos, sociales y lingüísticos, pero también indica que los textos canónicos son una condición, no sólo para la supervivencia de una religión, sino también para la mera posibilidad de una descripción teológica normativa. En cualquier caso, más allá de que esto sea universalmente verdadero, en los tres monoteísmos occidentales –judaísmo, cristianismo e islam-, el carácter intrasemiótico de la teología descriptiva es inseparable de la intratextualidad. Son esencialmente religiones del libro.

Ahora debemos detallar con más detenimiento cómo interpretar un texto en términos de sus significados inmanentes –es decir, en términos de los significados que son inmanentes al lenguaje religioso de cuyo uso el texto es un ejemplo paradigmático. En un nivel informal esto no supone ningún problema; únicamente se convierte en problemático, como veremos, cuando la teología se aleja de las formas de leer los clásicos[196], sean religiosos o no religiosos, que parecen naturales dentro de una cultura o sociedad determinada. Obras maestras como *Edipo rey* y *Guerra y paz*, por ejemplo, suscitan sus propios dominios de significado. Y lo hacen a través de lo que ellas mismas dicen sobre los acontecimientos y los personajes de los que hablan. Para comprenderlas en sus propios términos no se necesitan referencias extrañas a, por ejemplo, las teorías de Freud o a las lecturas históricas de las guerras napoleónicas. Es más, esas obras maestras configuran de tal manera la imaginación y las percepciones del lector atento, que ya siempre verá el mundo, en alguna medida, a través de las lentes que estos escritos le han proporcionado. Describir el significado básico de estos libros es una tarea intratextual, un problema de explicar sus contenidos y las perspectivas sobre la realidad extratextual que ellos generan[197].

196. A diferencia de David Tracy, *The Analogical Imagination* (Nueva York: Crossroad Publishing Co., 1981), estoy utilizando "clásico" para referirme a textos que están culturalmente fijados por la razón que sea. El modelo de Tracy, a diferencia del mío, es experiencial-expresivista. Para él, los clásicos son "ciertas expresiones del espíritu humano [que] revelan una verdad tan apremiante para nuestras vidas que no les podemos negar cierto tipo de estatus normativo" (p. 108).

197. Esta y la siguiente descripción de intratextualidad fueron ideadas sin ninguna referencia consciente al deconstruccionismo, pero, dada la hegemonía actual de este tipo de teoría literaria, podría ser conveniente intentar comentar las similitudes y diferencias, para evitar

Estas mismas consideraciones se pueden aplicar con más claridad a los textos autoritativos supremos que constituyen las escrituras canónicas de las comunidades religiosas. Para los que están sumergidos en ellos, ningún mundo es más real que los que estos textos crean. Un mundo escriturario es capaz de absorber el universo entero. Proporciona el marco interpretativo dentro del cual los creyentes intentan vivir sus vidas y comprender la realidad. Esto ocurre independientemente de las teorías formales. Agustín no describe su trabajo en las categorías que estamos utilizando, pero el conjunto de su producción teológica puede entenderse como un esfuerzo progresivo, aunque no siempre satisfactorio, por inscribir todas las cosas, desde el platonismo y el problema pelagiano a la caída de Roma, dentro del mundo de la Biblia. Tomás de Aquino intentó hacer algo similar con el aristotelismo, y Schleiermacher con el idealismo alemán romántico. Así que puede afirmarse que su modo de describir las realidades y la experiencia extrabíblicas estuvo en mucha mayor medida configurado por las categorías bíblicas que garantizado por sus metodologías formales.

---

malentendidos. En primer lugar, el intratextualismo, como el deconstruccionismo, no comparte el énfasis literario tradicional en el texto como aquello que debe ser interpretado, ya sea (como ocurre en el ya desfasado "neocriticismo") en cuanto un objeto o "icono verbal" estético independiente, ya sea como algo mimético, o como algo expresivo, o bien como algo pragmático (para clarificar el significado de estos términos, véase Meyer H. Abrams, *The Mirror and the Lamp: Romantic Theory and the Critical Tradition* [Oxford: Oxford University Press, 1953]; citado por M. A. Tolbert, *Religious Study Review* 8/1 [1982], p. 2). En lugar de eso, el intratextualismo trata los textos –usando una frase aplicada a los lenguajes en capítulos anteriores– en cuanto "medios de interpretación" y, así, comparte el subrayado deconstruccionista en considerar los textos como lo que constituye el (o un) mundo dentro del cual todo es, o puede ser, construido. Respecto a esto, en segundo lugar, hay una preocupación bastante común (que más adelante mostraremos como evidente) por lo que Christopher Norris, hablando de Paul de Man, llama "el juego del lenguaje figurado", "la gramática de los tropos" y "la retórica de la ejecución textual" (Christopher Norris, *Deconstruction: Theory an Practise* [Londres: Methuen & Co., 1982], pp. 106, 108). En tercer lugar, por el contrario, la gran diferencia es que para los deconstruccionistas no hay ningún idioma, texto o mundo constituido textualmente individual privilegiado. Su enfoque es *inter*textual más que intratextual –es decir, tratan todos los escritos como un único todo: todos los textos están, por así decirlo, interpretándose mutuamente. Como resultado, lo que en el pasado habría sido considerado como algo alegorizante, para ellos se convierte en un modo aceptable de interpretación. En cambio, en una lectura religiosa o teológica intratextual existe (como explicaremos en este capítulo) una dirección interpretativa privilegiada desde cualquier cosa que cuente como escritura sagrada hacia todo lo demás. Otras diferencias y parecidos son analizados por Shira Wolosky en un ensayo sobre la relación que establece Derrida entre los diferentes modos talmúdicos de interpretación ("Derrida, Jabes, Levitas: Sign Theory as Ethical Discourse", *Journal of Jewish Literary History* 2/3 [1982], pp. 283-301). Por cierto, habría que señalar que la comprensión de Derrida del método interpretativo cristiano tal y como es presentado en este artículo es significativamente diferente del enfoque tipológico que, como voy a tratar de demostrar, fue el históricamente dominante. Puede que la perspectiva de Derrida sobre lo que es característicamente cristiano en estos asuntos haya estado influenciada por la hermenéutica experiencial-expresivista de Paul Ricoeur, del cual fue alumno durante un tiempo.

Sin embargo, especialmente en el caso de Tomás de Aquino, esta configuración estaba, en parte, legitimada metodológicamente. Los procedimientos exegéticos tradicionales (de los cuales ofrece una de las descripciones clásicas[198]) asumen que la Escritura crea su propio ámbito de significado y que la tarea interpretativa consiste en extenderlo sobre toda la realidad. Las formas concretas de hacer esto dependen, ciertamente, del carácter de la religión y sus textos. Un conjunto de técnicas interpretativas es apropiado cuando la Torah es el centro de la escritura religiosa, otro lo es cuando ese centro lo ocupa el relato de Jesús, y otro sería apropiado cuando ese centro es la iluminación de Buda y sus enseñanzas. En general, limitaremos nuestras reflexiones sobre este particular al caso cristiano.

En este contexto cristiano existía un especial énfasis, aunque no una total exclusividad, en los procedimientos tipológicos o figurativos, en primer lugar, para unificar el canon y, en segundo lugar, para abarcar el cosmos. La tipología se usaba para incorporar las Escrituras Hebreas dentro del canon centrado en Cristo y, después, por extensión, para abarcar la realidad extrabíblica. El rey David, por ejemplo, estaba, en algunos aspectos, prefigurando tipológicamente a Jesús, pero también, en el periodo carolingio, fue usado como un tipo para Carlomagno y, en los días de la Reforma, como incluso también los protestantes decían, para Carlos V en sus guerras contra los turcos. Así pues, una figura del Antiguo Testamento, filtrada a través del antitipo del Nuevo Testamento, se convertía en un modelo para reyes posteriores y, en el caso de Carlomagno, proporcionaba un estímulo documentable para la organización de los sistemas educativos y parroquiales que están en los orígenes institucionales de la civilización occidental. A diferencia de la alegoría, la interpretación tipológica no vaciaba a los personajes veterotestamentarios o postbíblicos de su propia realidad[199] y, por tanto, constituía una poderosa manera de incorporar imaginativamente todos los seres en un mundo cuyo centro es Cristo.

Es importante percatarse de la dirección de la interpretación. La tipología no convierte los contenidos de la Escritura en metáforas de las realidades extrabíblicas, sino a la inversa. No sugiere, como hoy es habitual decir, que los creyentes encuentren sus historias en la Biblia, sino, más bien, que hagan del relato bíblico su propia historia. La cruz no debe ser vista como una representación figurativa del sufrimiento, ni el reino mesiánico como un símbolo de la esperanza en el futuro; más bien, el sufrimiento debería ser cruciforme, y las esperanzas para el futuro, mesiánicas. Hablando de un modo más general, es la religión materializada en la Escritura lo que define el ser, la verdad, la bondad y la belleza, y los ejemplos no

---

198. Tomás de Aquino, *ST* I.1.10.

199. La estructura, aunque no con todos los detalles, de mi comprensión de la interpretación tipológica se puede consultar en Hans Frei, *The Eclipse of Biblical Narrative* (New Haven: Yale University Press, 1974), esp. pp. 1-39.

escriturísticos de estas realidades necesitan ser transformados en figuras (o tipos, o antitipos) de los bíblicos. La teología intratextual redescribe la realidad dentro del marco escriturístico, en lugar de traducir la Escritura a categorías extrabíblicas. Por así decirlo, es el texto lo que absorbe al mundo y no el mundo al texto.

Sin embargo, siempre existe el peligro de que los materiales extrabíblicos insertos en el universo bíblico se conviertan ellos mismos en el marco interpretativo básico. Esto es lo que ocurrió, de acuerdo con las decisiones de la corriente cristiana mayoritaria, en el caso del gnosticismo. En el gnosticismo, el helenismo se convirtió en el intérprete más que en lo interpretado. El rabino judío que en los textos del Nuevo Testamento es el Mesías crucificado y resucitado fue transformado en una figura mitológica ilustrativa de significados completamente ajenos a la Escritura. La gran iglesia tampoco escapó completamente a este peligro. En las formulaciones de los credos insistía en que el Jesús del que habla la Escritura es el Señor, pero a menudo leía la Escritura de un modo tan helenístico que este Jesús acababa pareciéndose a un semidios pseudopagano. El consenso doctrinal en la primacía de la Escritura acerca del estatus canónico del Antiguo así como del Nuevo Testamento, y acerca de la plena humanidad de Cristo no fue suficiente por sí mismo para mantener un marco integralmente escriturístico dentro del cual interpretar la herencia clásica que la iglesia trató de cristianizar. Se necesitaban procedimientos teológicos y exegéticos mejores.

Hasta la Reforma, esta necesidad fue cubierta en parte por los métodos tipológicos a los que nos acabamos de referir. En occidente, según vamos avanzando desde Agustín, a través de Tomás de Aquino, hasta Lutero y Calvino, se aprecia una resistencia creciente al uso indiscriminado de la alegoría y una insistencia en la primacía de un sentido literal intratextual que puede ser especificado. Más allá de los muchos errores que se cometieron en su puesta en práctica, esta dirección interpretativa iba de la Biblia al mundo, más que al revés.

Hay que señalar que entre los reformadores la resistencia a la alegorización y el mayor énfasis en la intratextualidad (*scriptura sui ipsius interpres*) no mermó el énfasis en la proclamación, en la palabra predicada, sino que lo intensificó. Podríamos decir que la Escritura fue interpretada a través de su uso[200], por la *viva vox evangelii*. En un contexto intratextual, este énfasis en la palabra viva implica aplicar el lenguaje, los conceptos y las categorías de la Escritura a las realidades contemporáneas y, en sus consecuencias intelectuales, prácticas y homiléticas, difiere de los intentos liberales, cuyo mejor ejemplo es el de Ebeling[201], de comprender

---

200. Charles Wood, *The Formation of Christian Understanding* (Louisville: Westminster Press, 1981), pp. 42, 101 y passim.

201. Véase mi recensión de Gerhard Ebeling, *Dogmatik des christlichen Glaubens*, en *Journal of Religion* 61 (1981), pp. 309-314.

la noción reformada de palabra de Dios como un "evento de la palabra" de tipo experiencial.

Como muestra el trabajo de Hans Frei[202], la situación ha cambiado radicalmente en los últimos siglos, y han aparecido nuevas dificultades. La interpretación tipológica colapsó bajo los ataques combinados de los desarrollos racionalistas, pietistas e histórico-críticos. La Escritura dejó de funcionar como la lente a través de la cual los teólogos veían el mundo y, en lugar de eso, se convirtió primariamente en objeto de estudio cuyo significado religiosamente relevante o literal fue ubicado fuera de ella misma. Los enfoques esencialmente literarios del pasado, con sus afinidades a los modos informales de leer los clásicos en sus propios términos, dieron paso a preocupaciones fundamentalistas, histórico-críticas y expresivistas respecto de la facticidad o la experiencia. Los significados intratextuales de la Escritura continúan modelando informalmente la imaginación de occidente (incluso los marxistas ateos piensan en la historia como el despliegue de un patrón determinado hacia una conclusión en última instancia ineludible), pero los teólogos no otorgan a estos significados una primacía metodológica. En lugar de ello, si están existencialmente predispuestos, reinterpretan la noción de dirección providencial como, por ejemplo, una expresión simbólica de confianza a pesar de las vicisitudes de la vida; o, si sus planteamientos son objetivistas, deberían, como hizo Teilhard de Chardin, interpretar la providencia en términos de una versión optimista de la ciencia evolucionista. Que sea posible recuperar una comprensión específicamente bíblica de la providencia depende, en parte, de la posibilidad de leer de nuevo la Escritura teológicamente de formas más bien literarias, en lugar de no literarias.

Se puede apreciar bien la profundidad de la crisis actual si consideramos que, incluso aquellos que doctrinalmente coinciden en que la historia de Jesús es la clave para comprender la realidad, a menudo tienen una discrepancia teológica fundamental sobre qué es lo que realmente esa historia narra, sobre su sentido normativo o literal[203]. ¿Es el sentido literal del relato la historia que algunas lecturas suponen que registra y, si es así, es esta historia la de los fundamentalistas o la de la crítica histórica? O, ¿ cuál es el sentido real, el sentido teológicamente importante del relato: la forma de estar en el mundo que el relato simboliza, las acciones y actitudes liberadoras que expresa, los ideales éticos que ejemplifica, las verdades metafísicas sobre Dios-humanidad que ilustra, o las promesas evangélicas que encarna? Cada una de estas formas de construir el relato depende de un marco interpretativo diferente (histórico, fenomenológico, existencial, ético,

---

202. Hans Frei, *The Eclipse of Biblical Narrative* (New Haven: Yale University Press, 1974), pp. 39ss.

203. He tomado de David Kelsey el modo general de abordar este problema de la interpretación bíblica al que nos referimos en este párrafo, aunque no en todos sus detalles: *The Uses of Scripture in Recent Theology* (Minneapolis: Fortress Press, 1975).

metafísico, doctrinal) que especifica la cuestión que hay que preguntarle al texto y configura las imágenes de Jesús que emergen. Todas estas imágenes pueden ser ortodoxas en el sentido de que son conciliables con Nicea, pero sus implicaciones para la práctica y la compresión religiosas son radicalmente divergentes. Nada mejor que esto para ilustrar el planteamiento de los capítulos precedentes de que para la mayoría de los fines los temas teológicos son más decisivos e interesantes que los doctrinales.

El modo intratextual de abordar este problema depende fuertemente de consideraciones literarias. El significado normativo o literal debe estar en consonancia con la clase de texto que la comunidad para la que es importante considera que es. El significado no debe ser esotérico: no debe haber nada detrás, debajo o en frente del texto; el texto no debe revelar, desvelar, implicar o sugerir nada a los que tienen unos intereses metafísicos, históricos o experienciales ajenos a la comunidad. El significado debe ser, más bien, lo que el texto dice en términos del lenguaje comunitario del cual el texto no es más que una realización concreta. Un documento legal no debería tratarse, al estilo cuasi-cabalista, como si, primero de todo, fuera un elemento de expresión simbólica (aunque secundariamente también pueda serlo); tampoco el relato de la creación del Génesis debería transformarse en ciencia; ni deberíamos convertir un relato realista (lo que también puede ser una novela) en historia (o, como la crítica histórica acostumbra a hacer, en una fuente de claves para reconstruir la historia). Si el carácter literario del relato de Jesús, por ejemplo, es utilizar, como hacen las narraciones realistas, la interacción entre fines y circunstancias para ofrecer la descripción de la identidad de un personaje, entonces el significado literal y metafísicamente determinante del relato es la identidad de Jesús así presentada, no su historicidad, su importancia existencial o su estatus metafísico[204]. Las implicaciones del relato para determinar el estatus metafísico, o la importancia existencial, o la trayectoria histórica de Jesucristo pueden tener grados variables de relevancia teológica, pero no son determinantes. Según un enfoque intratextual, al creyente no se le narran los relatos para que, primero de todo, se configure desde un Jesús de la historia reconstruido (como mantiene Hans Küng)[205], ni desde un metafísico Cristo de la fe (como la mayor parte de la tradición proposicionalista)[206], ni desde la experiencia de Dios como

204. Esta forma de plantear la cuestión proviene de Hans Frei, *The Identity of Jesus Christ* (Minneapolis: Fortress Press, 1975).

205. Además del libro de Hans Küng *Ser cristiano* (Madrid: Cristiandad, 1974), véase también su escrito "Toward a New Consensus in Catholic (and Ecumenical) Theology", en Leonard Swidler (ed.), *Consensus in Theology?* (Louisville: Westminster Press, 1980), pp. 1-17.

206. Este es el centro del ataque en Hick *The Myth of God Incarnate*, o. c. Véase la nota 167 del capítulo 5, más arriba.

abba (como hace Schillebeeckx)[207], ni desde un modo agapeico de estar en el mundo (como hace David Tracy)[208]; por el contrario, el creyente se conforma al Jesucristo plasmado en el relato. Una lectura intratextual intenta derivar el marco interpretativo que indica el sentido teológicamente determinante a partir de la estructura literaria del propio texto[209].

Este tipo de enfoque literario puede extenderse hasta abarcar, no simplemente el relato de Jesús, sino toda la Escritura. ¿Cuál es el género literario de la Biblia como un todo en su unidad canónica? ¿Qué mantiene unidos los diversos materiales que contiene: poesía, profecía, leyes, liturgia, sabiduría, mitos, leyendas e historia? Todos ellos están incluidos en un relato omniabarcante que tiene las características literarias propias de la narración realista, como queda ejemplificado de diversas formas, por ejemplo, en ciertos tipos de parábolas, novelas y narraciones históricas. Es como si la Biblia fuese una "inmensa y ligeramente estructurada novela de no ficción" (usando una frase que David Kelsey aplica a la noción que Karl Barth tiene de Escritura)[210].

Más aún, es posible especificar la función primaria de la narrativa canónica (que es también la función de muchos de los relatos más importantes que la componen, desde el Pentateuco a los Evangelios). Es "presentar un personaje (...), ofrecer una descripción de la identidad de uno de los protagonistas"[211], concretamente Dios. Y lo hace, no contando lo que Dios es en sí mismo, sino dando a conocer la interacción entre sus hechos y propósitos, y los de las criaturas, que están en unas circunstancias en cambio constante. Estos relatos alcanzan su clímax en lo que los Evangelios dicen de Jesucristo resucitado, exaltado a los cielos y presente por siempre, cuya identidad como protagonista divino-humano está establecida irremplazablemente en los relatos sobre Jesús de Nazaret. Este apogeo, sin embargo, es lógicamente inseparable de lo que lo precede. El Jesús de los Evangelios es el Hijo del Dios de Abraham, Isaac y Jacob en el mismo sentido fuerte en que el Hamlet de la obra de Shakespeare es el Príncipe de Dinamarca. En ambos casos, el título y su referencia a un contexto más amplio identifican irremplazablemente, y no contingentemente, al portador del nombre.

No es difícil observar cómo, desde esta perspectiva, las descripciones teológicas de una religión pueden necesitar ser materialmente diversas, incluso

---

207. Edward Schillebeeckx, *Jesús: La historia de un viviente* (Madrid: Cristiandad, 1981).

208. David Tracy, *Blessed Rage for Order* (Nueva York: Seabury Press, 1975).

209. El modo que tiene Karl Barth de hacer esto es presentado y evaluado de un modo crítico pero sintonizando con él en David Ford, *Barth and God's Story* (Frankfurt: Peter Lang, 1981). Véase también D. Ford, "Narrative in Theology", *British Journal of Religious Education* 4/3 (1982), pp. 115-119.

210. David Kelsey, *The Uses of Scripture in Recent Theology*, o. c., p. 48.

211. Ibid.

cuando el criterio formal de fidelidad siga siendo el mismo. La atención no se fija, en primer término, en el ser de Dios en sí mismo, porque el texto no trata de eso, sino en cómo se debe vivir la vida y construir la realidad a la luz de la personalidad de Dios como un personaje narrativo, tal y como es descrito en los relatos de Israel y de Jesús. La vida, sin embargo, no es igual en las catacumbas que en los espacios abiertos, y la realidad es diferente, por ejemplo, para los platónicos que para los whiteheadianos. Los moradores de las catacumbas y los astronautas podrían enfatizar correctamente aspectos diferentes de los relatos bíblicos que presentan la forma de ser y la acción de Dios al describir sus situaciones respectivas. A juzgar por las pinturas de las catacumbas, el primer grupo solía verse como ovejas que necesitaban un pastor, mientras que el segundo grupo, a lo mejor, subrayaría el encargo de Dios a los seres humanos de administrar el planeta Tierra. De un modo parecido, las diferencias entre platónicos y whiteheadianos sobre la naturaleza de la realidad suponen profundas discrepancias acerca de la adecuada caracterización de las propiedades metafísicas de Dios, mientras que los antimetafísicos, por su lado, aducen que ninguna teoría de los atributos divinos está en coherencia con la identidad del Dios bíblico.

Sin embargo, todas estas teologías podrían coincidir en que Dios está descrito adecuadamente en los relatos sobre un ser que creó el cosmos sin ninguna razón humanamente concebible, pero que –simplemente por su propio deleite y por complacerse en su propia bondad– encargó al Homo sapiens la administración de una minúscula parte de este cosmos, permitió males terribles, escogió a Israel y a la iglesia como pueblos que lo testimonien, y envió a Jesús como Mesías y Emmanuel, Dios con nosotros. La intención de estas teologías, más allá de lo satisfactorias o insatisfactorias que puedan ser, podría ser, en todos los casos, la de describir la vida y la realidad de un modo coherente con lo que estas historias afirman sobre Dios. Podrían, repito, tener una norma intratextual común de fidelidad a pesar de sus desacuerdos materiales.

Sin embargo, las teologías intratextuales también pueden discrepar acerca de la norma. Pueden debatir sobre si la narrativa realista es la mejor o única forma de identificar el género literario y el marco interpretativo propios del canon cristiano y, aún coincidiendo en esto, sobre cómo caracterizar el agente divino operante en los relatos bíblicos. Yendo más a lo esencial, podrían discrepar sobre la extensión y la unidad del canon. Si el Apocalipsis y el libro de Daniel son el centro de la Escritura, como parece ocurrir en el caso de los pre-milenaristas de la Biblia de Scofield, de ahí surge una imagen muy diferente de la acción y los propósitos de Dios. Más aún, como los debates actuales sobre el feminismo nos recuerdan con intensidad, la tradición del pasado o el consenso del presente pueden servir como ampliaciones del canon e influir profundamente en la interpretación de todo su conjunto. Estas extensiones, en ocasiones, pueden ir más allá del ámbito específicamente cristiano o religioso. La tradición filosófica, desde Platón a Heidegger, opera como un corpus canónico para gran parte de la reflexión occidental sobre Dios o sobre la condición humana; y cuando esta reflexión se va haciendo consciente de que está operando con un lenguaje exclusivamente occidental y no con uno disponible transculturalmente, entonces comienza a adquirir algunas de las características de la intratextualidad[212]. En pocas palabras, la intratextualidad puede ser una condición para una descripción y un desarrollo de una religión o una tradición que sean fieles, pero las consecuencias materiales o doctrinales de esto dependen en parte, evidentemente, de cuál es el canon al que se apele.

Por otro lado, no hay que olvidar que para una teología postcrítica o postliberal la intratextualidad es significativamente diferente de sus versiones tradicionales precríticas. Ahora estamos en disposición de establecer una distinción (que antes del desarrollo de la ciencia moderna y los estudios históricos no estaba disponible) entre narración realista y descripciones históricas o científicas. La Biblia suele estar escrita "al modo histórico", incluso cuando no tiene una "plausibilidad histórica". Por tanto, si nos tomamos en serio que es un relato del primer tipo, puede ser tomada como criterio para delinear el carácter divino y humano de los personajes del relato, incluso cuando nuestra historia o nuestra ciencia están puestas en cuestión. Como nos muestran parábolas como la del hijo pródigo, el despliegue de Dios como personaje en la narrativa bíblica no depende lógicamente, en todos los casos, de la facticidad del relato.

De hecho, la crítica histórica influencia la interpretación teológico-literaria de los textos. Una lectura narrativa postcrítica de la Escritura como la que, hasta cierto punto, podemos encontrar en la obra de von Rad sobre el Antiguo Testamento[213] es bastante diferente de una pre-crítica. O, refiriéndonos a un ejemplo más concreto, si la crítica histórica está en lo cierto al decir que el joánico "antes de que Abraham existiera, Yo soy" (Juan 8, 58) no es una auto-descripción del Jesús pre-pascual, sino una confesión de fe comunitaria, entonces incluso los que aceptan completamente esa confesión querrán modificar las descripciones teológicas tradicionales de lo que Jesús fue en su vida terrena. Puede que coincidan con Calcedonia desde un punto de vista doctrinal, pero prefieren una *theologia crucis* paulina a la *theologia gloriae* que habitualmente se asocia con Calcedonia (y que podemos encontrar hasta en los principales exponentes de la teología de la cruz, como Lutero). Sin embargo, desde una perspectiva intratextual, las consideraciones literarias son más importantes que las histórico-críticas a la hora de determinar el sentido canónico, incluso en casos como estos. La afirmación de

212. Richard Rorty ilustra parcialmente esta posibilidad de hacer una filosofía intratextual, pero la inevitable vaguedad de su canon de textos filosóficos le pone en la antesala de ser una versión filosófica del deconstruccionismo. Véase su *Consecuencias del pragmatismo* (Madrid: Tecnos, 1996 [original de 1982]), esp. los ensayos 6 (sobre Derrida), 8 y 12, y la Introducción.

213. Gerhard von Rad, *Teología del Antiguo Testamento*, 2 vols., (Salamanca: Sígueme, 1969).

Jn 8, 58 puede ser fácilmente aceptada como una confesión comunitaria más que como una auto-descripción a causa de que, claramente, el género literario de Juan no es el de la historia fáctica.

Finalmente, y de un modo más general, el acento postcrítico en los significados intratextuales conlleva un cambio en la actitud respecto de algunos aspectos del texto que fueron importantes para la interpretación premoderna. Por ejemplo, los detalles físicos de lo que supuestamente ocurrió en el monte Sinaí ya no interesan directamente para fines tipológicos o figurativos, como solían ser para la tradición, pero las cuestiones fundamentales siguen siendo prácticamente las mismas: ¿Cuál es la naturaleza y la función de la Torah? Para el Nuevo Testamento, ha sido tutelada por Israel y cumplida en Cristo, pero ¿qué supone esto para el cristianismo posterior y sus relaciones con el judaísmo? Extendiendo esa misma analogía, ¿no es la Torah tanto tutelada como cumplida para las comunidades cristianas de una época anterior al final, cuando su cumplimiento no es todavía definitivo; y no hace esto que los cristianos estén mucho más cerca de los judíos de lo que habitualmente han creído? Más aún, ¿qué tiene que ver el holocausto con el monte Sinaí, por un lado, y con otro monte, el Calvario, por el otro? Lo que estas preguntas señalan es que una intratextualidad postliberal proporciona los caminos para incorporar imaginativa y conceptualmente los mundos postbíblicos dentro del mundo de la Biblia de un modo similar al de la tradición. Pero, inevitablemente, las consecuencias serán, a menudo, muy diferentes, por los cambios en las realidades extrabíblicas que deben ser tipológicamente interpretadas y porque un acercamiento crítico a la historia hace necesaria una intratextualidad más rigurosa.

Para concluir este análisis, hay que insistir en que la relación entre la práctica de la intratextualidad y la teoría explícita es bastante vaga. Igual que los buenos gramáticos o matemáticos pueden estar bastante desencaminados a la hora de entender lo que ellos realmente están haciendo, también a los teólogos les puede pasar lo mismo. No hay razón para sorprenderse si un evidente proposicionalista como Tomás de Aquino o un indudable experiencial-expresivista como Schleiermacher fueran, en su modo práctico de actuar, más intratextuales de lo que sus teorías supuestamente permitirían. Su proceder real habría, quizá, mejorado si sus teorías de la religión hubiesen sido diferentes, pero esto es cierto únicamente si otras condiciones permaneciesen iguales. La genialidad de nacimiento y el compromiso religioso son útiles, pero para que lleguen a convertirse en competencia teológica también son necesarios un entorno favorable, estar bajo la tutela de expertos y una práctica asidua en un complejo conjunto de habilidades no formalizables que ni los mejores teorizadores son capaces de caracterizar adecuadamente. Donde se carece de estas condiciones, ni la mejor teoría podría mejorar la práctica de un modo apreciable, y donde están presentes, hasta la peor teoría puede ser relativamente inocua.

No obstante, las implicaciones de estas observaciones no auguran nada bueno para el futuro de la teología postliberal. Aunque llegara a ser popular en el nivel teórico, el resultado sería, principalmente, dialogar acerca de la intra-textualidad en lugar de generalizarse una mayor y mejor práctica intratextual. Da la impresión de que las condiciones para la práctica se están debilitando paulatinamente. El desorden y la desconexión entre la iglesia y la sociedad hacen que la transmisión de las habilidades necesarias sea más y más difícil. Los que viven en un contexto de alta cultura intelectual sólo en raras ocasiones han sido socializados con intensidad en lenguajes y formas de vida comunitarias religiosas coherentes. Esto no es algo necesariamente desastroso para las prospecciones a largo plazo sobre el futuro de la religión (que no depende de las élites), pero sí lo es para la teología como esfuerzo intelectual y académicamente creativo capaz de hacer contribuciones significativas para el conjunto de la cultura y la sociedad. Más aún, la teología (en el sentido de reflexión al servicio de la religión) está siendo crecientemente reemplazada por las ciencias de la religión, tanto en seminarios como en universidades. Existen cada vez menos escenarios institucionales favora-bles a la interpretación intratextual de la religión y las realidades extrabíblicas[214]. Quizá el último teólogo norteamericano que intentó en la práctica (y, hasta cierto punto, también en la teoría) de un modo extenso y efectivo describir los principales aspectos del panorama contemporáneo en términos distintivamente cristianos fue Reinhold Niebuhr. Tras el breve paréntesis neoortodoxo (que, en ocasiones, fue verdaderamente liberal en su metodología teológica, como en el caso de Paul Tillich), la tendencia liberal a describir la religión desde marcos ajenos a la Escritura volvió a convertirse en la tendencia dominante. Esto es algo comprensible. Las religiones se han convertido en textos foráneos que son mucho más fáciles de traducir en categorías populares en cada momento que de ser leídas en términos de su propio sentido intrínseco. Así pues, los principales obstáculos para la fidelidad teológica intratextual provienen de la situación psicosocial más que de consideraciones académicas o intelectuales.

III. APLICABILIDAD COMO FUTUROLOGÍA

Comenzábamos este capítulo señalando que las teologías se pueden evaluar por su aplicabilidad, así como por su fidelidad. Se les juzga en qué medida son relevantes o prácticas en situaciones concretas, y también se valora su grado de correspondencia con los sistemas cultural-lingüísticos a los que pertenecen los usos religiosos que tratan de describir. En esta sección abordaremos, en primer lugar, la relación entre criterios de fidelidad y aplicabilidad para, en un segundo

---

214. Véase la n. 86 del Capítulo 1, más arriba.

momento, analizar algunos temas más específicos que son, hoy en día, especialmente relevantes.

Los sistemas de interpretación omniabarcantes poseen sus propios criterios internos de aplicabilidad: pueden ser evaluados desde sus propios patrones. Esto es evidente si nos fijamos en cómo las nociones de utilidad actual están configuradas por visiones de la realidad que abarcan más que el momento actual. Un marxista y un no marxista, por ejemplo, pueden estar de acuerdo en sus descripciones fácticas de las tendencias actuales y en el principio general de que estas tendencias pueden evaluarse en términos de sus consecuencias a largo plazo y, sin embargo, pueden disentir profundamente en sus extrapolaciones. Lo que a uno le parece una corriente hacia el futuro a otro le puede parecer un mero remolino en el río del tiempo y, de acuerdo a estas valoraciones, los criterios sobre aplicabilidad o practicidad pueden variar de modo importante. La diferencia puede ser aún mayor si el no marxista es, por ejemplo, un Vedanta Advaita para el cual el curso de la historia es religiosamente irrelevante; pero, en general, este tipo de devaluación del futuro temporal no ha sido característico de la religiosidad occidental.

En las religiones bíblicas, la preocupación por el futuro ha sido tradicionalmente asociada con la profecía. Los profetas proclaman lo que es leal y aplicable en una situación determinada, y rechazan propuestas que, sin importar su aparente practicidad, están condenadas a causa de su falta de fidelidad con el futuro de Dios. Como los biblistas nos recuerdan, ciertamente, las afirmaciones proféticas no son predicciones en el sentido ordinario del término. Jonás estaba decepcionado porque no se cumplieron sus profecías contra Nínive, pero esto no le llevó a poner en duda que Dios le hubiese hablado. El arrepentimiento que evitó la destrucción de la ciudad era, por así decirlo, el fondo último de su profecía. De igual modo, entre aquellos que esperaban una inminente parusía, su no cumplimiento apenas fue tomado como una evidencia de que Cristo no iba a volver. Una lógica similar opera en muchas predicciones no religiosas. El error del marxismo y otros esquemas anticipatorios seculares a la hora de pronosticar la desaparición inminente de la religión no supuso una refutación del secularismo, y la incapacidad predictiva de las anticipaciones contemporáneas del futuro[215] no han desanimado a los que lo intentan. En todos estos casos, el propósito no es predecir lo que está por venir, sino configurar la praxis del presente para que se adecue al futuro que se anticipa y anhela.

Las formas teólogicas que adopta esta actividad se parecen más a los estudios prospectivos contemporáneos que a la profecía bíblica. A diferencia de la

---

215. Por ejemplo, el pionero trabajo *Toward the Year 2000*, ed. por Daniel Bell (Boston: Beacon Press, 1968 [N. de los T.: en España se publicó sin referencia a Bell como editor y como H. Kahn, A. Wiener, E. Rostow y otros *Hacia el año* 2000 {Barcelona: Kairós, 1968}, con prólogo de S. Paniker]), nos puede parecer ahora extraordinariamente desfasado.

profecía, la prospectiva no depende de inspiraciones o intuiciones de primer orden, sino que es una actividad de segundo orden que hace uso del completo abanico de estudios empíricos en un esfuerzo por descubrir "los signos de los tiempos"[216]. Como ya hemos señalado, estos signos varían en gran medida en función de los patrones globales de interpretación que se tengan —como ocurre, por ejemplo, en el caso de que se parta de visiones de la realidad marxistas o no marxistas. En el caso de la teología cristiana, el objetivo es discernir, en las situaciones actuales, qué posibilidades pueden y deberían ser cultivadas como anticipaciones o preparaciones del futuro anhelado, el reino que viene. En pocas palabras, una propuesta teológica se considera tanto leal como aplicable en la medida en que se muestre práctica en términos de un escenario de lo por venir que sea escatológica y empíricamente plausible.

En la construcción de tales escenarios, la diferencia determinante entre liberales y postliberales estriba en el modo en que ellos relacionan sus planteamientos del futuro con las situaciones del presente. Los liberales comienzan con la experiencia, con una presentación del presente, para, a continuación, ajustar su visión del reino de Dios consiguientemente, mientras que los postliberales, en principio, suelen actuar del modo contrario. La forma de proceder de los primeros se acomoda más fácilmente a las tendencias del tiempo presente, ya sea desde la derecha o desde la izquierda: los compañeros de viaje cristianos del nazismo y el estalinismo usaron generalmente metodologías liberales para justificar sus posiciones. Cuando, en contraste con estos planteamientos, contemplamos el presente a la luz de una escatología de origen intratextual, obtenemos una visión muy diferente acerca de qué desarrollos contemporáneos pueden ser en última instancia significativos. A veces se pueden proponer recomendaciones prácticas similares, pero por razones teológicas muy diferentes. Un postliberal puede aducir, por ejemplo, que habría que revisar las normas sexuales tradicionales porque la situación es muy diferente de aquella en la que fueron formuladas, o porque no son fieles desde un punto de vista intratextual, pero no, como algunos liberales se inclinan a decir, sobre la base de que la liberación sexual es un avance hacia el futuro escatológico. El postliberalismo no está comprometido metodológicamente ni con el tradicionalismo ni con el progresismo, aunque su oposición a las modas del presente, a convertir en revelatoria la experiencia actual, puede derivar, a menudo, hacia posturas conservadoras. Sin embargo, en numerosas ocasiones la norma intratextual requiere rechazar lo viejo a favor de lo nuevo.

Con todo, estos comentarios sobre el método dejan intacta la cuestión de la posible relevancia actual del postliberalismo. En los capítulos precedentes se ha sugerido que el enfoque cultural-lingüístico se fundamenta en tendencias

---

216. Yo mismo he realizado dos pequeñas incursiones en este género (véase la n. 78 del Capítulo 1, más arriba) que son la base de los siguientes párrafos.

intelectuales propias de disciplinas no teológicas y que, a su manera, puede adaptar algunos de los planteamientos teológicos fundamentales que hacen tan atrayente el modelo experiencial-expresivista. Aunque también indicamos que la situación psicosocial actual es más favorable al liberalismo que al postliberalismo. Los sociólogos han estado durante un siglo o más contándonos que la racionalización, el pluralismo, y la movilidad de la vida moderna disuelven los lazos entre tradición y comunidad. Este hecho da como resultado multitudes de hombres y mujeres obligados, si tienen inquietudes religiosas, a emprender su propia búsqueda individual de símbolos de trascendencia. Las iglesias se han convertido en proveedores de este bien de consumo y van dejando de ser comunidades que socializan a sus miembros en perspectivas y formas de vida religiosas omnicomprensivas y coherentes. La sociedad condiciona a los seres humanos para experimentar su individualidad como algo que, de alguna manera, está por encima de las influencias sociales y, paradójicamente, utiliza las religiones y filosofías orientales para fundamentar lo que, desde un punto de vista cultural-lingüístico, es el mito del ego trascendental. La individualidad se experimenta como algo dado, más que como un don o un logro, y su realización pasa por penetrar en las profundidades de la interioridad, y no por ser una acción comunitariamente responsable en el ámbito público. De este modo, el clima cultural es, tomado en su conjunto, contrario al postliberalismo.

Se podría aducir, además, que existe una probabilidad muy pequeña de que las tendencias culturales favorables al experiencial-expresivismo se reviertan en un futuro previsible de manera realista. Si las naciones quieren evitar la destrucción nuclear o medioambiental, tendrán que estar más unidas que nunca. Lo que el mundo va a necesitar es algún tipo de punto de vista lo suficientemente general como para proporcionar un marco común para búsquedas religiosas diversificadas hasta el infinito. El experiencial-expresivismo, con su apertura a la hipótesis de una unidad subyacente, parecería la mejor opción a la hora de satisfacer esta necesidad, por encima de una compresión cultural-lingüística de la religión que hace hincapié en las particularidades. El monoteísmo occidental aparece como especialmente descalificado para esta tarea porque, en una lectura intratextual, estas religiones no pueden, sin suicidarse, renunciar a sus pretensiones de validez universal e insuperable respecto de su forma específica de identificar el misterio último de la realidad con el Dios de Abraham, Isaac y Jacob; de Jesús; o del Corán. El futuro pertenece, según esta perspectiva, a las interpretaciones liberales de la religión.

Sin embargo, en el dominio especulativo de los estudios prospectivos es fácil encontrar contraargumentos. Se puede señalar que la extrapolación indeterminada de las tendencias del presente es un procedimiento cuestionable porque cualquier tendencia dada, llevada lo suficientemente lejos, termina por destruir las condiciones para su propia existencia. Cuando la liberación de las limitaciones produce caos, el resultado es una nueva servidumbre, y la ley y el orden son, de nuevo, experimentados como condiciones para la libertad. Sin embargo, cuando la ley y el orden no tienen ningún control, crean rigideces que guardan las semillas de su propia destrucción. De modo parecido, la viabilidad de un mundo unificado en el futuro bien podría depender de contrarrestar el carácter corrosivo de la modernidad. Podría depender de enclaves comunitarios que socializan a sus miembros en perspectivas fuertemente particulares que fundamentan la preocupación por los otros, más que por los derechos y libertades individuales, y que también fundamentan un sentido de la responsabilidad por la sociedad en su conjunto más que por la realización personal. Si existe alguna religión que tenga la resistencia necesaria para esta exigente tarea a menos que, en alguna medida, pretenda ser significativamente diferente e insuperablemente verdadera es una cuestión, en último término, abierta; y para una religión es más fácil potenciar esta pretensión si se interpreta en términos cultural-lingüísticos que si lo hace en claves experiencial-expresivistas. De esta forma, bien podría ser que las teologías postliberales sean más útiles que las liberales para abordar las necesidades del futuro.

Estas consideraciones se ven reforzadas si tomamos en cuenta qué va a ser necesario para la viabilidad, no de un orden mundial, sino de tradiciones culturales como la occidental. Si la Biblia ha configurado la imaginación de Occidente en un grado parecido al que, por ejemplo, indica Northrop Frye[217], entonces la continuada vitalidad y creatividad imaginativa occidental podría depender de la existencia de grupos para los cuales, por un lado, las Escrituras hebreas y cristianas no son simplemente unos clásicos entre muchos otros, sino la literatura canónica por excelencia, y que, por otro lado, están también en estrecho contacto con el conjunto de la cultura que les rodea. Ese mismo argumento se puede aducir en relación al Corán y la cultura islámica, y quizá algo análogo se pueda también aplicar a las religiones y culturas del lejano Oriente, a pesar de que carecen de cánones supremos definidos con la misma claridad. Hablando de un modo más general, siempre que una religión enfatice el servicio y no la dominación, es probable que contribuya más al futuro de la humanidad si preserva su especificidad e integridad propias que si se rinde a las tendencias homogeneizadoras asociadas con el experiencial-expresivismo liberal.

Esta conclusión es paradójica: las comunidades religiosas tienen más probabilidades de ser relevantes a largo plazo desde un punto de vista práctico en la medida en que no empiecen preguntando qué es práctico o relevante, sino concentrándose en sus propias perspectivas y formas de vida intratextuales. El tan debatido problema de la relación entre teoría y praxis se disuelve así a través de la analogía comunitaria de la justificación por la fe. Del mismo modo que es verdadero para los individuos, tampoco la salvación de una comunidad religiosa se

---

217. Northrop Frye, *El gran código. Una lectura mitológica y literaria de la Biblia* (Barcelona: Gedisa, 1988 [original de 1982]).

realiza por las obras, ni su fe está al servicio de la eficacia práctica y, sin embargo, buenas obras de impredecibles tipos brotan de su fidelidad. Fue así, y no a través de un esfuerzo intencionado, como la religión bíblica ayudó a producir democracia y ciencia, así como otros muchos valores que los occidentales atesoramos; y, si acaso, será a través de estos modos igualmente inimaginables e inesperados como la religión bíblica ayudará a salvar el mundo (porque la civilización occidental es ahora la civilización mundial) de las corrupciones demoníacas de estos mismos valores.

Estos argumentos a favor de la aplicabilidad de los enfoques postliberales no pueden ser evaluados de un modo neutral. Quienes piensan que las religiones son, no tanto productos, sino más bien fuentes de la experiencia considerarán que la pérdida de particularidad religiosa es un empobrecimiento, mientras que otros la tomarán como un enriquecimiento. Los marcos de interpretación omnicomprensivos proporcionan sus propios estándares de relevancia y, así, tanto las perspectivas liberales como las postliberales no tienen dificultad para leer los signos de los tiempos de forma que justifiquen su propia viabilidad.

IV. INTELIGIBILIDAD COMO APTITUD

El planteamiento de la aplicabilidad que acabamos de esbozar está incompleto. No se ha analizado si las teologías postliberales ayudarían a hacer que las religiones sean más comprensibles y creíbles. Esta es una cuestión tanto práctica como teórica, y se puede formular en términos de dos problemas estrechamente relacionados. En primer lugar, la intratextualidad parece completamente relativista: se podría aducir que encierra a las religiones en guetos intelectuales inconmensurables y cerrados sobre sí mismos. Ligado a esto, en segundo lugar, está el dilema fideísta: daría la impresión de que elegir entre diferentes religiones es algo puramente arbitrario, un asunto de fe ciega.

Puede que, en otros tiempos o lugares en los que las tradiciones comunitarias permanecen relativamente inquebrantables y las creencias se transmiten de padres a hijos de generación en generación, estas pudieran no ser unas debilidades mortales, pero, en situaciones de pluralismo en las que la religiosidad suele conllevar decisiones entre alternativas que pugnan entre sí, pueden llegar a convertirse en obstáculos para la supervivencia de las religiones. En nuestros días, parece esencial adoptar una postura apologética que busque descubrir un esquema de fundamentación dentro del cual las religiones puedan ser evaluadas, y que haga posible traducir los significados tradicionales en términos inteligibles en nuestro tiempo. La oposición postliberal a este proyecto fundamentador sería, desde esta perspectiva, un error fatal.

La gran fortaleza del liberalismo teológico estriba en su compromiso con el proyecto de hacer que la religión sea comprensible desde un punto de vista experiencial para los que la desprecian y los que la aprecian, desde los más cultos a los más incultos. Es típico de los liberales elegir las categorías en las que exponer sus teologías sistemáticas precisamente en función de su objetivo primordial de transparentar el evangelio en un mundo para el que se ha convertido en algo opaco; y, de igual forma, evalúan sus propuestas según su capacidad para comunicarse con la forma moderna de pensar. Este mismo interés está en el origen de la estrecha vinculación de los liberales con el esfuerzo fundamentador por desvelar los principios o estructuras universales –existenciales, fenomenológicas o hermenéuticas, cuando no metafísicas. Si no existen tales estructuras universales, ¿cómo se puede entonces hacer creíble la fe, no sólo para los de fuera de la iglesia, sino también para los que creen a medias dentro de ella y, no en menor medida, para los teólogos? El programa liberal consiste, en cierto sentido, en una acomodación a la cultura, pero a menudo está motivado por impulsos misioneros no menos fuertes que los que envían a los evangélicos de Wiclef a tierras de ultramar para traducir la Biblia a lenguas aborígenes.

Los postliberales están obligados a ser escépticos, no sobre las misiones, sino sobre la apologética y las fundamentaciones universales. En la medida en que las religiones son como lenguas y culturas, al igual que con el chino o el francés, no se pueden enseñar a través de la traducción. Lo que se dice en un idioma puede, hasta cierto punto, ser expresado en una lengua extranjera, pero nadie aprende a comprender y a hablar en chino simplemente escuchando y leyendo traducciones. El rechazo a la traducción no excluye completamente la apologética, aunque esta debe realizarse *ad hoc* y sin pretender ser una fundamentación universal, en lugar de permanecer en el centro de la teología. La gramática de la religión, como la de las lenguas, no puede explicarse o aprenderse a través del análisis de la experiencia, sino únicamente por la práctica. La competencia lingüística y religiosa puede ayudar en gran medida a la hora de abordar la experiencia, pero la experiencia por sí misma puede ser más un impedimento que una ayuda para adquirir competencia: los niños, al menos en el sentido de las parábolas de Jesús, tienen ventaja sobre los adultos. En suma, las religiones, como los lenguajes, sólo pueden ser comprendidas en sus propios términos, no trasladándolas a un discurso extraño a ellas.

Sin embargo, como ya se ha señalado en los capítulos precedentes, este enfoque necesita que el estudio teológico de la religión no se recluya en un gueto intelectual, sino que tiene la capacidad de liberarlo para que pueda estar en un contacto más estrecho con otras disciplinas. La difusión de la orientación cultural-lingüística en campos como la historia, la antropología y la filosofía ha acrecentado el interés en la intratextualidad, en la descripción de las religiones desde su interior. Los intentos liberales de explicar las religiones traduciéndolas a otras conceptualizaciones parecen atraer a los teólogos o a personas de otras religiones. A medida que la cultura moderna se aleja de sus raíces religiosas, estas traducciones van siendo cada vez más forzadas, complejas y oscuras para los no iniciados.

El relativismo aumenta y el recurso fundamentador a estructuras universales de pensamiento, experiencia o *Existenz* pierde su capacidad persuasiva. Tillich logró comunicarse con un amplio espectro de intelectuales hace una generación, pero es dudoso que sus numerosos sucesores liberales puedan ahora batir sus marcas, aunque tengan su mismo talento. Desde un punto de vista académico, los estudiosos no teólogos que quieren comprender la religión se preocupan por cómo funcionan las religiones para sus miembros, no por su credibilidad. Se podría decir que su interés se centra en la inteligibilidad descriptiva, no en la apologética. Paradójicamente, el resultado es que un enfoque postliberal, para el que la descripción intratextual juega un papel fundamental, bien podría tener ventajas interdisciplinares, mientras que la teología liberal, apologéticamente centrada en hacer creíble la religión para el conjunto de la sociedad, se parece cada vez más a un reducto del siglo XIX ubicado en medio del siglo XX.

Sin embargo, estas consideraciones dejan sin resolver el problema con el que empezábamos esta sección. La cuestión es si la inteligibilidad intratextual descriptiva es de ayuda para propósitos no simplemente interdisciplinares, sino también religiosos; pero si esta intratextualidad implica relativismo y fideísmo, este costo sería demasiado alto para la mayoría de tradiciones religiosas. Si no existen estructuras ni estándares de juicio universales o básicos sobre los cuales se pueda decidir entre diferentes opciones religiosas y no religiosas, podría parecer que la elección de cualquiera de esas opciones sería algo puramente irracional, un asunto de capricho arbitrario o fe ciega; y aunque esta conclusión podría encajar con buena parte del sentir moderno, está en contradicción con lo que la mayoría de las religiones han afirmado, independientemente de que se interpreten de un modo liberal, preliberal o postliberal.

Ahora bien, esta tendencia contraria a que se puedan encontrar unos principios universales sobre los que fundamentar la verdad del conocimiento no se debe identificar con el irracionalismo. El asunto no es si existen unas normas universales de razonabilidad, sino si estas normas pueden ser formuladas en un lenguaje neutral, independiente de los diferentes marcos de interpretación[218]. La conciencia cada vez más intensa de cómo los estándares de racionalidad cambian de un campo a otro y de una época a otra hace que el descubrimiento de un lenguaje así sea cada vez más improbable y que la posibilidad de disciplinas fundamentadoras sea dudosa. Con todo, esto no reduce la elección entre diferentes marcos interpretativos a mero capricho o azar. Como T. S. Kuhn ha señalado en referencia a la ciencia, y Wittgenstein respecto de la filosofía, las normas de razonabilidad

---

218. Para la argumentación seguida en este párrafo, véase George Lindbeck, "Teologische Methode und Wissenschaftstheorie", *Theologische Revue* 74 (1978), pp. 267-280. Véase también la sección IV del Capítulo 3, más arriba, para un análisis crítico del estatus de las afirmaciones religiosas con pretensión de verdad.

son demasiado ricas y sutiles como para ser especificadas adecuadamente en algún tipo de teoría general de la razón o del conocimiento. Estas normas, repitiendo una idea expuesta a menudo en este libro, son como las reglas de la gramática profunda, que los lingüistas buscan y a la que a veces puede que se aproximen, pero que nunca consiguen aprehender. De este modo, la razonabilidad en religión y en teología, como en otros ámbitos, participa de ese carácter estético, esa cualidad de habilidad no formalizable, que habitualmente asociamos con el artista o el hablante lingüísticamente competente. Si esto es así, las posiciones religiosas y teológicas básicas, como los paradigmas científicos de Kuhn, son invulnerables a la refutación (así como a la confirmación) definitiva pero, sin embargo, pueden ser puestos a prueba y se puede argumentar a su favor de varios modos y, a largo plazo, son estas pruebas y argumentos los que marcan la diferencia. La razón impone limitaciones a las opciones tanto religiosas como científicas, aunque estas limitaciones son demasiado flexibles e informales como para ser detalladas en una teología fundamental o en una teoría general de la ciencia. Resumiendo, la inteligibilidad proviene de la habilidad, no de la teoría, y la credibilidad viene de la buena práctica, no de la observancia de criterios formulados independientemente.

Desde este punto de vista, la razonabilidad de una religión está principalmente en función de sus capacidades asimilativas, de su habilidad para proporcionar una interpretación inteligible en sus propios términos de la gran variedad de situaciones y realidades que sus seguidores pueden encontrar[219]. La religión que llamamos primitiva suele fallar este test cuando se la confronta con los cambios más importantes, mientras que las religiones con una expansión mundial han desarrollado mayor número de recursos para hacer frente a las vicisitudes. Así, aunque una religión no sea susceptible de tener una refutación definitiva, está sujeta, como Basil Mitchell plantea[220], a procedimientos racionales de comprobación no diferentes del todo de los que se aplican para las teorías o paradigmas científicos generales (para los cuales, a diferencia de las hipótesis, no existen experimentos cruciales). La confirmación o refutación acontece a través de una acumulación de éxitos o fracasos a la hora de dar una explicación coherente desde un punto de vista práctico y cognitivo de un conjunto de datos relevantes y, en el caso de las religiones, este proceso sólo concluye cuando desaparecen las últimas comunidades de creyentes o, en caso de que la fe perviva, con el fin de la historia. Sin duda, es un proceso que no capacita a los individuos para decidir entre las principales

---

219. Lo que tengo en la mente aquí podría denominarse "asimilación por interpretación" y hay que distinguirlo de lo que el cardenal Newman, usando la misma expresión, enumeró como el tercer signo del desarrollo doctrinal auténtico. Las analogías que él usaba eran orgánicas, no interpretativas: por ejemplo, una planta asimila material externo tomándolo de su entorno (John Henry Newman, *Ensayo sobre el desarrollo de la doctrina cristiana* [Salamanca: Universidad Pontificia de Salamanca, 1997], pp. 214-218 y 363-387).

220. Basil Mitchell, *The Justification of Religious Belief* (Londres: Macmillan & Co., 1973).

alternativas sobre la única base del recurso a la razón, pero sí que ofrece garantías para tomar en serio que la religión es algo razonable, y también ayuda a explicar por qué la tarea intelectual de los teólogos, aunque vacía si no va acompañada de una práctica en consonancia con ella, sí realiza a veces contribuciones significativas para la salud de las tradiciones religiosas.

Muchas explicaciones teológicas premodernas de la relación entre fe y razón son coherentes con esta perspectiva. Incluso los ataques de Lutero a la "prostituta razón" no son fideístas: él afirma la importancia de la razón (en ocasiones incluyendo la lógica escolástica) al exponer la verdad cristiana contra los herejes y los paganos[221]. En el otro extremo del espectro, el uso de la razón de Tomás de Aquino no conduce a una teología fundamental o natural del tipo moderno. Incluso cuando tiene una actitud más apologista, como en su demostración de la existencia de Dios, sus pruebas son, en sus propias palabras, "argumentos probables" que apoyan la fe, más que elementos que forman parte de una iniciativa que busca una fundamentación independiente[222]. Se puede considerar que ambos pensadores, a pesar de sus diferencias materiales, mantienen que la revelación domina todos los aspectos de la empresa teológica, pero no excluyen un uso subsidiario de las consideraciones filosóficas y experienciales a la hora de explicar y defender la fe. De un modo similar, el enfoque postliberal no tiene por qué excluir una apologética *ad hoc*, sino únicamente una que sea sistemáticamente previa y controladora al estilo de la teología natural post-cartesiana y del posterior liberalismo. Como el propio Tomás de Aquino señala, razonar en apoyo de la fe no es meritorio antes de la fe, sino únicamente después[223], o, usando el esquema conceptual de este libro, la lógica de llegar a creer, a causa de que es parecida a la de aprender una lengua, da poco espacio para las argumentaciones pero, una vez que se ha aprendido a hablar el lenguaje de la fe, la argumentación se hace posible.

Comoquiera que sea, aunque la actitud contraria a las fundamentaciones universales del postliberalismo no implica relativismo o fideísmo, permanece la cuestión de cómo mostrar la inteligibilidad y la posible verdad del mensaje religioso a los que ya no comprenden el discurso tradicional. Como cristianos modernos, a menudo nos preguntamos cómo predicar el evangelio en un mundo descristianizado. Aquellos para los que este problema es teológicamente primordial suelen convertirse en liberales que buscan fundamentar su fe en principios universales. La tarea primaria de los teólogos, argumentan, es identificar las preguntas modernas que hay que abordar para, posteriormente, traducir las respuestas evangélicas a una

---

221. Brian Gerrish, *Grace and Reason: A Study in the Theology of Luther* (Oxford: Oxford University Press, 1962), esp. pp. 168-171; Philip Watson, *Let God Be God! An Interpretation of the Theology of Martin Luther* (Philadelphia: Muhlenberg Press, 1947), pp. 73ss.

222. Tomás de Aquino, *ST* I.1.8, ad 2.

223. Ibid., II-II.2.10.

conceptualización que sea comprensible en nuestro tiempo. Si no se hace esto, el mensaje caerá en saco roto, tanto dentro como fuera de la iglesia; y, a menos que la teología postliberal tenga alguna forma de satisfacer esta necesidad, será tildada por la comunidad religiosa de desleal e inaplicable, así como de ininteligible.

El método postliberal para abordar este problema está condenado a ser impopular entre aquellos cuya principal preocupación es mantener o incrementar el número de miembros y la influencia de la iglesia. Este método recuerda más la antigua catequesis que la moderna traducción[224]. En lugar de describir nuevamente la fe con nuevos conceptos, trata de enseñar el lenguaje y las prácticas de la religión a potenciales seguidores. Este ha sido el modo originario de transmitir la fe y de conseguir conversiones para la mayoría de las religiones a través de los siglos. En los primeros tiempos de la iglesia cristiana, por ejemplo, no fueron los católicos, sino los gnósticos, los que estaban más inclinados a redescribir los materiales bíblicos en un nuevo marco interpretativo. La mayor parte de los conversos paganos a la gran corriente católica no comprendía primero la fe y después decidían abrazar el cristianismo; el proceso era, más bien, el contrario: primero decidían y después comprendían. Dicho con más exactitud, primero eran atraídos por la comunidad cristiana y su forma de vida. Las razones para la atracción iban desde las más nobles a las más innobles y eran tan diversas como los individuos implicados; pero, sean cuales fueran los motivos, se sometían a una prolongada instrucción catequética en la cual practicaban nuevas formas de conducta y aprendían los relatos de Israel y su cumplimiento en Cristo. Sólo después de haber adquirido suficiente competencia en un lenguaje extraño como el cristiano y en su forma de vida, eran declarados capaces desde el punto de vista de la inteligencia y la responsabilidad para la profesar la fe, para ser bautizados.

Más tarde, cuando el cristianismo se hizo dominante socialmente, este tipo de catequesis desapareció, pero se obtenían resultados similares, aunque de un modo diluido, a través del proceso normal de maduración. En ambos casos, ya sea a través de la catequesis o de la socialización, lo que se producía era una familiaridad íntima e imaginativamente vívida con el mundo de la narrativa bíblica, una familiaridad que hacía posible experimentar el conjunto de la existencia en términos religiosos. Las versiones populares del mundo bíblico pueden haber estado a menudo gravemente distorsionadas, pero funcionaban intratextualmente.

Sin embargo, la cultura occidental está ahora en una etapa de transición en la que la socialización es ineficiente, la catequesis imposible y la traducción una alternativa tentadora. La herencia bíblica continúa estando poderosamente presente en formas latentes y destextualizadas que inmunizan contra la catequesis, pero que invitan a una nueva descripción. A menudo queda suficiente sustancia cristiana como para que las nuevas descripciones sean significativas. El marxismo,

224. Cf. n. 218, más arriba.

como es habitual señalar, es una forma secularizada de la escatología bíblica, y el existencialismo y la psicología profunda desarrollan temas de la antropología reformada separadas de su correspondiente teología reformada[225]. La experiencia y la identidad de amplias capas de la población desvinculadas de las iglesias permanecen profundamente influenciadas por su pasado religioso. Por ejemplo, suelen insistir a los investigadores sociológicos en que ellos son precisamente tan genuinamente cristianos como los cristianos piadosos que acuden a la iglesia; y es bastante interesante que a veces pretenden esto incluso negando la vida después de la muerte y considerando improbable la existencia de un Dios creador. Para ellos, Jesucristo no es el Hijo de Dios, y la imagen que tienen de él puede ser fuertemente ajena a la Escritura, pero su nombre forma parte de su ser[226]. Están inmunizados contra la catequesis pero, de cuando en cuando, se interesan en traducciones del evangelio a lenguajes existenciales, psicoanalíticos o liberacionistas que articulan su cristianismo latente.

La imposibilidad de una catequesis efectiva en la situación presente es, en parte, el resultado de la asunción implícita de que conocer una pequeña parte de las últimas manifestaciones del lenguaje religioso sería tanto como conocer la religión (aunque a nadie se le ocurriría pensar lo mismo respecto del latín). Sin embargo, el carácter de las iglesias durante estos tiempos de progresiva descristianización es algo mucho más importante. En la situación presente, a diferencia de los tiempos de la expansión misionera, las iglesias, ante todo, tratan de acomodarse a la cultura predominante, en lugar de configurarla. Se supone que es lo único que pueden hacer. De un modo u otro, siguen abarcando a la mayoría de la población y, les guste o no, deben surtir a las tendencias mayoritarias. Esto hace que les sea muy difícil atraer catecúmenos asiduos, incluso de entre sus propios niños, y cuando lo logran, por lo general se muestran completamente incapaces de proporcionar una instrucción efectiva en el lenguaje y la práctica distintivamente cristianos. Quienes buscan alternativas a, por ejemplo, el estilo de vida americano recurren, en lugar de a ellas, a religiones orientales o a ramas separadas de la gran corriente cristiana. No parece que esta situación vaya a cambiar hasta que la descristianización haya llegado mucho más lejos o, lo que es menos probable, se haya revertido en lo fundamental.

Cuando, si llega a suceder, la descristianización reduzca el cristianismo a una pequeña minoría, en aras de sobrevivir necesitarán formar comunidades

225. Véase el artículo citado en la n. 158 del Capítulo 4, más arriba.

226. Estas actitudes están también ampliamente extendidas en Europa, donde la asistencia a la iglesia es muy inferior a la de Estados Unidos. Véase H. Hild (ed.), *Wie stabil ist die Kirche? Bestand und Erneuerung: Ergebnisse einer Meinungsbefragung* (Gelnhausen: Burckhardthaus-Verlag, 1974). Véase también Gerhanr Szczesny, "Warum ich als Nichtchrist Weihnachten feiere", en H. Nitschke (ed.), *Was fällt ihnen zu Weihnachten ein?* (Gütersloh: Gerd Mohn, 1978), pp. 50ss.

que se esfuercen, sin la rigidez tradicionalista, por cultivar su lengua nativa y que aprendan a comportarse en consonancia con ella. Hasta que eso ocurra, empero, es probable que sea imposible utilizar los métodos catequéticos de comunicación de la fe en la gran corriente del cristianismo. El nada ilegítimo deseo de las iglesias de mantener sus miembros y de los teólogos de hacer creíble la fe, sobre todo para ellos mismos, continuará favoreciendo las traducciones experiencial-expresivistas a los lenguajes contemporáneos.

CONCLUSIÓN

Terminamos este capítulo con una observación que no es concluyente. Las teologías postliberales que utilizan una comprensión cultural-lingüística de la religión pueden ser leales, aplicables e inteligibles. Así pues, no hay razones teológicas, ni tampoco doctrinales, para rechazarlas. Sin embargo, puede que la inteligibilidad intratextual que el postliberalismo enfatiza no satisfaga las necesidades de religiones que, como el cristianismo, se hallan en un incómodo estadio de transición, viniendo de una situación de hegemonía cultural pero sin que todavía ese dominio se haya disuelto con claridad.

Las teologías de tendencias postliberales se mantendrán a pesar de las dificultades. Mantendrán una postura favorable a la intratextualidad tanto en ámbitos religiosos como no religiosos: la integridad de la fe así lo exige, y la vitalidad de las sociedades occidentales bien puede depender a largo plazo del poder configurador de la cultura que posee la perspectiva bíblica en su especificidad intratextual, o sea, intraducible. Por tanto, la teología debería resistirse al clamor del público religiosamente interesado por todo aquello que está de moda en la actualidad y que es inmediatamente inteligible. En lugar de ello, debería prepararse para un futuro en el que la continua descristianización hará que la autenticidad cristiana sea aún más posible comunitariamente.

Los que sostienen que la fidelidad religiosa es, ante todo, la presentación del mensaje religioso en formas actualmente inteligibles no estarán de acuerdo, por supuesto. Más aún, su premisa liberal puede ser defendida canónicamente. Buena parte del contenido de la Escritura y la tradición sugiere que predicar el evangelio de un modo comprensible es una parte necesaria de la fidelidad. En pocas palabras, como ya hemos dicho al comenzar este capítulo, la posibilidad de que una visión cultural-lingüística de la religión sea viable es algo que únicamente puede ser presentado, no probado. Los marcos interpretativos circunscritos a un ámbito concreto configuran sus propios criterios de adecuación.

Como en otras muchas áreas, la prueba determinante en este terreno es la práctica. Si un enfoque postliberal en su forma actual de funcionar demuestra ser para las comunidades más representativas conceptualmente convincente y útil para la práctica, entonces, con el tiempo, se convertirá en referencial. Así fue como las perspectivas teológicas de Agustín, Tomás de Aquino, Lutero y Schleiermacher llegaron a tener tanto peso. La única manera de evaluar los méritos y deméritos de un método teológico es la práctica.

Sin embargo, este capítulo no es un desempeño práctico de la teología sino, a lo sumo, un fragmento de apologética *ad hoc*. Trata de teología, pero, basándonos en criterios intratextuales, en él apenas hay un único argumento propiamente teológico. Ese tipo de argumentos que defienden sus tesis pueden encontrarse, a mi juicio, en fuentes tan diversas como Tomás de Aquino, los reformadores y Karl Barth, pero únicamente han sido mencionados, no desarrollados.

Con todo, como muchas propuestas programáticas, la de este libro no es una mera invitación a un trabajo futuro, sino que también depende de realizaciones del pasado. El lector recordará que el estímulo para escribir este libro proviene del convencimiento de que los resultados doctrinales de los debates ecuménicos de las últimas décadas se explican mejor en el contexto de un enfoque cultural-lingüístico de la religión y de una teoría regulativa de la doctrina que desde cualquier otro marco. Como los participantes en el experimento de los naipes de Postman-Bruner comentaban en el prólogo, he tenido repetidamente la experiencia de ver que las antiguas categorías (como, por ejemplo, las interpretaciones proposicionales o simbólicas de la doctrina) simplemente no son de aplicación a lo que está ahora ocurriendo, pero la claridad aparece cuando hacemos uso de una nueva categoría (las doctrinas eclesiales funcionando como principios regulativos en el interior de un sistema cultural-lingüístico). Aún diría más, desde el lado específicamente teológico, la referencia de segunda mano al acento exegético de Karl Barth en lo narrativo[227] ha sido un recurso fundamental para mi noción de intratextualidad como una forma apropiada de hacer teología de un modo coherente con una comprensión cultural-lingüística de la religión y una noción regulativa de la doctrina.

A pesar de todo, hay una cuestión que permanece abierta: si el camino intratextual podrá ser recorrido. En la actualidad se habla mucho sobre teología tipológica, figurativa y narrativa, pero se lleva poco a la práctica. Sólo en algunos teólogos más jóvenes se vislumbran los comienzos de un deseo de renovar la antigua práctica de envolver el universo dentro del mundo bíblico de un modo postradicional y postliberal. Ojalá que este clan vaya creciendo.

227. Cf. Kelsey, *The Uses of Scripture in Recent Theology*, o. c., pp. 39-50 y passim; también Ford, *Barth and God's Story*, o. c.; pero he aprendido a pensar de este modo acerca de Barth sobre todo en conversaciones con Hans Frei.

EPÍLOGO

RELACIONES INTERRELIGIOSAS Y ECUMENISMO CRISTIANO: REVISANDO EL CAPÍTULO 3 DE *LA NATURALEZA DE LA DOCTRINA*[228]

Fue el profesor Marc Boss quien sugirió que revisara el capítulo 3 de *La Naturaleza de la Doctrina* para una conferencia en Lausana en marzo de 2003, y estoy aquí agradecido por ello. Esa propuesta tenía más sentido que cualquiera de los temas que yo había pensado por mi cuenta, porque parece que este es el capítulo del libro que necesita más aclaraciones. Además, las relaciones interreligiosas, que son su tema central, han ido cobrando más importancia en la conciencia pública de lo que era imaginable hace dos décadas. Puede que Samuel Huntington no tenga razón en su tan leído trabajo sobre las raíces religiosas del choque de civilizaciones que predice para el siglo XXI, pero sí tiene razón en que, desde el colapso de la Unión Soviética, las religiones han reemplazado a las ideologías seculares como los mayores legitimadores mundiales del conflicto[229]. Mejorar las relaciones externas entre las distintas religiones parece ser más importante que esa búsqueda ecuménica de unidad interna dentro de la religión cristiana que acaparaba las noticias a mediados del siglo pasado y que también impregna mi libro. Éstas son buenas razones para intentar formular de una forma mínimamente sistemática lo que pienso del capítulo 3 más de 20 años después de haberlo escrito.

El ecumenismo sigue ocupando más parte de mi tiempo que la teología de las religiones, y no sólo por los baches en mi carrera. Una mayor unidad cristiana podría, creo, conseguir un cambio en el mundo, incluyendo a las otras religiones,

---

228. Éste es el original en inglés previamente no publicado de una traducción francesa ligeramente modificada que apareció en Gilles Emery y Pierre Gisel (eds.), *Postlibéralisme? La Théologie de George Lindbeck et sa réception* (Ginebra: Labor et Fides, 2004), pp. 183-203.

229. Samuel P. Huntington, *El choque de civilizaciones y la reconfiguración del orden mundial* (Barcelona: Paidós Ibérica, 2005 [original de 1996]).

mucho mayor que cualquier otro cambio que las relaciones interreligiosas pudieran producir en un futuro previsible. En todo caso, este último es el tema que nos ocupa hoy, y el ecumenismo entrará dentro de esta presentación sólo para explicar el origen y las limitaciones del capítulo 3. Vamos a decir pocas cosas nuevas, porque lo que nos proponemos es, antes que nada, corregir los malentendidos sobre este capítulo que han ido surgiendo, especialmente las sospechas de que su explicación de la religión y la doctrina impulsa el fideísmo y, por lo tanto, impide la comunicación entre las distintas creencias. Para explicar adecuadamente esas nociones, ante todo debo, simplemente, ampliar las ideas que están presentes en otro lugar de *La Naturaleza de la Doctrina*, aunque debo admitir que están tratadas con excesiva brevedad. Mucho quedará en el tintero, pero espero al menos ofrecer una visión general de cómo veo este capítulo ahora.

Desde mi punto de vista, la mayor fuente de dificultades es el tratamiento unilateral de la diferencia específica de las grandes religiones del mundo, ésa que les diferencia de la mayoría de las otras formas de vida cultural-lingüísticas. Esta característica diferenciadora ha sido acertadamente llamada "universalismo particularista", una combinación de particularidad y universalidad que caracteriza tanto a las religiones como a algunas cuasi-religiones o ideologías con pretensiones de universalidad[230]. Esta dimensión particularista es la que está principalmente presente a lo largo del capítulo 3, mientras que se deja de lado la dimensión universal. Este desequilibrio da lugar a una explicación que ha sido criticada por sus tendencias aislacionistas y fideístas; me voy ocupar, principalmente, de la explicación y corrección de este desequilibrio.

La parte explicativa del proyecto se desarrolla en las tres secciones iniciales que abordan (1) el trasfondo ecuménico, (2) el problema de la apertura interreligiosa y las soluciones experiencial-expresivistas comúnmente imperantes, y (3) la solución cultural-lingüística alternativa en el capítulo 3, que es precisamente lo que ha dado lugar a lo que creo que son temores infundados de aislacionismo y fideísmo. La cuarta sección es de carácter correctivo y sugiere que el universalismo particularista que pretende "abarcar el mundo" puede ser imperialista o no imperialista y, por tanto, el mejor o el peor marco para las relaciones interreligiosas.

Parte del material que ofrezco a continuación va más allá de *La Naturaleza de la Doctrina*, pero ninguno de los añadidos, hasta donde puedo ver, cambia la argumentación de forma esencial. Si se me permite ser tan osado como para arriesgarme a una comparación con San Agustín, el objetivo de todas las retractaciones que hago en las siguientes líneas (y hay unas cuantas) no es reemplazar lo que escribí en su momento, sino hacerlo más comprensible.

---

230. Joseph DiNoia, *The Diversity of Religions* (Washington, DC: Catholic University Press, 1992) es la fuente de esta frase. Habla de "pretensiones particularistas de universalidad". Cf. p. 164.

I. EL TRASFONDO ECUMÉNICO

La matriz ecuménica de *La Naturaleza de la Doctrina* se puede explicar con un solo desarrollo y un problema asociado. El desarrollo que tengo en mente, tal como lo denomino en el libro, es el de "reconciliación doctrinal sin capitulación"; el problema es su posibilidad. ¿Cómo es posible no abandonar o no relativizar las doctrinas históricas que han dividido a la Iglesia y, al mismo tiempo, seguir creyendo que estas doctrinas ya no tienen por qué crear divisiones? ¿Cómo puede la fidelidad a confesiones de fe opuestas (por ejemplo a las de Trento y de la Reforma) ser compatible con la unidad de la iglesia? En otras palabras, ¿es imaginable que ortodoxias opuestas como las protestantes y las católicas puedan coexistir en fraternidad eclesial plena? O, planteando la misma cuestión en una terminología ecuménica que nos es más familiar, ¿puede existir una "diversidad reconciliada" en la que la diversidad permanezca intacta? Hablando sin rodeos, el problema es cómo es posible que doctrinas que se han contradicho mutuamente en un contexto histórico determinado pueden dejar de ser contradictorias en otro y, sin embargo, permanecer inalteradas.

Esta aparente imposibilidad se ha hecho en realidad cada vez con más frecuencia en los diálogos ecuménicos de la última mitad del siglo XX, o por lo menos así lo creen los que han tomado parte en ellos. Por otro lado, muchos teólogos, incluidos algunos de los más eminentes, están convencidos de que esto no puede ocurrir y, por lo tanto, concluyen que los resultados de los diálogos son fraudulentos. Esto explica en parte las protestas, especialmente (aunque no solo) en Alemania, en contra de la Declaración Conjunta sobre la Doctrina de la Justificación firmada por la Federación Mundial Luterana y el Vaticano en 1999. Personalmente, no estoy de acuerdo con los que protestan (aunque sí estoy de acuerdo con que, en algunos aspectos, la Declaración Conjunta es confusa sobre lo que afirma), aún así, no puedo evitar entenderles, porque están reaccionando contra una novedad tan inaudita que simplemente es una imposibilidad en términos de las categorías habituales para pensar la religión en general, y el cristianismo en particular. Esta imposibilidad ya era evidente hace décadas, y es precisamente lo que llevó a buscar una teoría de la religión y la doctrina que hiciera concebible esta aparente imposibilidad.

No hay soluciones para este dilema concreto. Los participantes en los diálogos generalmente están más preocupados por la práctica que por la teoría, y a los que no participan, como acabamos de señalar, les cuesta aceptar, incluso hipotéticamente, la posibilidad de que una reconciliación sin capitulación pueda llegar a ocurrir[231]. Naturalmente, buscan refutar su existencia más que investigar

---

231. La aceptación hipotética de la posibilidad es suficiente para la validez potencial del argumento (véase la p. 33, más arriba).

las condiciones que la hacen posible. Todos nosotros nos comportamos de modo parecido cuando nos enfrentamos a lo que estamos seguros que es una ilusión: discutimos contra las supuestas evidencias en lugar de preguntar sobre las circunstancias que lo harían realidad. No hay nada censurable en esa reacción, porque necesitamos defendernos contra las continuas preguntas inútiles (esto es, evitar lo que San Agustín llamaba *curiositas*). Aún así, es lamentable que el compromiso serio con el ecumenismo doctrinal sea tan raro que los esfuerzos para repensar las religiones y las doctrinas de forma que las posibilidades ecuménicas se muestren concebibles sigan pareciendo una pérdida de tiempo para la mayoría[232].

Este no es el lugar donde exponer la teoría basada en la práctica esbozada en *La Naturaleza de la Doctrina* que busca esta posibilidad, pero unos comentarios sobre cómo veo ahora algunas de sus características principales pueden ser de ayuda (aunque no sean totalmente inteligibles para aquellos que no están familiarizados con la teoría). Una perspectiva cultural-lingüística, como cabe esperar de su nombre, resalta las similitudes entre las culturas y las religiones. Ambas se pueden ver como sistemas semióticos (o lenguajes) que consisten en un vocabulario variable de signos tanto verbales como no-verbales y una gramática o sintaxis relativamente invariable que, en el caso del cristianismo, toma existencia en las doctrinas eclesiales. Podría decirse que pertenecen al mismo género (así como a la misma diferencia específica, que es el universalismo particularista que se ha mencionado antes). A la luz de los parecidos genéricos entre las religiones y las culturas cuando estas se entienden lingüísticamente, la reconciliación doctrinal sin capitulación es concebible en tanto en cuanto los desacuerdos entre doctrinas eclesiales se puedan interpretar como léxicos en lugar de proposicionales –es decir, como reglas de segundo orden del discurso de primer orden contextualmente válidas, en lugar de como afirmaciones de primer orden con pretensión de verdad ontológica. Estas reglas son correctas en la medida en que el discurso que se ajusta a ellas es aceptable para practicantes cualificados (no estudiosos académicos) de la religión en cuestión. Formalmente es el mismo método que se usa para comprobar las formulaciones de los gramatólogos sobre la gramática de las lenguas naturales: se consideran correctas en la medida en que los usos que recomiendan sean aceptables para hablantes nativos competentes (el mejor de los cuales, como Homero, puede que jamás haya oído hablar de gramática). Así pues, cuando se evalúa según este criterio, un enfoque cultural-lingüístico es ecuménicamente superior a otras interpretaciones de la religión y la doctrina, siempre

232. La metodología que aquí se describe se parece a las deducciones trascendentales kantianas en que estas también son investigaciones de las condiciones de posibilidad de una realidad asumida. La diferencia es que las condiciones aquí propuestas no son "trascendentales": no se consideran necesarias, ni las únicas, ni la mejor explicación de la posibilidad de lo que quiera que sea que nos sirve como datos.

que sus recomendaciones reconciliadoras sean más plenamente compatibles con las prácticas de los creyentes.

II. EL PROBLEMA INTERRELIGIOSO Y EL ENFOQUE EXPERIENCIAL-EXPRESIVISTA

La pregunta que el capítulo 3 intenta contestar es si esta perspectiva puede, en vista de sus orígenes ecuménicos, aplicarse satisfactoriamente en un campo tan distinto como el de las relaciones interreligiosas. Este es un problema que no se puede evitar porque, como expongo en mi libro, "una teoría de la religión y la doctrina no puede ser ecuménicamente provechosa a no ser que sea plausible en un ámbito más amplio que el estrictamente ecuménico" (p. 32, más arriba). Es más, las relaciones interreligiosas son una opción obvia para evaluar la plausibilidad de la teoría más allá del ecumenismo.

Son una opción obvia por una anomalía en el discurso cristiano sobre los no cristianos y sus religiones que es estructuralmente análoga a la anomalía ecuménica que acabamos de describir. En ambos campos, la práctica ha superado a la teoría o, si se prefiere, la realidad ha sobrepasado a la posibilidad. Es algo que ha afectado a todas las tradiciones cristianas de Occidente, pero que es especialmente evidente en el caso de la Iglesia Católica Romana. El Concilio Vaticano II promulgó oficialmente por primera vez en la historia cristiana las dos enseñanzas clave para lo que llamaré "apertura interreligiosa", pero no dio ninguna explicación de por qué estas enseñanzas son posibles. Parecen ser irreconciliables con la afirmación de superioridad del cristianismo, una afirmación que tradicionalmente se ha asociado con el exclusivismo. Una de estas nuevas enseñanzas oficiales confirma la posibilidad de salvación de los no cristianos aunque permanezcan fuera de la fe durante su vida, y la otra recomienda no hacer proselitismo en el diálogo y la cooperación interreligiosos. ¿No es la apertura a otras religiones que estas enseñanzas implican incompatible con la afirmación, históricamente indispensable para la identidad cristiana, de que Jesucristo es el único y supremo Revelador y Salvador para todos los seres humanos? No se ha llegado a ninguna decisión oficial sobre cómo resolver este problema, y se anima a los teólogos (por ejemplo, en la reciente declaración *Dominus Iesus* del Vaticano) a seguir reflexionando sobre cómo explicar mejor la posibilidad de sostener simultáneamente afirmaciones que parecen incompatibles. La situación es todavía más confusa en el Consejo Mundial y sus iglesias miembros. Así, como en el caso ecuménico, ha surgido una nueva realidad cuya posibilidad es discutida. Esta similitud es la razón fundamental para escoger las relaciones interreligiosas como el campo en el que analizar la plausibilidad no ecuménica de un enfoque cultural-lingüístico.

Las soluciones más influyentes que se han propuesto hasta ahora son, en la terminología del libro, experiencial-expresivistas, pero están divididas en dos tipos muy diferentes, conocidos como pluralista e inclusivista. Estos corresponden a lo que Paul Knitter adecuadamente llama modelos de reciprocidad y de cumplimiento, respectivamente[233] (la perspectiva cultural-lingüística corresponde en su terminología a la aceptación del modelo, es decir, aceptación de la diferencia). El pluralismo, es decir, el modelo de reciprocidad, disipa la dificultad de reconciliar la ortodoxia con la apertura a través del abandono de la ortodoxia, esto es, por el rechazo explícito o implícito de lo que ha sido esencial para la identidad cristiana comunitaria desde sus inicios– concretamente, la creencia de la presencia insuperable de Dios en la tierra en Jesucristo. La atracción que suscita este desplazamiento es inmensa. Sin haber oído nunca hablar de John Hick, tres de cada cuatro adultos en EE.UU. tienden a estar de acuerdo con él en que las distintas religiones son caminos más o menos iguales hacia el mismo objetivo. (Ciertamente, los sondeos de opinión sobre los que se basa se hicieron antes del 11 de septiembre de 2001). Como señaló un analista de la actualidad americana, afirmar "que una fe religiosa es más válida que otra se considera comúnmente como un tipo de racismo espiritual"[234]. Aún así, a pesar de su popularidad, el hecho de que el modelo de reciprocidad rechace que una religión sea superior o insuperable respecto de otras impide que las relaciones entre las religiones puedan mejorar, lo que sería precisamente su objetivo. Muchas, o quizá todas, de las grandes religiones del mundo, incluyendo las aparentemente pluralistas como el hinduismo o el budismo, reclaman algo muy parecido a la insuperabilidad, y "excluir las afirmaciones que las religiones hacen sobre sí mismas" es destruir la utilidad interreligiosa de una teoría de las religiones (p. 72, más arriba). Por lo tanto, el principal reto que tiene que afrontar un enfoque cultural-lingüístico no se encuentra en el rechazo de la insuperabilidad que hace el modelo de reciprocidad, sino en su afirmación por parte del modelo de cumplimiento.

Este desafío es formidable, y no solo en su forma más conocida, la teoría de Karl Rahner de la llamada "cristiandad anónima". Existen también ejemplos no Rahnerianos, tanto protestantes como católicos, del modelo de cumplimiento, que es inclusivista y experiencial-expresivista. Algunos son más ortodoxos que otros, pero todos comparten con el modelo de reciprocidad pluralista una perspectiva de acuerdo a la cual las religiones son diferentes expresiones de la misma experiencia

233. Paul F. Knitter, *Introducción a las teologías de las religiones* (Estella: Verbo Divino, 2008). Por ejemplo, el modelo de cumplimiento incluye formalmente las antiguas cristologías del Logos, pero Knitter se centra, como hago yo aquí, en variedades modernas experiencial-expresivistas.

234. Hugo Heclo, "The Wall That Never Was", *Wilson Quarterly* (Invierno 2003), p. 75; cf. p. 81.

religiosa fundamental (de ahí el nombre de "experiencial-expresivismo"). Para simplificar al máximo, el movimiento es del interior al exterior, desde su núcleo, que es fundamentalmente el mismo en todas las personas, hasta sus manifestaciones en muchas religiones diversas que se diferencian por sus contextos históricos y culturales. Sin embargo, a diferencia de los pluralistas, los inclusivistas piensan que estas manifestaciones no están en el mismo nivel: algunas son objetivaciones más adecuadas que otras de la experiencia interior universal de la realidad trascendente, y la mejor de ellas incluye en su seno todo lo que es bueno en todas las demás (de ahí su nombre). En términos específicamente cristianos, se dice que el Espíritu Santo está en todas partes con una presencia escondida para traer la oferta de la gracia salvadora de Cristo a todos los seres humanos por medios que pueden ser tanto no religiosos como religiosos. Sin embargo, solamente en la Palabra encarnada, Jesucristo, la presencia de Dios opera de un modo insuperable para abarcar y dar cumplimiento a todo lo verdadero, bueno y hermoso que hay en otras creencias y, por lo tanto, enriquecer a la propia cristiandad. Entonces, esta es la solución que el modelo de cumplimiento da a la aparente contradicción entre insuperabilidad y apertura. Con su uso de la teoría experiencial-expresivista consigue afirmar conjuntamente de un modo coherente tres enseñanzas que aparentemente son incompatibles: Cristo es el Salvador y Revelador supremo para toda la humanidad, aún así los no cristianos se pueden salvar y, en tercer lugar, se debe impulsar el diálogo y la cooperación no proselitistas. El éxito de esta solución es impresionante, aunque no del todo sorprendente; encaja con el tono intelectual y popular contemporáneo, y se creó para hacer frente al problema interreligioso (explícitamente en el caso de Karl Rahner). Sin embargo, desde el ámbito ecuménico esto supone un reto aún mayor para el intruso cultural-lingüístico.

III. UNA ALTERNATIVA CULTURAL-LINGÜÍSTICA

La comprensión cultural-lingüística de la relación entre religión y experiencia está en oposición directa con la experiencial-expresivista. Si uno considera la experiencia como interna y la religión como externa, entonces, para la perspectiva cultural-lingüística lo prioritario es lo externo más que lo interno. Las distintas religiones no son manifestaciones externas de la misma experiencia básica que sustenta todas ellas, sino que, al igual que las culturas y los lenguajes, tomando las potencialidades del ser humano como materia prima, las moldean convirtiéndolas en distintas experiencias del yo, de la comunidad, y del mundo, que a veces se excluyen mutuamente. Lo que viene primero no es un sentimiento universal de ultimidad que posteriormente es conceptualizado y simbolizado de distintas formas en las religiones concretas; al contrario, la particularidad es lo primero y particulariza lo que sea que las distintas religiones consideran como el principio último de la realidad. Posicionando a Pascal en contra del pluralismo, no es el Dios de los filósofos al que adoran las personas, sino dioses particulares con nombres concretos, incluso cuando su dominio se concibe como universal. En el caso del cristianismo, este es el Dios particularistamente universal de Abraham, Isaac, Jacob y Jesús. Evidentemente, los inclusivistas también afirman esto, pero tienen dificultades con el *fides ex auditu* de San Pablo: la fe, tal como diría un intérprete cultural-lingüístico, viene de la aceptación e interiorización del mundo exterior (es decir, de testimoniar a Cristo verbal, sacramental y actitudinalmente). El rol salvífico del Espíritu Santo es que los oyentes efectivos y los oyentes potenciales se unan (pública y comunitariamente y, por ende, internamente) a la Palabra que es Jesucristo, en lugar de ofrecer la *gratia Christi* escondidamente a todas las personas, de las cuales solo en algunos casos se convertirá en un seguimiento de Jesús público y comunitario. Es difícil imaginar una divergencia más fuerte entre conceptualizaciones. Para los experiencial-expresivistas, la perspectiva cultural-lingüística es soteriológica y epistemológicamente exclusivista, incapaz de aceptar la salvación de los no cristianos o el diálogo no proselitista y, además, es fideísta y aislacionista en su definición de insuperabilidad.

El capítulo 3 responde a estas objeciones redescribiendo los problemas y sus soluciones en categorías que se adecuan al enfoque cultural-lingüístico. El resultado es, como ya he dicho, lo que Paul Knitter llama el modelo de aceptación a la hora de comprender las relaciones interreligiosas. En cuanto a la salvación, se aleja del presentismo o escatología realizada implícita propia de la interioridad individualista del experiencial-expresivismo en favor de un punto de vista prospectivo adecuado para una escatología comunitaria (ciertamente cósmica) dirigida al futuro. Las dimensiones comunitaria y cósmica no son resaltadas suficientemente en el capítulo 3, por lo que voy a bosquejar lo que ahora pienso que es un planteamiento más adecuado. Antes que nada, la salvación es comunitaria y ha irrumpido en el presente desde el futuro, ante todo en Jesucristo y en las comunidades que dan testimonio público de él, pero no es hasta el final de la historia cuando toda la humanidad y, por supuesto, toda la creación, le reconocerán como Rey de Reyes y Señor de Señores. Es entonces cuando el anticipo de la salvación que supone pertenecer a una comunidad de testimonio se plenificará y aquellos que no han compartido ese anticipo podrán también tomar parte en la consumación final. La carencia de este anticipo inicial por parte de los no cristianos no es discriminatoria porque sus religiones no aspiran a una salvación como la entienden los cristianos[235]. Para los budistas, por ponerles como ejemplo, la comunión con el Dios de los cristianos es muy inferior al Nirvana que ellos buscan.

---

235. S. Mark Heim, *Salvations: Truth and Difference in Religion* (Maryknoll, NY: Orbis Books, 1995), desarrolla este punto detalladamente.

¿Y qué pasa con la cooperación y el diálogo interreligiosos? Las religiones parecen tener pocos motivos o escasa capacidad para participar en dichas actividades si se abandona la perspectiva experiencial-expresivista que une a todos los seres humanos a través de algún tipo de experiencia o sentido de la trascendencia universalmente disponibles. Respecto a este problema no tengo nada sustancial que añadir al capítulo 3, así que simplemente me atendré a lo que escribí entonces. Desde una perspectiva cultural-lingüística, las distintas religiones tendrán distintas respuestas a la cuestión de cómo deberían relacionarse o no con las otras religiones, porque no tienen nada materialmente importante en común. Para las religiones bíblicas, lo que proporciona ese vínculo es la guía providencial de Dios. En el tiempo intermedio en el que vivimos, los pueblos y las religiones distintas de aquellas que han sido llamadas a dar testimonio público de la salvación que llega a través del Dios de Abraham, Isaac, Jacob y Jesús pueden igualmente tener asignados por la providencia las tareas que definen su razón de ser. Como Isaías 44, 28 y 45, 1 dicen de Ciro (y del cuerpo corporativo que él representa), otras religiones pueden ser llamadas a ayudar a preparar el futuro sin saber a quién están sirviendo. Los cristianos pueden recibir mucha ayuda de ellas y ellas de los cristianos. Entonces, esta es la base del diálogo y la cooperación no proselitistas, una base que es respetuosa con las diferencias entre las religiones. No reemplaza a la evangelización, pero es deseable y, en algunas circunstancias, obligatoria. La diversidad radical entre las religiones que implica el modelo de aceptación no supone necesariamente su aislamiento mutuo.

Sin embargo, ¿qué ocurre con la supremacía que las religiones reclaman para sí mismas? ¿No anula el enfoque cultural-lingüístico la apertura hacia otras religiones que es aceptada, en el caso del cristianismo, por una visión prospectiva de la salvación y por una comprensión providencial de las relaciones interreligiosas? En este punto, la comparación entre las religiones y otras formas de vida comunitarias deja de ser útil, porque las culturas y las lenguas son, casi por definición, superables: son objeto de mejora y degeneración. Aquí el argumento de *La Naturaleza de la Doctrina* pasa de lo genérico a lo específico, de lo que las religiones tienen en común con otras tradiciones comunitarias a lo que formalmente las diferencia de todo lo que no es religioso.

Esta diferencia específica, como recordaremos, es el universalismo particularista, pero el acento del capítulo 3, como se ha dicho al principio de esta presentación, recae sobre la dimensión particularista que separa las religiones unas de otras, mientras que la dimensión universal, a través de la cual pueden coincidir entre sí, es dejada de lado. El equilibrio adecuado lo marca la definición de religión desarrollada en un capítulo anterior. Las religiones son "esquemas interpretativos omnicomprensivos" o universales centrados en lo que se considera "'más importante que todo lo demás en el universo', y [son usadas para] organizar el conjunto de la vida, incluyendo tanto comportamientos como creencias, alrededor de" esta particularidad (p. 58, más arriba). Un buen porcentaje del contenido de la noción común de religión está excluido de esta definición, y mucho de lo que esta noción considera no religioso está incluido. Por ejemplo, creer en seres sobrenaturales como ángeles o dioses no es religioso a menos que uno busque organizar toda la vida, todas las creencias y actitudes, alrededor de una o más de esas entidades. Analógicamente, el rechazo de lo sobrenatural, lo que normalmente llamamos secularismo, es religioso cuando este rechazo es de una relevancia omniabarcante. En cualquier caso, todas las religiones del mundo parecen entrar cómodamente dentro del campo de esta definición. Su formalidad hace posible que sirva, por ejemplo, tanto al budismo como al cristianismo, a pesar de sus enormes diferencias materiales: cada una se distancia de la otra por su particularismo y coincide con la otra por su universalismo.

En el caso del cristianismo, la Trinidad, identificada por unas narraciones escriturísticas concretas, es el Uno, aquello que es más importante que todo lo demás, mientras que en el budismo, eso que es más importante que cualquier otra cosa es un estado que no es ni ser ni no ser –Nirvana–, identificado por una serie de enseñanzas concretas atribuidas a Gautama Buddha. Ninguna religión tiene las categorías con las que identificar y describir lo que es más importante que todo lo demás para otra religión. A este nivel son inconmensurables (pp. 73-75, más arriba): no pueden ser juzgadas ni mejores ni peores, ni superiores ni inferiores, porque carecen de una medida común aceptable para ambas con la que puedan ser comparadas. Por otro lado, cada una de estas particularidades independientes define una perspectiva cuyo alcance, porque es universal, se solapa con el de la otra. Los budistas buscan la consciencia plena en su camino hacia el Nirvana, y los cristianos ven todas las cosas en relación a Dios, como Santo Tomás, entre otros, señala o, en palabras de la Escritura, "hacedlo todo para gloria de Dios" (1Cor 10, 31) y "reducimos a cautiverio todo entendimiento para obediencia de Cristo" (2Cor 10,55)[236]. Las acciones, pensamientos y conciencia plena tienen significados similares en el lenguaje corriente para cristianos y budistas antes de ser descritos de nuevo en sus respectivas perspectivas inconmensurables, y de ninguna manera son después totalmente diferentes.

Debido a este solapamiento, la comunicación entre ambas formas de creencia es posible de modos limitados pero importantes en este nivel universalista, incluso cuando su comprensión particularista de lo que es más importante

236. En William A. Christian, *Doctrines of Religious Communities: A Philosophical Study* (New Haven: Yale University Press, 1987), 126-44, podemos encontrar una comparación entre "conciencia plena" y "hacer todo para gloria del Señor" que resalta, por un lado, los omniabarcantes y todavía "inconmensurables" (no su expresión) aspectos de estos dos imperativos como se interpretan en sus respectivas tradiciones y, por otro lado, también el sentido en el que se solapan.

permanece "al menos a primera vista" inconmensurable (pp. 74-75, más arriba). El capítulo 3 asume estas posibilidades de comunicación, por ejemplo, cuando aborda las relaciones interreligiosas en términos providenciales, pero sin relacionarlas con la coincidencia que se da en las perspectivas universales. Es preciso volver al capítulo anterior para encontrar más indicaciones relativas a esta explicación.

En todo caso, ¿por qué este énfasis unilateral en la particularidad flirtea con el peligro del aislacionismo? Para responder a esta pregunta hay que tener en cuenta que este capítulo se dirige principalmente contra lo opuesto, es decir, contra el énfasis unilateral en la similitud. El fracaso a la hora de reconocer la radicalidad de las diferencias entre las religiones no impulsa la comunicación, sino que la inhibe. Las conversaciones se convierten en un campo de batalla, o bien caen en el silencio o la irrelevancia ante la falta de conciencia de que las creencias de otras religiones pueden distanciarse tanto en cuanto a la evidencia y las suposiciones respecto de lo que uno sabe, que el diálogo productivo sobre su verdad o su falsedad resulta imposible (porque eso es lo que la inconmensurabilidad implica). Las creencias ajenas pueden ser falsas y, a pesar de todo, ser justificables dentro de sus propios contextos (los cuales, repito, normalmente no son conocidos adecuadamente más que por los que viven en su seno). Pueden ser, alternativamente, injustificadas y, sin embargo, verdaderas. El reconocimiento de esta distinción entre creencia justificada y creencia verdadera es una condición importante para el respeto mutuo entre las religiones y no solo tiene justificaciones filosóficas, sino también bíblicas, basadas concretamente en el principio de la caridad y en la dignidad que la Escritura concede a los paganos justos.

Esta distinción no nos tiene que llevar a un relativismo sin normas. En los días pre-copernicanos, la falsa creencia de que el sol giraba alrededor de la tierra estaba totalmente justificada, mientras que la creencia verdadera de Copérnico de que la tierra gira alrededor del sol estuvo, al principio, escasamente justificada. Algunos historiadores dicen que no fue hasta Galileo cuando, gracias a las evidencias y a los conceptos a su alcance, el heliocentrismo empezó a tener fundamentos incuestionablemente mejores que el geocentrismo de Ptolomeo. Entonces se llegó finalmente a una firme decisión, según criterios que no son relativistas, sobre qué creencias son justificadas y cuáles no en relación a estos asuntos. Evidentemente, tales decisiones generalmente aceptadas no serán normalmente posibles en el ámbito interreligioso hasta el *ésjaton*. Mientras tanto, el respeto hacia otras creencias de las que uno, según sus propios principios, está seguro de que no son verdaderas está presente en todos aquellos que reconocen en la práctica, aunque no en la teoría, que las falsas creencias pueden, no obstante, estar epistemológicamente justificadas. Este reconocimiento es presumiblemente posible en todas las grandes religiones del mundo y, en algunas, es incluso obligatorio. Así pues, el

181

respeto mutuo y no el aislamiento es la lección que el acento del capítulo 3 en la inconmensurabilidad de las pretensiones de insuperabilidad quiere hacer, pero, sin duda, esta intención debería haberse expresado con una claridad mucho mayor[237].

Para Paul Knitter (a quien se le conoce mejor por ser defensor del modelo de reciprocidad pluralista), la fuerza del modelo de aceptación es que encaja con la corriente postmoderna. Los postmodernistas también creen que la diferencia es más importante que la similitud y, dada su aversión al esencialismo, no creen que las religiones tengan una esencia común. Aún así, tanto fuera como dentro de los círculos postmodernos se ha extendido la sospecha de que cuando el énfasis sobre la particularidad se combina con el universalismo puede llevar a algo peor que el repliegue aislacionista respecto de las otras religiones o la indiferencia fideísta hacia lo que enseñan y practican. Terminamos nuestra reflexión abordando la cuestión de cómo identificar y evitar este peligro.

IV. ¿UN PELIGRO YA ADVERTIDO?

Un posible nombre para este peligro que acecha a todos los universalismos, pero especialmente a los que son abiertamente particularistas, es el de imperialismo. Algunos imperialismos son fundamentalmente epistemológicos y otros políticos, y mientras este debate verse alrededor de las variedades epistemológicas, no hay que perder de vista los peligros de su politización. Si se supone que la religión o ideología propia de cada uno abarca toda la realidad, entonces podría parecer

---

237. La razón de esta falta de claridad es que en *La Naturaleza de la Doctrina* falta una distinción entre creencia justificada y creencia verdadera. Esta ausencia se compensa con las distinciones que se hacen entre distintos tipos de verdad (ver pp. 72ss y 92ss, más arriba) que, a juzgar por las críticas que han provocado, son más confusas que clarificadoras. Lo que el texto llama "verdad intrasistémica" (esto es, coherencia con el contexto principal de creencia y conducta) está planteada, más bien, como una condición necesaria (aunque no suficiente) para la creencia justificada. Cuando a esto se añade la "verdad categorial" (es decir, palabras y gramática adecuadas o, expresado más técnicamente, conceptos adecuados y estructuras apropiadas para utilizarlos), se tienen dos condiciones necesarias (pero no suficientes) para las afirmaciones con pretensión de verdad satisfactorias (esto es, para afirmaciones que no son solo justificadas, sino también verdaderas "ontológicamente" –o simplemente "verdaderas" en el indefinido sentido tarskiano que ahora pienso que quizá se puede usar sin debilitar la fuerza perlocucionaria de las afirmaciones religiosas con pretensión de verdad). El reconocimiento que hice hace 14 años de que esta clarificación (¿o es una retractación?) del análisis de la verdad del capítulo 3 es necesaria ha sido ampliamente ignorado (probablemente porque no muchos lectores de *La Naturaleza de la Doctrina* han leído también el número de *The Thomist* en el que fue publicado), y por esta razón lo repito aquí. Ver mi "Response to Bruce Marshall", *The Thomist* 53 (1989), pp. 403-406. Le debo mucho a Marshall por su artículo en ese mismo número, "Aquinas as Postliberal Theologian", o. c., pp. 353-402, que me hizo ver la necesidad de este reconocimiento. En nuestros más de veinte años de amistad ha sido mi intérprete más fructífero y generoso.

que la preocupación por el bienestar de los otros necesitaría esfuerzos coercitivos más que esfuerzos meramente persuasivos para abarcar y corregir todas las otras perspectivas. En el último siglo, el marxismo leninista, motivado, como teóricamente estaba, por su preocupación por el bienestar de toda la humanidad, fue el mayor y más sangriento ejemplo (el antiuniversalismo tribal nazi pertenece a una categoría de mal diferente y, en algunos aspectos, aún peor). En el siglo presente, los casos más obvios de imperialismo universalista siguen siendo políticos, pero ahora también son explícitamente religiosos. Algunos son profesamente islámicos y, por lo menos uno, así lo creen muchos americanos y europeos, es profesamente cristiano –en concreto, la versión del presidente Bush del planteamiento que podemos retrotraer, por lo menos, hasta el presidente Wilson, de que a EE.UU. como nación se le ha dado la misión especial de impulsar la democracia en todas partes del mundo. Aún así, las religiones libres de enredos políticos, si es que existen, también son susceptibles de caer en el imperialismo de la variedad epistemológica, y *La Naturaleza de la Doctrina*, según los críticos, no es una excepción.

Cuando *La Naturaleza de la Doctrina* dice que los cristianos deberíamos "absorber el mundo en el universo bíblico" (cf. p. 148, más arriba)[238], es algo que suena imperialista, pero antes de preguntar por qué esto es así, será mejor explicar la metáfora, empezando por su referencia a la Biblia. Los cristianos no son los únicos que creen que su perspectiva omniabarcante está encarnada en su Sagrada Escritura. Los escritos sagrados de los judíos y los musulmanes funcionan de un modo parecido. En efecto, ninguna de las grandes religiones carece de textos autoritativos que, en una u otra medida, abarcan la totalidad del mundo. Como se dice en *La Naturaleza de la Doctrina*, asimilan la realidad extratextual intratextualmente o, por decirlo de un modo menos técnico, las categorías que se utilizan dentro del texto se usan para redescribir lo que sea que exista fuera de él. La idea principal es tradicional, por lo menos dentro del cristianismo. Para Tomás de Aquino la Biblia es la máxima autoridad a la hora de plantear cómo vincular todo a Dios, y a Calvino le encantaba comparar la Escritura con los anteojos que corrigen totalmente la visión de quienes los llevan.

238. Mientras que he utilizado a menudo esta forma de hablar en mis presentaciones y quizá también en diferentes artículos, no la he encontrado *expressis verbis* en mi libro. Eso sí, la idea está claramente presente, por ejemplo, en la página indicada (p. 150, más arriba): "la teología intratextual redescribe la realidad dentro del marco marco escriturístico, en lugar de traducir la Escritura a categorías extrabíblicas. Por así decirlo, es el texto lo que absorbe al mundo y no el mundo al texto". Para la explicación de la metáfora que sigue a continuación me ha sido de gran ayuda el ensayo "Absorbing the World: Christianity and the World of Truths" de Bruce D. Marshall en *Theology and Dialogue: Essays in Conversation with George Lindbeck*, Bruce D. Marshall (ed.) (Notre Dame: University of Notre Dame Press, 1990), pp. 69-102.

Como esta comparación de la Biblia con unos anteojos hace evidente, absorber el mundo es verlo correctamente y no aceptar acríticamente lo que sea que se encuentre. También la autocrítica comunitaria está implicada. Karl Barth, por ejemplo, no solo rechazó el juramento de alianza con Hitler y el mundo nazi, sino también, y no con menos vehemencia, cualquier alianza cristiana con esas maldades. Lo hizo precisamente porque tanto lo que está dentro como lo que está fuera de la red de creencias y de prácticas de la comunidad debe ser abarcado por lo que él llamaba "el mundo nuevo y extraño la Biblia". Es ahí donde se deben encontrar los criterios últimos a los que apelar y donde los patrones externos para distinguir entre el bien y el mal, la verdad y la falsedad deben dejar paso a los internos. Según este planteamiento, la Escritura nos da un acceso privilegiado, aunque extremadamente rudimentario, al marco interpretativo definitivo, a la visión que Dios tiene del todo, una visión que abarca todo el espacio y el tiempo. Los cambios en el paisaje y en las visiones del mundo acontecen dentro de la perspectiva dependiente de la Escritura que tiene el creyente que, precisamente porque está inscrita textualmente, permanece fundamentalmente invariable. Los pueblos de fe bíblica, por ponerlos como ejemplos, han confiado en un marco creacionista (que, ciertamente al principio, no estaba codificado textualmente) para reescribir descripciones ajenas del cosmos tan diversas como las de la mitología babilónica, la filosofía antigua y la ciencia moderna. Distinguir entre lo aceptable y lo no aceptable, tal como hacen invariablemente estas redescripciones, provoca desacuerdos entre las comunidades que, a veces, alcanzan el nivel de denuncias proféticas de errores comunitarios. Así, tanto el rechazo como la aceptación de las nuevas realidades encontradas requieren la reordenación autocrítica y la reforma de las creencias y las prácticas, como ya hemos visto en relación a los problemas ecuménicos e interreligiosos previamente analizados. Resumiendo, abarcar la totalidad del mundo no debe llevarnos a una indiferencia imperialista ante las dificultades externas sino que, más bien, puede ser un esfuerzo nunca completamente satisfecho en la historia por verlo todo, incluyendo la propia religión, a la luz textualmente mediadora de lo que, para la comunidad, es la visión insuperable de toda la realidad.

El aspecto autocrítico de las respuestas a las dificultades externas exige elaborarlas, vista su importancia, para responder a la sospecha de imperialismo. En la medida en que las realidades ajenas son previamente desconocidas por una religión determinada, esa religión no tiene respuestas predefinidas para responder a los retos que presentan. La comunidad debe buscar autocríticamente dentro de sus escrituras y tradiciones argumentos y estrategias presentes previamente de un modo no articulado para rechazar, aceptar y redescribir desafíos sin precedentes. Sin embargo, la autocrítica comunitaria genera desacuerdos incluso entre los fieles respecto de qué hilos en la red de creencias y prácticas sobre las que apenas se ha reflexionado pertenecen a la cambiante gramática superficial de la fe y cuáles son parte de la gramática profunda permanente de la que dependen la identidad y el bienestar comunitarios. Para recomponer estas rupturas, la autocrítica es necesaria de nuevo. Cualquier consenso genuino que se desarrolle estará entre aquellos que se arrepienten de su mentalidad localista. En asuntos que afectan a todos sus miembros, buscarán interpretar los escritos autoritativos de una forma comunitaria más que individual, ecuménica más que meramente local, y procurarán tener en cuenta la gran variedad de tradiciones de interpretación comunitariamente significativas desde la antigüedad hasta los tiempos modernos (Barth, por su lado, intentó hacer esto respecto del cristianismo, y creo que sus fracasos, tal y como fueron, se pueden atribuir en buena medida a la falta de sensibilidad ecuménica propia de los tiempos y situaciones que tuvo que vivir).

Esto sería, por lo tanto, una síntesis de los comentarios esparcidos a lo largo de *La Naturaleza de la Doctrina* sobre lo que implica la expresión "absorber el mundo en el universo bíblico". Creo que se pueden contestar muchas de las objeciones habituales, entre las cuales la sospecha de que la pretensión de que el acceso textual privilegiado a la única perspectiva verdaderamente omniabarcante debe excluir necesariamente la autocrítica comunitaria no es la menos importante. Aún así, los problemas continúan.

Todas las razones para sospechar desaparecerían si los puntos de vista particularistamente universales se pudieran interpretar como perspectivas en el sentido habitual de la palabra. Entonces sería posible ver un mundo común desde distintos ángulos y, cambiando de una perspectiva a otra, comparar, correlacionar y, quizá, sintetizar los resultados. Sin embargo, esto es imposible cuando la perspectiva se define por aquello que es más importante que todo lo demás. Entonces la perspectiva es una parte no diferenciable del ser del creyente. No es algo comparable a unas gafas de quita y pon, sino, más bien, a los ojos y a los receptores ópticos en el cerebro. Quitarlos significa quedarse ciego, y recuperar la vista supone reemplazarlos por unos nuevos ojos y gran parte de un nuevo cerebro. O, dicho con un lenguaje menos agresivo, las religiones, incluso más que las culturas y los lenguajes a los que se asemejan, son como lugares de residencia que uno no puede abandonar completamente sin cambiar su propia identidad. No hace falta decir que estas no son observaciones empíricas (aunque se refieren a realidades vividas que no nos son desconocidas), sino, más bien, implicaciones lógicas de auto-definiciones religiosas. Cuando a estas implicaciones se les añade la particularidad de que la perspectiva omniabarcante (que, para los cristianos, es la un Dios conocido ante todo en Jesucristo) está mediada por el prisma indispensable, si no único, de un libro concreto, parecería que el escándalo de la particularidad llega a ser epistemológicamente intolerable.

El imperialismo no es un problema que *La Naturaleza de la Doctrina* analice bajo ese nombre, pero sí es un asunto que plantea, bastante después del capítulo 3, en un contexto bastante diferente, tres de las dificultades que tiene que afrontar la pretensión de abarcar la totalidad del mundo que, si no se resuelven, desembocan en un imperialismo que destruye la apertura interreligiosa que el capítulo defiende. Estas dificultades son el aislacionismo, el relativismo y el fideísmo, y las tres se derivan de la inconmensurabilidad. Primero, la intratextualidad "encierra a las religiones en guetos intelectuales [o epistemológicos] inconmensurables y cerrados sobre sí mismos". Segundo, por la misma razón, la intratextualidad es "completamente relativista": no hay una medida común a partir de la cual las religiones se puedan comparar y juzgar mejores o peores; únicamente existen medidas intratextualmente específicas. Tercero, esta misma carencia de un patrón común da lugar al fideísmo: "elegir entre diferentes religiones es algo puramente arbitrario, un asunto de fe ciega" (cf. p. 162, más arriba)[239]. A ninguna de las grandes religiones del mundo le satisfacen estas posturas. Su fuerte universalismo las impulsa a buscar varas de medir, criterios universales de razonabilidad, a través de los cuales puedan defender frente a los que no pertenecen a ellas sus respectivas pretensiones de universalidad. Sin embargo, ¿cuáles podrían ser esos criterios cuando la pretensión de una religión de abarcar la totalidad del mundo es inseparable de una perspectiva a la que solo ella tiene acceso?

A pesar de todo, hay un modo de evaluar razonablemente las diferentes pretensiones de universalidad que se encuentran enfrentadas, aunque no existan unos patrones de comparación universalmente aceptados. Algunas de estas visiones omniabarcantes varían visiblemente –quizá a larga todas lo hagan– en su capacidad para asimilar a las otras sin perder su propia identidad distintiva, es decir, sin dejar de existir. Esta es la solución propuesta en *La Naturaleza de la Doctrina* al problema de las comparaciones valorativas: "la razonabilidad de una religión está principalmente en función de sus capacidades asimilativas, de su habilidad para proporcionar una interpretación inteligible en sus propios términos de la gran variedad de situaciones y realidades [incluyendo las creencias religiosas ajenas] que sus seguidores pueden encontrar" (p. 165, más arriba). Esta propuesta es algo más que un comentario de pasada en el contexto de un análisis de la "inteligibilidad como aptitud" (pp. 162-169, más arriba) más arriba), y generalmente los comentaristas la han pasado por alto[240], pero yo sigo tomándomela en serio. El deseo, o el impulso, de asimilación puede funcionar como marco de comparación entre las religiones precisamente porque no es una vara de medir externa susceptible de ser usada de un modo imperialista. Al contrario, es un valor "interno"[241],

239. Como autor de la obra me tomo la licencia de dividir esta cita y reorganizar sus partes.
240. Bruce D. Marshall, "Absorbing the World", o. c., es la principal excepción.
241. Ibid., 79.

la fuente abundante de todas las formas de vida cultural-lingüísticas que buscan ser omniabarcantes. Por ser interno, su significado es diferente en cada una de estas formas de vida que pretenden abarcar toda la realidad, aunque hay suficiente nivel de coincidencia como para que sean posibles argumentos abiertos sobre qué formas de vida tienen mayor poder de asimilación. Por otro lado, la persistencia de las diferencias sobre lo que significa aprehender el mundo (relacionadas, como están, con las identidades distintivas de las diferentes religiones) garantiza que los argumentos no estarán definitivamente establecidos al margen de la rendición de uno u otro de los participantes (la reconciliación sin capitulación no es una opción excepto cuando se da un acuerdo sustancial sobre lo que es más importante que todo lo demás en el universo, tal como existe en el ámbito ecuménico, pero no en el interreligioso). Así, la comparación en términos de poder asimilativo conserva la independencia de las distintas religiones, tal como corresponde al modelo de aceptación, y también las libera del aislacionismo y del fideísmo tan temido por los críticos. El camino está abierto a la comunicación significativa, incluyendo el desacuerdo combativo, acerca del amplio espectro de sus similitudes y diferencias.

Una imagen vale más que mil palabras, así que debo concluir con un ejemplo de mi propia experiencia. Un grupo de cinco estudiantes de doctorado budistas y cristianos me convencieron, poco después de la publicación de *La Naturaleza de la Doctrina*, para dirigirles una lectura y posterior análisis de diversas teorías sociológicas y filosóficas de la religión. A pesar de mis esfuerzos por limitar el estudio a los textos que estábamos leyendo, estos estudiantes pronto empezaron a evaluarse unos a otros la fe en términos de su potencial de asimilación. Sus debates se regían, aunque sin saberlo, por una extensión a las religiones del principio epistemológico de Donald Davidson de caridad en la interpretación de una lengua natural no conocida: "si nos vemos atribuyendo una gran falsedad a los hablantes y a lo que dicen [en una determinada situación], no tenemos más remedio que suponer que nuestra interpretación, no los hablantes interpretados y las frases que dicen, es fundamentalmente errónea"[242]. De este modo, los estudiantes budistas y cristianos podían determinar si sus redescripciones más favorables de la fe de los demás desde sus respectivas perspectivas eran inteligibles para sus compañeros de análisis. Tanto los budistas como los cristianos fallaron esta prueba cuando se enfrentaron al Nirvana y a la comprensión cristiana de Dios. No hallaron forma de asimilar a Dios con el Nirvana ni al Nirvana con Dios en términos que tuvieran sentido para el otro. Uno de los budistas, sin embargo, argumentó entonces que su religión es claramente superior en cuanto a su poder asimilativo respecto de otros temas. La doctrina del karma, en concreto, capacita al budismo para albergar en su seno, en un nivel inferior al de aquello que es lo más importante (es decir, el Nirvana), prácticamente todo el contenido

242. Ibid., 75.

del cristianismo, incluyendo la visión beatífica del Dios Trino. En contraste con esto, no hay sitio en el cristianismo para lo que los budistas reconocerían como el Nirvana. Animados por este ejemplo budista, también los cristianos infringieron el protocolo interreligioso vigente al argumentar a favor de la superioridad de su religión. Afirmaron que los cristianos son potencialmente mejores a la hora de apropiarse de los contenidos del budismo que viceversa. Esto es especialmente cierto, sugirieron, en lo que ellos consideraron como el dominio crucial de la práctica: el cristianismo puede asimilar las prácticas contemplativas budistas para su propio enriquecimiento, mientras que las devociones cristianas centradas en la crucifixión (cuyo ejemplo ilustrativo pueden ser las estaciones del *via crucis*) son imposibles de asimilar para los budistas. No recuerdo la reacción budista a esta refutación, pero con lo hemos dicho es suficiente para mostrar que se daba un patrón similar a la interacción de tradiciones de investigación en conflicto que describe Alisdair McIntyre. Hablando llanamente, la religión que puede incorporar mejor las fortalezas de la otra sin perder las suyas es la que gana. Antes del *ésjaton*, estas disputas sólo en raras ocasiones, si es que ocurre, concluirán con victorias definitivas, y su final definitivo no tendrá lugar hasta "el fin de la historia" o hasta la desaparición de "las últimas comunidades de creyentes" (p. 165, más arriba).

No hay necesidad de explicar más este ejercicio de diálogo interreligioso. Basta con señalar el entusiasmo de todos los participantes. Creían haber aprendido más sobre su propia religión y sobre otra, tanto existencial como intelectualmente, de lo que habría sido posible sin la combinación de caridad en la interpretación y desacuerdo argumentativo sobre cuál de sus dos religiones tenía el mayor poder de asimilación[243]. Al menos para un observador –concretamente yo mismo– mostraron un desarrollo prometedor. Aún así, las dificultades para llevarlo a cabo son, al menos, tan grandes como la promesa. Es difícil imaginar cómo puede generalizarse este enfoque, dado que en nuestra sociedad prima la inconsciencia secularista de su propio sectarismo y se tiende a suponer que las buenas relaciones entre las comunidades religiosas dependen de algo parecido a una represión imperialista del diálogo sobre cuestiones de ultimidad. Sin embargo, los peligros de esta inconsciencia y esta represión superan los riesgos –que tampoco son insignificantes– que conlleva que las religiones se comparen y evalúen críticamente las unas a las otras. Tales interacciones pueden tanto dañar como curar, pero el esfuerzo de hacer de ellas una parte integral de las relaciones interreligiosas creo que, visto en su conjunto, merece la pena.

243. La importancia del debate para unas relaciones interreligiosas que sean genuinamente francas y abiertas es algo que se subraya en Paul J. Griffiths, *An Apology for Apologetics* (Maryknoll: Orbis Books, 1991).

Como conclusión final, no me parece que el capítulo 3 necesite escribirse de nuevo mientras se lea en el contexto del conjunto del libro del que no es más que una parte. Lo que más me pesa es no haberle recordado suficientemente al lector que el capítulo trata las relaciones interreligiosas no en sí mismas, sino con el propósito concreto de comprobar la plausibilidad, más allá del ámbito ecuménico, de una teoría de la religión y la doctrina desarrollada por razones ecuménicas cristianas. Si el capítulo se hubiese escrito para ser el bosquejo de una teología general de las religiones, habría tomado una forma muy diferente. Habría tenido secciones, por ejemplo, sobre las interacciones del ecumenismo con las relaciones interreligiosas, por un lado, y con el evangelismo misionero, por el otro. Ambos temas forman parte de mis principales preocupaciones. Sin embargo, requieren otra obra muy diferente que no tengo ninguna intención de escribir.

BIBLIOGRAFÍA

ESCRITOS DE GEORGE A. LINDBECK

Esta bibliografía, que contiene los escritos de George Lindbeck y literatura secundaria sobre su obra, se basa en la que Andreas Eckerstofer realizó en *Kirche in der postmodernen Welt: Der Beitrag George Lindbecks zu ein neuen Verhältnisbestimmung* (Innsbruck and Vienna: Tryolia-Verlag, 2001). Ha sido revisada y actualizada por Gavin Stephens, Bruce Marshall, and George Lindbeck. Buena parte de la investigación necesaria para revisar esta bibliografía la hizo un ayudante de cátedra del profesor Marshall, Kenneth M. Loyer. Todos los que han tomado parte en esta edición conmemorativa del vigesimoquinto aniversario de *La naturaleza de la doctrina* le están profundamente agradecidos.

1945 "N.A.M. Organizes Church and Industry Conferences." *Social Action* 11/6, 4–20.

1947 "Catholicisme Américain." *Le Semeur* (Federation Française des Associations Chrétiennes d'Etudiants), 46, 274–81.

1948 "A Note on Aristotle's Discussion of God and the World." *Review of Metaphysics* 2, 99–106.

1951 "Should the U.S. Send Ambassador to Vatican?" *Foreign Policy Bulletin* 31/7, 4, 6.

1953 Recensión de Charles A. Fritz, *Bertrand Russell's Construction of the External World*. *Journal of Religion* 33, 227.

1957a "Participation and Existence in the Interpretation of St. Thomas Aquinas." *Franciscan Studies* 17, 1–22, 107–25.

1957b "Philosophy and 'Existenz' in Early Christianity." *Review of Metaphysics* 10, 428–40.

1958a Traduccion de la obra de Martín Lutero *Contra Latomus*. En *Luther's Works* (Edición americana), vol. 32. Philadelphia: Muhlenberg, 133–266.

1958b "Roman Catholic Reactions to the Third Assembly of the LWF." *Lutheran World* 5 (1958/1959), 70–73; alemán: "Römisch-katholische Stimmen zur Dritten Vollversammlung des Lutherischen Weltbundes." *Lutherische Rundschau* 8 (1958), 78–81.

1958c "Thomism." En Marvin Halverson y Arthur A. Cohen (eds.), *Handbook of Christian Theology: Definition Essays on Concepts and Movements of Thought in Contemporary Protestantism*. Nueva York: Meridian, 361–63.

1959a "Interconfessional Studies." Ensayo sobre J. Rilliet y L. Christiani, *Dennoch Brüder*; J. Rilliet y L. Christiani, *Die Steine des Anstosses*; J. P. Michael, *Christen Suchen eine Kirche*; K. E. Skydsgaard, *One in Christ*; H. Asmussen y W. Stählin (eds.), *Die Katholizität der Kirche*; y J. Klein, *Skandalon*. *Lutheran World* 6, 315–20; alemán: "Zur Kontroverstheologie." *Lutherische Rundschau* 9 (1959), 376–82.

1959b "A New Phase in the Protestant-Roman Catholic Encounter?" (recensión de Hans Küng, *Rechtfertigung: Die Lehre Karl Barths und eine katholische Besinnung*). *Ecumenical Review* 11 (1958/1959), 334–40.

1959c "Nominalism and the Problem of Meaning as Illustrated by Pierre d'Ailly on Predestination and Justification." *Harvard Theological Review* 52, 43–60.

1959d "Revelation, Natural Law, and the Thought of Reinhold Niebuhr." *Natural Law Forum* 4, 146–51.

1960a Contribución al "Symposium on a Roman Catholic President." *American Lutheran* 43, 190–92.

1960b Recensión de Jaroslav Pelikan, *The Riddle of Roman Catholicism*. *Lutheran World* 7 (1960/1961), 103–4; alemán: *Lutherische Rundschau* 10, 116–18.

1960c "The Evangelical Possibilities of Roman Catholic Theology." *Lutheran World* 7 (1960/1961), 142–52; alemán: "Die evangelischen Möglichkeiten römischkatholischer Theologie." *Lutherische Rundschau* 10 (1960), 197–209.

1960d "Thomism—Barrier or Bridge?" *Our Sunday Visitor* (Nov. 20), 2A–3A.

1961a "The Confessions as Ideology and Witness in the History of Lutheranism." *Lutheran World* 7 (1960/1961), 388–401; alemán: "Bekenntnisse als Ideologie und Zeugnis in der Geschichte des Luthertums." *Lutherische Rundschau* 10 (1960), 456–67.

1961b "Conversation of the Faithful." *Saturday Review* 44 (March 4), 24–25.

1961c "John Courtney Murray, S.J.: An Evaluation." *Christianity and Crisis* 21, 213–16.

1961d "Reform and Infallibility." *Cross Currents* 11, 345–56.

1961e "Roman Catholicism on the Eve of the Council." En Kristen E. Skydsgaard (ed.), *The Papal Council and the Gospel: Protestant Theologians Evaluate the Coming Vatican Council*. Minneapolis: Augsburg, 61–92; alemán: in Kristen Skydsgaard (ed.), *Konzil und Evangelium*. Göttingen: Vandenhoeck & Ruprecht, 1961, 63–94; también como "El catolicismo Romano en Vísperas del Concilio." *Cuadernos Teologicos* 11 (1962), 101–29.

1962a "Natural Law in the Thought of Paul Tillich." *Natural Law Forum* 7, 84–96.

1962b "Reform and the Council." *Lutheran World* 9, 304–17; alemán: "Reform und Konzil." *Lutherische Rundschau* 12 (1962), 389–405.

1962c "The Second Vatican Council." *Christianity and Crisis* 22, 164–68; también en *Concordia Theological Monthly* 34 (1963), 19–24.

1963a "The Future of Roman Catholic Theology in the Light of the First Session of the Second Vatican Council." *Dialog* 2, 245–53; versión abreviada: "The Thrust of 'Progressive' Catholicism." *Commonweal* 79 (1963), 105–7.

1963b "A Letter from Rome." *Yale Divinity News*, 3–6.

1963c "Liturgical Reform in the Second Vatican Council." *Lutheran World* 10, 161–71; alemán: "Liturgische Reform auf dem Zweiten Vatikanischen Konzil." *Lutherische Rundschau* 13 (1963), 191–204; versión abreviada como "Die theologischen Grundsätze der Liturgiereform," en Johann Christoph Hampe (ed.), *Ende der Gegenreformation? Das Konzil*. Berlin y Stuttgart: Kreuz Verlag, 1964, 90–101.

1963d "So Far, Surprisingly Good." *National Lutheran* 31/3 (March), 12–14, 19.

1964a "Ecclesiology and Roman Catholic Renewal." *Religion in Life* 33, 383–94.

1964b "Ecumenism and Liturgical Renewal." *Una Sancta* (Nueva York) 21/3–4, 7–11.

1964c "On Councils: Impressions from Helsinki, Rome, and Montreal." *Lutheran World* 11, 37–48; alemán: "'De conciliis': Eindrücke aus Helsinki, Rom und Montreal." *Lutherische Rundschau* 14 (1964), 45–60; versión abreviada en *Catholic World* 193 (1964), 272–81, también como "Montreal, Helsinki, Rom: Ein Vergleich," en Johann Christoph Hampe (ed.), *Ende der Gegenreformation? Das Konzil.* Berlin y Stuttgart: Kreuz Verlag, 1964, 359–65.

1964d "Pierre Abelard." *The American Peoples Encyclopedia.* Nueva York: Grolier.

1964e "A Protestant View of the Ecclesiological Status of the Roman Catholic Church." *Journal of Ecumenical Studies* 1, 243–70; también como "The Marks of the Church and Roman Catholicism: A Lutheran Views the Roman Catholic Church." *Una Sancta* (Nueva York) 22/2 (1965), 2–27; alemán: "Eine protestantische Ansicht über den ekklesiologischen Status der römisch-katholischen Kirche." *Una Sancta* (Meitingen) 19 (1964), 101–24.

1964f "Reform, But Slow and Cautious." *Concordia Theological Monthly* 35, 284–86.

1964g "Theologische Begründung der Stiftung für ökumenische Forschung" y "Dialog mit Rom." En Erwin Wilkens (ed.), *Helsinki 1963: Beiträge zum theologischen Gespräch des Lutherischen Weltbundes.* Berlin: Lutherisches Verlagshaus, 233–39 y 240–53.

1965a "The A Priori in St. Thomas' Theory of Knowledge." En Robert E. Cushman y Egil Grislis (eds.), *The Heritage of Christian Thought: Essays in Honor of Robert Lowry Calhoun.* Nueva York: Harper & Row, 41–63.

1965b (ed.), *Dialogue on the Way: Protestants Report from Rome on the Vatican Council.* Minneapolis: Augsburg; alemán: *Dialog Unterwegs: Eine evangelische Bestandsaufnahme zum Konzil.* Göttingen: Vandenhoeck & Ruprecht, 1965; francés: *Le dialogue est ouvert.* Neuchatel: Delachaux & Niestle, 1965; castellano: *El Dialogo esta abierto.* Barcelona: Ediciones de Cultura Popula, 1967. Contribuciones de Lindbeck en la versión original en inglés: "Preface" (V–IX); "Pope John's Council: First Session" (18–46); (con Warren A. Quanbeck) "Paul VI Becomes Pope: Second Session" (47–71); "Church and World: Schema 13" (231–52).

1965c "The Jews, Renewal, and Ecumenism." *Journal of Ecumenical Studies* 2, 471–73.

1965d "Medieval Theology." *The Encyclopedia of the Lutheran Church*, vol. 2. Minneapolis: Augsburg, 1510–16.

1965e "The Status of the Nicene Creed as Dogma of the Church: Some Questions from Lutherans to Roman Catholics." En Paul C. Empie y T. Austin Murphy (eds.), *The Status of the Nicene Creed as Dogma of the Church* (Lutherans and Catholics in Dialogue 1). Minneapolis: Augsburg, 11–15.

1965f "The Thought of Karl Rahner, S.J." *Christianity and Crisis* 25, 211–15.

1965g Recensión de Joseph Lécuyer, *Études sur la collégialité épiscopale. Journal of Ecumenical Studies* 2, 320–21.

1966a "The Church in the Modern World." *Saturday Review* 49 (July 30), 35–36.

1966b "The Constitution on the Church: A Protestant Point of View." En John H. Miller (ed.), *Vatican II: An Interfaith Appraisal.* Notre Dame, IN: University of Notre Dame Press, 219–30; alemán: "Die Kirchenlehre des Konzils im Übergang." En Johann Christoph Hampe (ed.), *Die Autorität der Freiheit*, vol. 1. Munich: Kosel, 1967, 359–72.

1966c "The Declaration on Religious Liberty." En Warren A. Quanbeck (ed.), *Challenge and Response: A Protestant Perspective of the Vatican Council*. Minneapolis: Augsburg, 145–60; alemán: "Die Erklärung über die Religionsfreiheit." En Friedrich W. Katzenbach y Vilmos Vajta (eds.), *Wir sind gefragt*. Göttingen: Vandenhoeck & Ruprecht, 145–60.

1966d "A Definitive Look at Vatican II." *Christianity and Crisis* 25, 291–95.

1966e "The Framework of Catholic-Protestant Disagreement." En T. Patrick Burke (ed.), *The Word in History: The St. Xavier Symposium*. Nueva York: Sheed & Ward, 102–19.

1966f "Jewish-Christian Dialogue." *Journal of Ecumenical Studies* 3, 146–47.

1966g "Karl Rahner and a Protestant View of the Sacramentality of the Ministry." *Proceedings of the Catholic Theological Society of America* 21, 262–88; también como "The Sacramentality of the Ministry: Karl Rahner and a Protestant View." En Friedrich W. Katzenbach y Vilmos Vajta (eds.), *Oecumenica 1967: Jahrbuch für ökumenische Forschung*. Estrasburgo: Centre d'Etudes Oecumeniques, 1967, 282–301.

1966h "Reply to J. M. Oesterreicher." *Christianity and Crisis* 26, 133–34.

1966i "There Is No Protestant Church." Recensión de Otto Alfred Piper, *Protestantism in an Ecumenical Age*. *Una Sancta* (Nueva York) 23/1, 91–100.

1966j "Reunion for Mission." *Una Sancta* (Nueva York) 23/3, 21–23.

1966k Recensión de Gerrit Cornelis Berkouwer, *The Second Vatican Council and the New Catholicism*. *Church History* 35, 251–52.

19661 Recensión de George H. Tavard, *The Church Tomorrow*. *Lutheran World* 13, 121.

1966m Recensión de Robert E. McNally, S.J., *The Unreformed Church*. *Lutheran World* 13, 462.

1967a "Discovering Thomas (1): The Classical Statement of Christian Theism." *Una Sancta* (Nueva York) 24/1, 45–52.

1967b "Discovering Thomas (2): Tentative Language about the Trinity." *Una Sancta* (Nueva York) 24/3, 44–48.

1967c "Discovering Thomas (3): The Origin of Man." *Una Sancta* (Nueva York) 24/4, 67–75.

1967d "Ecumenism, Cosmic Redemption, and the Council." En Leonard Swidler (ed.), *Ecumenism, the Spirit, and Worship*. Pittsburgh: Dusquesne University Press, 62–76.

1967e Entrevista con George Lindbeck. En Patrick Granfield (ed.), *Theologians at Work*. Nueva York: Macmillian, 151–64.

1967f "The New Vision of the World and the Ecumenical Revolution." *Religious Education* 62, 83–90; versión abreviada: "Secular Ecumenism in Action." *Catholic World* 205, 7–13.

1967g "Ottaviani's Counterpart." Recensión de Paul Blanshard, *Paul Blanshard on Vatican II*. *Christian Century* 84, 15–16.

1967h "The Problem of Doctrinal Development and Contemporary Protestant Theology." En Edward Schillebeeckx y Boniface Willems (eds.), *Man as Man and Believer* (Concilium 21). Nueva York: Paulist Press, 133–49.

1967i "The Reformation in an Ecumenical Age." *Princeton Seminary Bulletin* 61/1, 21–28.

1967j Recensión de Rudolph J. Ehrlich, *Rome—Opponent or Partner? Lutheran World* 14, 130.

1967k Recensión de Karl Rahner, *Christian in the Market Place*. *Religion in Life* 36, 465–66.

1967l Recensión de Donald L. Gelpi, SJ, *Life and Light: A Guide to the Theology of Karl Rahner*. *Lutheran World* 14, 228.

1968a "Discovering Thomas (4): Hope and the Sola Fide." *Una Sancta* (Nueva York) 25/1, 66–73.

1968b "Ecumenism and the Future of Belief." *Una Sancta* (Nueva York) 25/3, 3–17.

1968c "Foreword." En Jared Wicks, SJ, *Man Yearning for Grace: Luther's Early Spiritual Teaching*. Washington, DC: Corpus Books, v–x.

1968d "Against the Spirit of the Times" (recensión de Jacques Maritain, *Le Paysan de la Garonne: Un vieux laic s'interroge à propos du temps présent*). *Ecumenical Review* 20, 94–96.

1968e Recensión de Jean-Marie Domenach y Robert de Montvalon, *The Catholic Avant-Garde: French Catholicism since World War II*. *Theology Today* 24, 530–31.

1969a "Foreword." En William C. Shepherd, *Man's Condition: God and the World Process*. Nueva York: Herder & Herder, 11–14.

1969b "The Lutheran Doctrine of the Ministry: Catholic and Reformed." *Theological Studies* 30, 588–612; también como "Doctrinal Standards, Theological Theories, and Practical Aspects of the Ministry in the Lutheran Churches." En Harding Meyer (ed.), *Evangelium-Welt-Kirche: Schlussbericht und Referate der römischkatholischen / evangelisch-lutherischen Studienkommission "Das Evangelium und die Kirche," 1967–1971*. Frankfurt: Lembeck, 1975, 263–306.

1969c "The Present Ecumenical and Church Situation in West Malaysia and Singapore." *South East Asia Journal of Theology* 11, 72–80.

1969d Recensión de Richard Stauffer, *Luther as Seen by Catholics*. *Lutheran World* 16, 89.

1969e Recensión de Kilian McDonnell, *John Calvin, the Church, and the Eucharist*. *Lutheran World* 16, 186–88.

1970a "Ecumenism and World Mission: Foundations, Principles, and Policies." *Lutheran World* 17, 69–77.

1970b "The Future of the Dialogue: Pluralism or an Eventual Synthesis of Doctrine?" En Joseph Papin (ed.), *Christian Action and Openness to the World*. Villanova, PA: Villanova University Press, 37–51.

1970c *The Future of Roman Catholic Theology: Vatican II—Catalyst for Change*. Philadelphia: Fortress Press / Londres: SPCK; también como *Le Catholicisme a-t-il un avenir? Un point de vue protestant*. Traducido por J. Bruls. París: Casterman (coll. 'L'Actualité religieuse' 34), 1970.

1971a "The Infallibility Debate." En John J. Kirvan (ed.), *The Infallibility Debate*. Nueva York: Paulist Press, 107–52.

1971b "The Sectarian Future of the Church." En Joseph P. Whelan, SJ (ed.), *The God Experience: Essays in Hope*. Nueva York: Newman, 226–42.

1972a *Infallibility* (The 1972 Pere Marquette Theology Lecture). Milwaukee, WI: Marquette University Press.

1972b "Protestant Problems with Lonergan on Development of Dogma." En Philip McShane, SJ (ed.), *Foundations of Theology: Papers from the International Lonergan Congress 1970*. Notre Dame, IN: University of Notre Dame Press, 115–23.

1973a "Erikson's *Young Man Luther*: A Historical and Theological Reappraisal." *Soundings* 56, 210–27; también en Donald Capps, Walter H. Capps, y M. Gerald Bradford (eds.), *Encounter with Erikson: Historical Interpretation and Religious Biography*. Missoula, MT: Scholars Press, 1977, 7–27.

1973b "Unbelievers and the 'Sola Christi.'" *Dialog* 12, 182–89.

1974a "Creed and Confession." En *Encyclopedia Britannica*, vol. 5, 15th ed., 243–46.

1974b *Fides ex auditu* and the Salvation of Non-Christians: Contemporary Catholic and Protestant Positions." En Vilmos Vajta (ed.), *The Gospel and the Ambiguity of the Church*. Philadelphia: Fortress Press 92–123; alemán: "'*Fides ex auditu*' und die Erlösung der Nicht-Christen: Wie denken der Katholizismus und der Protestantismus darüber?" En Vilmos Vajta (ed.), *Das Evangelium und die Zweideutigkeit der Kirche*. Göttingen: Vandenhoeck & Ruprecht (Evangelium und Geschichte 3), 1973, 122–57.

1974c "Papacy and *ius divinum*: A Lutheran View." En Paul C. Empie y T. Austin Murphy (eds.), *Papal Primacy and the Universal Church* (Lutherans and Catholics in Dialogue 5). Minneapolis: Augsburg, 193–208.

1975a "The Crisis in American Catholicism." En John Deschner, Leroy T. Howe, y Klaus Penzel (eds.), *Our Common History as Christians: Essays in Honor of Albert C. Outler*. Nueva York: Oxford University Press, 47–66.

1975b "Papal Infallibility: A Protestant Response." Respuesta a Philip S. Kaufman, "Papal Infallibility: The Remaining Agenda." *Commonweal* 102, 145–46.

1975c "Theological Revolutions and the Present Crisis." *Theology Digest* 23, 307– 19 (The Twentieth Annual Robert Cardinal Bellarmine Lecture, St. Louis University).

1976a "A Battle for Theology: Hartford in Historical Perspective." En Peter L. Berger y Richard J. Neuhaus (eds.), *Against the World, for the World: The Hartford Appeal and the Future of American Religion*. Nueva York: Seabury Press, 20–43.

1976b "The Catholic Crisis." *Commonweal* 103, 107–10 (contiene 1975a, pero con añadidos y revisiones).

1976c "A Lutheran View of Intercommunion with Roman Catholics." *Journal of Ecumenical Studies* 13, 242–48; también en Leonard Swidler (ed.), *The Eucharist in Ecumenical Dialogue*. Nueva York: Paulist Press, 52–58.

1976d "Lutherans and the Papacy." *Journal of Ecumenical Studies* 13, 368–78.

1976e "Two Types of Ecumenism." En Joseph Armenti (ed.), *Wisdom and Knowledge: Essays in Honour of Joseph Papin*, vol. 2. Villanova, PA: Villanova University Press, 371–75.

1976f *University Divinity Schools: A Report on Ecclesiastically Independent Theological Education*. Nueva York: Rockefeller Foundation (con la participación de Karl Deutsch y Nathan Glazer).

1976g "Der Zusammenhang von Kirchenkritik und Rechtfertigungslehre." *Concilium* 12, 481–86.

1977a "Critical Reflections." En Walter J. Burghardt (ed.), *Religious Freedom: 1965 and 1975—A Symposium on a Historic Document*. Nueva York: Paulist Press, 52–54.

1977b "Problems on the Road to Unity: Infallibility." En Gerard Békés y Vilmos Vajta (eds.), *Unitatis Redintegratio: 1964–1974—Eine Bilanz der Auswirkungen des Ökumenismusdekrets* (Studia Anselmiana 71). Frankfurt: Lembeck/ Knecht, 98–109.

1977c "Theological Education in North America Today." *Bulletin of the Council on the Study of Religion* 8, 85, 87–89.

1977d Recensión de Marc Lienhard, *Lutherisch-reformierte Kirchengemeinschaft heute. Journal of Ecumenical Studies* 14 (1977), 128–29.

1978a "Reception and Method: Reflections on the Ecumenical Role of the LWF." En Peder Nørgaard-Højen (ed.), *Ecumenical Methodology*. Ginebra: Lutheran World Federation, 33–48.

1978b "Theologische Methode und Wissenschaftstheorie." *Theologische Revue* 74, 266–80.

1979a Recensión de John Hick (ed.), *The Myth of God Incarnate. Journal of Religion* 59, 248–50.

1979b Recensión de Gordon D. Kaufman, *An Essay on Theological Method. Religious Studies Review* 5, 262–64.

1979c "Christians between Arabs and Jews: A Report from Jerusalem on a Theological Debate." *Worldview* 22/9, 25–26, 35–39; también en *Christian Jewish Relations* 70 (1980), 5–19.

1979d (con Avery Dulles, SJ) "Foreword." En Glenn C. Stone y Charles Lafontaine (eds.), *Exploring the Faith We Share*. Nueva York: Paulist Press, ix–xiv.

1980a (con Vilmos Vajta) "The Augsburg Confession in Light of Contemporary Catho-lic- Lutheran Dialogue." En Joseph A. Burgess (ed.), *The Role of the Augsburg Confession: Catholic and Lutheran Views*. Philadelphia: Fortress Press, 81–94.

1980b "The Bible as Realistic Narrative." En Leonard Swidler (ed.), *Consensus in Theology? A Dialogue with Hans Küng and Edward Schillebeeckx*. Philadelphia: Westminster Press, 81–85; también en *Journal of Ecumenical Studies* 17 (1980), 81–85.

1980c "The Crucial Role of the American Church." *Lutheran Forum* 41/1, 8–10.

1980d "Lutheran Churches." En David S. Schuller, Merton P. Strommen, y Milo L. Brekke (eds.), *Ministry in America*. San Francisco: Harper & Row, 414–44.

1980e "The Reformation and the Infallibility Debate." En Paul C. Empie, T. Austin Murphy, y Joseph A. Burgess (eds.), *Teaching Authority and Infallibility in the Church* (Lutherans and Catholics in Dialogue 6). Minneapolis: Augsburg, 101–19, 312–16.

1980f "Report on the Roman Catholic–Lutheran Dialogue." En *LWF Documentation Nr. 4*. Ginebra: Lutheran World Federation, 18–23; alemán: Bericht über den römisch-katholisch / evangelisch-lutherischen Dialog." *LWB-Dokumentation* 4, 19–24.

1980g "Rite Vocatus: Der Theologische Hintergrund zu CA 14." En Erwin Iserloh (ed.), *Confessio Augustana und Confutatio: Der Augsburger Reichstatg 1530 und die Einheit der Kirche*. Münster: Aschendorff, 454–66.

1981a "Ebeling: Climax of a Great Tradition" (Recensión de Gerhard Ebeling, *Dogmatik des christlichen Glaubens*, vol. 1). *Journal of Religion* 61, 309–14.

1981b "Hesychastic Prayer and the Christianizing of Platonism: Some Protestant Reflec-tions." En Pierre Benoit (ed.), *Prayer in Late Antiquity and in Early Christianity: Yearbook 1978–1979 of the Ecumenical Institute for Advanced Theological Studies*. Tantur y Jerusalem: Ecumenical Institute for Advanced Theological Studies, 71–88.

1981c "The Limits of Diversity in the Understanding of Justification." *Lutheran Theological Seminary Bulletin* (Gettysburg, PA) 61/1, 3–16.

1982a (with Avery Dulles, SJ) "Bishops and the Ministry of the Gospel." En George W. Forell y James F. McCue (eds.), *Confessing One Faith: A Joint Commentary on the Augsburg Confession by Lutheran and Catholic Theologians*. Minneapolis:

Augsburg, 147–72; alemán: "Die Bischöfe und der Dienst des Evangeliums. Ein Kommentar zu CA 5, 14 und 28." En Harding Meyer y Heinz Schutte (eds.), *Confessio Augustana: Bekenntnis des einen Glaubens*. Paderborn: Bonifatius / Frankfurt: Lembeck, 1980, 139–67.

1982b "The Divided Church." En *Call to Global Mission* (Background Papers, Convention of the Lutheran Church in America, Sept. 3–10, 1982). Nueva York: LCA Division for World Mission and Ecumenism, 313–24.

1983a "An Assessment Reassessed: Paul Tillich on the Reformation." *Journal of Religion* 63, 376–93.

1983b (con Lars Thunberg y Hans Martensen) "Historiskt uttalande om Luther." *Svensk Teologisk Kvartalskrift* 59, 139–43. (con Hans L. Martensen) "Martin Lutero, testimone di Ges Cristo: dichiarazione, comm luterana cattolicaromana, 500uo anniv, 1983." *Studi Ecumenici* 1, 297–305.

1983c "Luther on Law in Ecumenical Context." *Dialog* 22, 270–74.

1983d "Reflections on the New York Forum: From Academy to Church." *Theological Education* 19, 65–70.

1984a "Letter from Budapest: Bitter Taste." *Forum Letter* (Nueva York), 13/9 (Sept. 28), 1–4.

1984b *The Nature of Doctrine: Religion and Theology in a Postliberal Age*. Philadelphia: Westminster Press; alemán: *Christliche Lehre als Grammatik des Glaubens: Religion und Theologie im postliberalen Zeitalter*. Introducción por Hans G. Ulrich y Reinhard Hütter. Gütersloh: Chr. Kaiser/ Gütersloher Verlagshaus (Theologische Bücherei 90), 1994; chino: *Jiao yi de ben zhi: hou zi you zhu yi shi dai zhong de zong jiao ji shen xue*. Xianggang: Han yu Jidu jiao wen hua yan jiu suo, 1997; francés: *La nature des doctrines: Religion et théologie à l'âge du postlibéralisme*. Introducción por Marc Boss. París: Van Dieren, 2003; japonés: *Kyori no honshitsu: posutoriberaru jidai no shukyo to shingaku*. Tokio: Yorudansha, 2003; italiano: *La natura della dottrina: Religione e teologia in un'epoca postliberale*. Turín: Claudiana, 2004.

1984c "Vatican II and Protestant Self-Understanding." En Gerald M. Fagin, SJ (ed.), *Vatican II: Open Questions and New Horizons*. Wilmington, DE: Michael Glazier, 58–74.

1985a "Justification by Faith: An Analysis of the 1983 Report." *LCA Partners* 6, 7–12, 30.

1985b "Modernity and Luther's Understanding of the Freedom of the Christian." En Manfred Hoffman (ed.), *Martin Luther and the Modern Mind: Freedom, Conscience, Toleration, Rights* (Toronto Studies in Theology 22). Toronto y Nueva York: Edwin Mellen Press, 1–22.

1985c "A Question of Compatibility: A Lutheran Reflects on Trent." En H. George Anderson, T. Austin Murphy, y Joseph A. Burgess (eds.), *Justification by Faith* (Lutherans and Catholics in Dialogue 7). Minneapolis: Augsburg, 230–40.

1985d "The Ratzinger File: But If One Despairs . . ." *Commonweal* 112, 635–36.

1986 "Barth and Textuality." *Theology Today* 43, 361–76.

1987 "The Story-Shaped Church: Critical Exegesis and Theological Interpretation." En Garrett Green (ed.), *Scriptural Authority and Narrative Interpretation* (Festschrift for Hans Frei). Philadelphia: Fortress Press, 161–78.

1988a "The Church." En Geoffrey Wainwright (ed.), *Keeping the Faith: Essays to Mark the Centenary of Lux Mundi*. Philadelphia: Fortress Press, 179–208.

1988b "Non-Theological Factors and Structures of Unity." En Gunther Gassmann y Peder Nørgaard-Højen (ed.), *Einheit der Kirche: Neue Entwicklungen und Perspektiven* (Festschrift for Harding Meyer). Frankfurt: Lembeck, 133–45.

1988c "The Reformation Heritage and Christian Unity." *Lutheran Quarterly* 2, 477–502.

1988d "The Search for Habitable Texts." *Daedalus* 117, 153–56.

1988e "Spiritual Formation and Theological Education." *Theological Education* 24 (Supplement 1), 10–32.

1989a Recensión de Jeffrey Stout, *Ethics after Babel: The Languages of Morals and Their Discontents*. *Theology Today* 46, 59–61.

1989b "The Church's Mission to a Postmodern Culture." En Frederic B. Burnham, *Postmodern Theology: Christian Faith in a Pluralist World*. Nueva York: Harper-Collins, 37–55.

1989c "Ecumenical Theology." En David F. Ford (ed.), *The Modern Theologians: An Introduction to Christian Theology in the Twentieth Century*, vol. 2, Oxford, UK: Blackwell, 255–73.

1989d "Education for Lutheran Ministry in Non-Denominational Settings." *Dialog* 28, 114–16.

1989e "Episcopacy and the Unification of the Churches: Two Approaches." En H. George Anderson y James R. Crumley, Jr. (eds.), *Promoting Unity: Themes in Lutheran-Catholic Dialogue* (Festschrift for Johannes Cardinal Willebrands). Minneapolis: Augsburg, 51–65.

1989f "Scripture, Consensus, and Community." En Richard J. Neuhaus (ed.), *Biblical Interpretation in Crisis: The Ratzinger Conference on Bible and Church*. Grand Rapids: Eerdmans, 74–101 (pp. 102–90 in this volume include Lindbeck's contributions to a panel discussion); también en *This World: A Journal of Religion and Public Life* 23/4 (Fall 1988), 5–24; alemán: "Heilige Schrift, Konsens und Gemeinschaft." En Joseph Ratzinger (ed.), *Schriftauslegung im Widerstreit* (Questiones Disputatae 117). Freiburg: Herder, 1989, 45–80.

1989g "Theologians, Theological Faculties, and the ELCA Study of Ministry." *Dialog* 28, 198–205.

1989h "Two Kinds of Ecumenism: Unitive and Interdenominational." *Gregorianum* 70, 647–60.

1989i "Response to Bruce Marshall." *The Thomist* 53, 403–6.

1989j Recensión de Nestor Beck, *The Doctrine of Faith: A Study of the Augsburg Confession and Contemporary Ecumenical Documents*. *Lutheran Quarterly* 3, 223–26.

1990a "Bishop Hans L. Martensen in the International Dialogue with Lutherans." En Kaspar Kallan et al. (ed.), *Crux probat omnia* (Festschrift for Bishop Hans L. Martensen). Kopenhagen: Ansgarstiftel Forlag, 84–90.

1990b Recensión de Lesslie Newbigin, *The Gospel in a Pluralist Society*. *International Bulletin of Missionary Research* 14, 182.

1990c Recensión de William C. Placher, *Unapologetic Theology: A Christian Voice in a Pluralistic Conversation*. *Theology Today* 47, 65–66.

1990d "Confession and Community: An Israel-like View of the Church." *Christian Century* 107, 492–96; también en James M. Wall y David Heim (eds.), *How My Mind Has Changed*. Grand Rapids: Eerdmans, 1991, 32–42.

1990e "Confessional Faithfulness and the Ecumenical Future: The J. L. Neve Memorial Lecture." *Trinity Seminary Review* 12, 59–66.

1990f "Martin Luther and the Rabbinic Mind." En Peter Ochs (ed.), *Understanding the Rabbinic Mind: Essays on the Hermeneutic of Max Kadushin* (South Florida Studies in the History of Judaism 14). Atlanta: Scholar Press, 141–64; alemán: "Martin Luther und der rabbinische Geist." Traducido por Reinhard Hütter. *Neue Zeitschrift für systematische Theologie und Religionsphilosophie* 40/1 (1998), 40–65; selección en William P. Brown (ed.), *The Ten Commandments: The Reciprocity of Faithfulness*. Louisville, KY: Westminster John Knox Press, 61–67.

1990g "Open Letter: To Richard J. Neuhaus." *Lutheran Forum* 24/4, 43–44.

1990h Recensión de Anders Jeffner, *Theology and Integration: Four Essays in Philosophical Theology. Journal of Religion* 70, 272–73.

1991a "Confessional Subscription: What Does It Mean for Lutherans Today?" *Word and World* 11, 317, 319–20.

1991b "Ecumenical Directions and Confessional Construals." *Dialog* 30, 118–23.

1991c "Lutheranism as Church and Movement: Trends in America since 1980." *Lutheran Theological Seminary Bulletin* (Gettysburg, PA) 71/1, 43–59.

1991d "Dogma." En Nicholas Lossky et al. (ed.), *Dictionary of the Ecumenical Movement*. Ginebra: World Council of Churches Publications / Grand Rapids: Eerdmans, 305–7.

1992a "Dulles on Method." *Pro Ecclesia* 1, 53–60.

1992b "The Meaning of Satis Est, or . . . Tilting in the Ecumenical Wars." *Lutheran Forum* 26/4, 19–27.

1992c "The Structure of the Communio." En Eugene L. Brand (ed.), *Communio and Dialogue*. Ginebra: Lutheran World Federation, 28–40.

1993a Recensión de Ted Peters, *God—the World's Future: Systematic Theology for a Postmodern Era. Dialog* 32, 310–13; también en *Center for Theology and the Natural Sciences Bulletin* (Berkeley, CA) 13 (1993), 14–16.

1993b "Ecumenical Imperatives for the 21st Century." *Currents in Theology and Mission* 20, 360–66.

1993c "Foreword." En Ephraim Radner y George R. Sumner (eds.), *Reclaiming Faith: Essays on Orthodoxy in the Episcopal Church and the Baltimore Declaration*. Grand Rapids: Eerdmans, vii–xi.

1993d "Toward a Postliberal Theology." En Peter Ochs (ed.), *The Return to Scripture in Judaism and Christianity: Essays in Postcritical Scriptural Interpretation*. Nueva York: Paulist Press, 83–103. (Este ensayo es un extracto ligeramente modificado de *The Nature of Doctrine* [1984b], 16, 31–32, 112–38.)

1993e "Reminiscences of Vatican II." Northfield, MN: Center for Catholic and Evangelical Theology.

1994a "The Church Faithful and Apostate: Reflections from Kansas City." *Lutheran Forum* 28/1, 12–19.

1994b Recensión de Mark S. Burrows y Paul Rorem (eds.), *Biblical Hermeneutics in Historical Perspective. Modern Theology* 10, 103–6.

1994c Recensión de Robert W. Jenson, *Unbaptized God: The Basic Flaw in Ecumenical Theology. Pro Ecclesia* 3, 232–38.

1994d "Re-viewing Vatican II: An Interview with George A. Lindbeck" (Entrevistador: George Weigel). *First Things* 48, 44–50.

1994e "Vorwort zur deutschen Ausgabe" (see 1984b), 16–22.

1994f "Lutheranism: I. A Lutheran Perspective." En Rene Latourelle y Rino Fisichella (eds.), *Dictionary of Fundamental Theology*. Nueva York: Crossroads, 609–12.

1995a "Reflections on Trinitarian Language." *Pro Ecclesia* 4, 261–64.

1995b "Response to Michael Wyschogrod's 'Letter to a Friend.'" *Modern Theology* 11, 205–10.

1996a "Atonement and the Hermeneutics of Intratextual Social Embodiment." En Timothy R. Phillips y Dennis L. Okholm (eds.), *The Nature of Confession: Evangelicals and Postliberals in Conversation*. Downers Grove, IL: InterVarsity Press, 221–40, 294–96 (pp. 246–53 contiene una intervención de Lindbeck en una mesa redonda); versión abreviada como "Atonement and the Hermeneutics of Social Embodiment." *Pro Ecclesia* 5 (1996), 144–60.

1996b "Foreword." En David Keck, *Forgetting Whose We Are: Alzheimer's Disease and the Love of God*. Nashville: Abington Press, 9–11.

1996c "Martens on the Condemnations" (recensión de Gottfried Martens, *Die Recht-fertigung des Sünders: Rettungshandeln Gottes oder historisches Interpretament? Grundentscheidungen lutherischer Theologie und Kirche bei der Behandlung des Themas "Rechtfertigung" im ökumenischen Kontext*). *Lutheran Quarterly* 10, 59–66.

1996d (con George Hunsinger, Alister E. McGrath, y Gabriel J. Fackre) "Evangelicals and Postliberals Together." *Books and Culture* 2, 26–28.

1996e Recensión de Donald G. Bloesch, *Holy Scripture: Revelation, Inspiration, and Interpretation. Interpretation* 50, 324, 326.

1997a "The Gospel's Uniqueness: Election and Untranslatability." *Modern Theology* 13, 423–50.

1997b "George Lindbeck: Evangelical, Catholic Theologian." Entrevista con Rebecca Frey, Philip Johnson, y Ronald Bagnall. *Lutheran Forum* 31/2, 53–56.

1998a Recensión de Jacques Dupuis, *Toward a Christian Theology of Religious Pluralism. International Bulletin of Missionary Research* 22, 34.

1998b "Robert Lowry Calhoun as Historian of Doctrine." New Haven, CT: Yale Divinity School Library.

1998c Recensión de Ellen T. Charry, *By the Renewing of Your Minds: The Pastoral Function of Christian Doctrine. Christian Century* 115, 583–84.

1999a "Postcritical Canonical Interpretation: Three Modes of Retrieval." En Christopher Seitz y Kathryn Greene-McCreight (eds.), *Theological Exegesis: Essays in Honor of Brevard S. Childs*. Grand Rapids: Eerdmans, 26–51.

1999b Recensión de William J. Abraham, *Canon and Criterion in Christian Theology: From the Fathers to Feminism. First Things* 92, 68.

2000a Recensión de Scott Bader-Saye, *Church and Israel after Christendom: The Politics of Election. Theology Today* 57, 117–18, 120.

2000b "Postmodern Hermeneutics and Jewish-Christian Dialogue: A Case Study." En Tikva Simone Frymer-Kensky et al. (ed.), *Christianity in Jewish Terms*. Boulder, CO: Westview Press, 106–13.

2000c "What of the Future? A Christian Response." En Tikva Simone Frymer-Kensky et al. (ed.), *Christianity in Jewish Terms*. Boulder, CO: Westview Press, 357–66, 401.

2002 "Response to Gabriel Fackre on the Joint Declaration on the Doctrine of Justification." En Skye Fackre Gibson (ed.), *Story Lines: Chapters on Thought, Word, and Deed for Gabriel Fackre*. Grand Rapids: Eerdmans, 22–27.

2003a *The Church in a Postliberal Age.* James J. Buckley (ed.). Grand Rapids: Eerdmans. Este libro incluye 1968b, 1972a, 1973b, 1981b, 1981c, 1988a, 1988c, 1989f, 1990d, 1990f, 1993d, 1993e, 1994e, y 1997a.

2003b "The University and Ecumenism." En William G. Rusch (ed.), *Justification and the Future of the Ecumenical Movement: The Joint Declaration on the Doctrine of Justification.* Collegeville, MN: Liturgical Press, 1–13.

2003c "The Church as Israel: Ecclesiology and Ecumenism." En Carl E. Braaten y Robert W. Jenson (ed.), *Jews and Christians: People of God.* Grand Rapids: Eerdmans, 78–94.

2003d "Progress in Textual Reasoning: From Vatican II to the Conference at Drew." En Nancy S. Levene y Peter Ochs (eds.), *Textual Reasonings: Jewish Philosophy and Text Study at the End of the Twentieth Century.* Grand Rapids: Eerdmans, 252–58.

2003e "Augsburg and the *Ecclesia de Eucharistia.*" *Pro Ecclesia* 12, 405–14.

2004a "Paris, Rome, Jerusalem: An Ecumenical Journey." *Journal of Ecumenical Studies* 41, 389–408.

2004b "Justification and Atonement: An Ecumenical Trajectory." En Joseph A. Burgess y Marc Kolden (ed.), *By Faith Alone: Essays on Justification in Honor of Gerhard O. Forde.* Grand Rapids: Eerdmans, 183–219.

2004c "Messiahship and Incarnation: Particularity and Universality Are Reconciled." En John C. Cavadini y Laura Holt (ed.), *Who Do You Say That I Am? Confessing the Mystery of Christ.* Notre Dame, IN: University of Notre Dame Press, 63–86.

2004d "George Lindbeck Replies to Avery Cardinal Dulles." *First Things* 139, 13–15.

2004e Recensión de Paul F. Knitter, *Introducing Theologies of Religions. Princeton Seminary Bulletin* 25, 116–18.

2004f "Relations interreligieuses et oecuménisme. Le chapitre 3 de *La nature des doctrines* revisité." En Marc Boss, Gilles Emery, y Pierre Gisel (ed.), *Postlibéralisme? La théologie de George Lindbeck et sa reception.* Ginebra: Labor et Fides, 183–203.

2005a "The Unity We Seek—Setting the Agenda for Ecumenism." *Christian Century* 122, 28–31.

2005b "Ecumenisms in Conflict." En L. Gregory Jones, Reinhard Hütter, y C. Rosalee Velloso Ewell (ed.), *God, Truth, and Witness: Engaging Stanley Hauerwas.* Grand Rapids: Brazos Press, 212–28.

2006 "Performing the Faith: An Interview with George Lindbeck." *Christian Century* 123, 28–33, 35.

LITERATURA SECUNDARIA SOBRE LA OBRA DE LINDBECK

ALBRECHT, Christian. Recensión de Lindbeck, *Christliche Lehre als Grammatik des Glaubens* (1984b). *Theologische Literaturzeitung* 120 (1995), 368–71.

ALBRECHT, Gloria. *The Character of Our Communities: Toward an Ethic of Liberation for the Church.* Nashville: Abingdon Press, 1995.

ALEMANY, José J. Recensión de Lindbeck, *Christliche Lehre als Grammatik des Glaubens* (1984b). *Estudios eclesiásticos* 71 (1996), 317–18.

ALLEN, O. Wesley. Recensión de Lindbeck, *The Church in a Postliberal Age* (2003a). *Lexington Theological Quarterly* 38 (2004), 263.

ALLIK, Tiina. "Religious Experience, Human Finitude, and the Cultural-Linguistic Model." *Horizons* 20 (1993), 241–59.

ANONYMOUS. Recensión de Lindbeck, *Le Catholicisme a-t-il un avenir?* (1970c). *Communion* 25 (1971), 109–10.

ARENS, Edmund. "Im Fegefeuer der Fundamentaltheologie." *Orientierung* 61 (1997), 152–56.

———. "Kirchlicher Kommunitarismus." *Theologische Revue* 94 (1998), 487–500.

ATKINS, Anselm. "Religious Assertions and Doctrinal Development." *Theological Studies* 27 (1966), 523–52.

AVIS, Paul. "Theology in the Dogmatic Mode." En Peter Byrne y Leslie Houlden (eds.), *Companion Encyclopedia of Theology*. Londres y Nueva York: Routledge, 1995, 976–1000.

BABUT, Etienne. Recensión de Lindbeck, *Le Catholicisme a-t-il un avenir?* (1970c). *Foi et vie* 71 (1972), 110–12.

BARRETT, Lee C. "Theology as Grammar: Regulative Principles or Paradigms and Practices." *Modern Theology* 4 (1988), 156–72.

BEHRENS, Georg. "Schleiermacher contra Lindbeck on the Status of Doctrinal Sentences." *Religious Studies* 30 (1994), 399–417.

BELLETT, Eileen, y Clive Marsh. "On Seeing to the Horses: Issues in Teaching and Learning in Theology and Religious Studies after Bonino and Lindbeck." *Teaching Theology and Religion* 2/1 (1999), 26–39.

BERENDSEN, Desiree. *Waarom geloven mensen? De antropologische basis van geloof volgens Karl Rahner, Gerhard Oberhammer, David Tracy, John Hick, Garret Green en George Lindbeck*. Kampden: Kok, 2002.

BLASER, Klauspeter. "Liberalisme Renove ou Post-Liberalisme?" En Blaser, *Les Théologies Nord-Américaines*. Geneve: Labor et Fides, 1995, 112–39.

BOSS, Marc. Recensión de Lindbeck, *The Nature of Doctrine* (1984b). *Etudes théologiques et religieuses* 78 (2003), 459–60.

BOSS, Marc, Gilles Emery, y Pierre Gisel. *Postlibéralisme? La théologie de George Lindbeck et sa reception*. Ginebra: Labor et Fides, 2004.

BRAATEN, Carl E. "The Role of Dogma in Church and Theology." En Victor Pfitzner y Hilary Regan (eds.), *The Task of Theology Today*. Adelaid, Australia: Australian Theological Forum, 1998, 25–57.

BRADT, Raymond Kenyon, Jr. "The Radical Christian Orthodoxy of John Milbank: The Historical Contextuality of Its Development." *Soundings* 86/3–4 (2003), 315–49.

BRAY, Gerald L. Recensión de Lindbeck, *The Nature of Doctrine* (1984b). *Churchman* 99 (1985), 63.

BRESHEARS, Gerry. Recensión de Lindbeck, *The Nature of Doctrine* (1984b). *Journal of Psychology and Theology* 13 (1985), 153.

BROCKMAN, David R. "Turning to Religious Others: Visions and Blindspots in Modern Christian Reflection about Non-Christians." Tesis, Southern Methodist University, 2007.

BROM, Luco Johan van den. "Interpreting the Doctrine of Creation." En Vincent Brumer (ed.), *Interpreting the Universe as Creation*. Kampen, Netherlands: Kok Pharos, 1991, 18–36.

BRYANT, David J. "Christian Identity and Historical Change: Postliberals and Historicity." *Journal of Religion* 73 (1993), 31–41.

———. Recensión de Lindbeck, *The Nature of Doctrine* (1984b). *Princeton Seminary Bulletin* 8/2 (1987), 64–67.

BRYANT, R. H. Recensión de Lindbeck, *The Nature of Doctrine* (1984b). *Christian Century* 101 (1984), 1069–70.

BUCKLEY, James J. "Beyond the Hermeneutical Deadlock." En J. Webster y G. Schner (eds.), *Theology after Liberalism*, 187–203.

———. "Doctrine in the Diaspora." *The Thomist* 49 (1985), 443–59.

———. *Seeking the Humanity of God: Practices, Doctrines, and Catholic Theology*. Collegeville, MN: Liturgical Press, 1992.

BUITENDAG, Johan. "Postliberale teologie as teologiese raamwerk vir die kerk se korporatiewe identiteit." *Hervormde teologiese studies* 58 (2002), 1–25.

BULLOCK, Jeffrey L. "Public Language, Public Conversion: Critical Language Analysis of Conversion and the History of Alcoholics Anonymous." *Saint Luke's Journal of Theology* 31/2 (1988), 127–41.

BUNTFUSS, Markus. "Verlust der Mitte oder Neuzentrierung? Neuere Wege in der Christologie." *Neue Zeitschrift für systematische Theologie und Religionsphilosophie* 46/3 (2004), 348–63.

BURRELL, David B. Recensión de Lindbeck, *The Future of Roman Catholic Theology* (1970c). *Theology Today* 27 (1970), 239–40.

———. Recensión de Lindbeck, *The Nature of Doctrine* (1984b). *Union Seminary Quarterly Review* 39 (1984), 322–24.

BURKE, Ronald R. "Newman, Lindbeck, and Models of Doctrine." En Michael E. Allsopp y Burke (eds.), *John Henry Newman: Theology and Reform*. Nueva York: Garland, 1992, 19–43.

BURNHAM, Frederic B. (ed.). *Postmodern Theology: Christian Faith in a Pluralist World*. San Francisco: HarperSanFrancisco, 1989.

CADY, Linell E. "Identity, Feminist Theory, and Theology." En Rebecca S. Chopp y Sheila Greeve Davaney (eds.), *Horizons in Feminist Theology*. Minneapolis: Fortress Press, 1997, 17–32, 232–34.

———. "Resisting the Postmodern Turn: Theology and Contextualization." En Sheila Greeve Davaney (ed.), *Theology at the End of Modernity: Essays in Honor of Gordon Kaufman*. Philadelphia: Trinity Press, 1991, 81–98.

———. "Theories of Religion in Feminist Theologies." *American Journal of Theology and Philosophy* 13 (1992), 183–93.

CALLAHAN, James. "The Bible Says: Evangelical and Postliberal Biblicism." *Theology Today* 54 (1997), 449–63.

CASAS, Roberto. "La narración, espacio de la fe y la teología." *Iglesia Viva* 220 (2004), 41–54.

CERASI, Enrico. "Teologia Postliberale." (Recensión de Lindbeck, *The Nature of Doctrine* [1984b]). *Protestantesimo* 59 (2004), 322–25.

CHAPMAN, Mark D. "Ideology, Theology, and Sociology: From Kautsky to Meeks." En John W. Rogerson, Margaret Davies, y M. Daniel Carroll R. (eds.), *The Use of the Bible in Ethics*. Sheffield: Sheffield Academic Press (JSOT Supplement Series 207), 1995, 41–65.

CHILDS, Brevard S. "The Canonical Approach and the 'New Yale Theology.'" En Childs, *The New Testament as Canon: An Introduction*. Philadelphia: Fortress Press, 1984, 541–61.

CHOW, Pui-shan. "Post-liberal Theology: Another Approach to Constructing Asian Theology?" *CGST [China Graduate School of Theology] Journal* 42 (2007), 135–51.

CLIFTON, Shane. "The Spirit and Doctrinal Development: A Functional Analysis of the Traditional Pentecostal Doctrine of the Baptism in the Holy Spirit." *Pneuma* 29 (2007), 5–23.

CLOONEY, Francis X. "Reading the World in Christ." En Gavin D'Costa (ed.), *Christian Uniqueness Reconsidered*. Maryknoll, NY: Orbis Books, 1990, 63–80.

COLOMBO, J. A. "Rahner and His Critics: Lindbeck and Metz." *The Thomist* 56(1992), 71–96.

COMSTOCK, Gary L. "Two Types of Narrative Theology." *Journal of the American Academy of Religion* 55 (1987), 687–717.

CONGAR, Yves. Recensión de Lindbeck, *Le Catholicisme a-t-il un avenir? Un point de vue protestant* (1970c). *Revue des Sciences Philosophiques et Théologiques* 57 (1973), 496–98.

CONRADIE, Ernst M. "How Should a Public Way of Doing Theology be Approached?" *Scriptura* 46 (1993), 24–49.

CONWAY, Gerald W. Recensión de Lindbeck, *The Future of Roman Catholic Theology* (1970c). *Encounter* 31 (1970), 298–99.

CORNER, Mark. Recensión de Lindbeck, *The Nature of Doctrine* (1984b). *Modern Theology* 3 (1986), 110–13.

COWDELL, Scott. "Radical Theology, Postmodernity, and Christian Life in the Void." *Heythrop Journal* 32 (1991), 62–71.

CRANE, Richard. "Postliberals, Truth, *Ad Hoc* Apologetics, and (Something Like) General Revelation." *Perspectives in Religious Studies* 30 (2003), 29–53.

CRANSTON, W. S. Recensión de Lindbeck, *The Church in a Postliberal Age* (2003a). *Consensus* 30 (2005), 134–35.

CROSSEN, Frederick. "Reconsidering Aquinas as Postliberal Theologian." *The Thomist* 56 (1992), 481–98.

CUMMINGS, Owen F. "Cyril of Jerusalem as a Postliberal Theologian." *Worship* 67 (1993), 155–64.

———. "Toward a Postliberal Religious Education." *Living Light* 28 (1992), 315–24.

CUNNINGHAM, David S. *Faithful Persuasion: In Aid of a Rhetoric of Christian Theology*. Notre Dame, IL: Notre Dame University Press, 1990.

DAVIS, Charles. Recensión de Lindbeck, *The Nature of Doctrine* (1984b). *Journal of Ecumenical Studies* 22 (1985), 337.

DEAN, William. "Humanistic Historicism and Naturalistic Historicism." En Sheila Greeve Davaney (ed.), *Theology at the End of Modernity: Essays in Honor of Gordon Kaufman*. Philadelphia: Trinity Press, 1991, 41–59.

DEEKEN, Andreas. *Glaube ohne Begründung? Zum Rationalitätskonzept in George Lindbecks Entwurf einer postliberalen Theologie.* Münster: Lit-Verlag, 1998.

DEHART, Paul. *The Trial of the Witnesses: The Rise and Decline of Postliberal Theology.* Malden, MA, y Oxford, UK: Blackwell Publishing, 2006.

DETWEILER, R. "Postmodernism." En Alister E. McGrath (ed.), *The Blackwell Encyclopedia of Modern Christian Thought.* Oxford, UK: Blackwell, 1993, 456–61.

DILLENBERGER, John. "Contemporary Theologians and the Visual Arts." *Journal of the American Academy of Religion* 53 (1985), 599–615.

DORRIEN, Gary. "A Third Way in Theology? The Origins of Postliberalism." *Christian Century* 118 (2001), 16–21.

———. *The Remaking of Evangelical Theology.* Louisville, KY: Westminster John Knox Press, 1998, 185–209.

DOYLE, D. M. "The Contribution of a Lifetime: George Lindbeck's *The Church in a Postliberal Age.*" *Modern Theology* 21 (2005), 157–62.

DULLES, Avery, SJ. "Paths to Doctrinal Agreement: Ten Theses." *Theological Studies* 47 (1986), 32–47.

———. Recensión de Lindbeck, *The Church in a Postliberal Age* (2003a). *First Things* 136 (2003), 57–61.

———. Recensión de Lindbeck, *The Future of Roman Catholic Theology* (1970c). *Journal of the American Academy of Religion* 39 (1971), 570–71.

———. "Zur Überwindbarkeit von Lehrdifferenzen: Überlegungen aus Anlass zweier neuerer Lösungsvorschläge." *Theologische Quartalschrift* 166 (1986), 278–89.

ECKERSTORFER, Andreas. "George Lindbeck." En Adrian Hastings et al. (ed.), *The Oxford Companion to Christian Thought.* Oxford, UK: Oxford University Press, 2000, 391.

———. *Kirche in der postmodernen Welt: Der Beitrag George Lindbecks zu ein neuen Verhältnisbestimmung.* Innsbruck y Vienna: Tryolia-Verlag, 2001.

———. Recensión de A. Deeken, *Glaube ohne Begründung? Zum Rationalitätskonzept in George Lindbecks Entwurf einer postliberalen Theologie. Theologisch-praktische Quartalschrift* 148 (2000), 329–30.

———. Recensión de Lindbeck, *Christliche Lehre als Grammatik des Glaubens* (1984b). *Theologisch-praktische Quartalschrift* 145 (1997), 180–82.

ECKERSTORFER, Bernard A. "The One Church in the Postmodern World: Reflections on the Life and Thought of George Lindbeck." *Pro Ecclesia* 13 (2004), 399–423; francés: "L'Église une dans le monde postmoderne: Herméneutique, concepts et perspectives dans l'oeuvre de George Lindbeck." En Marc Boss, Gilles Emery, y Pierre Gisel (eds.), *Postlibéralisme? La théologie de George Lindbeck et sa reception.* Ginebra: Labor et Fides, 11–37. "Ecumenical Award Given to *JES* Editor." *Journal of Ecumenical Studies* 9 (1972), 692–93.

EIBACH-DANZEGLOCKE, Swantje. *Theologie als Grammatik? Die Wittgensteinrezeptionen D. Z. Phillips' und George A. Lindbecks und ihre Impulse für theologisches Arbeiten.* Frankfurt am Main: Lang, 2002.

EMERY, Gilles. "L'intérêt de théologiens catholiques pour la proposition postlibérale de George Lindbeck." En Marc Boss, Gilles Emery, y Pierre Gisel (eds.), *Postlibéralisme? La théologie de George Lindbeck et sa reception.* Ginebra: Labor et Fides, 39–57.

————. "Thomas d'Aquin postlibéral? La lecture de saint Thomas par George Lindbeck." En Boss, Emery, y Gisel, *Postlibéralisme?*, 85–111. Inglés: "Thomas Aquinas Postliberal? George Lindbeck's Reading of St. Thomas." En Gilles Emery, OP, *Trinity, Church, and the Human Person: Thomistic Essays* (Naples, FL: Sapientia Press of Ave Maria University, 2007), 263–90.

EMMANUEL, Steven M. "Kierkegaard on Doctrine: A Post-Modern Interpretation." *Religious Studies* 25 (1989), 363–78.

ERIKSSON, Stefan. "Refining the Distinction between Modern and Postmodern Theologies: The Case of Lindbeck." *Studia theologica* 56/2 (2002), 152–63.

FACKRE, Gabriel J. Recensión de Lindbeck, *The Future of Roman Catholic Theology* (1970c). *Religion in Life* 39 (1970), 620–21.

FASER, Robert J. "The Normality of Change in Christian Theology." Recensión de Lindbeck, *The Nature of Doctrine* (1984b). *St. Mark's Review* 144 (1991), 32–35.

FERGUSSON, David. "Meaning, Truth, and Realism in Bultmann and Lindbeck." *Religious Studies* 26 (1990), 183–98.

FISHER, Paul. "The Triumph of the Irrational in Postenlightenment Theology." *Andrews University Seminary Studies* 37/1 (1999), 5–22.

FLETCHER, Jeannine Hill. "As Long as We Wonder: Possibilities in the Impossibility of Interreligious Dialogue." *Theological Studies* 68 (2007), 531–54.

————. "Ultimacy and Identity: Karl Rahner and George Lindbeck on Religious Pluralism." Tesis, Harvard University, 2001.

FODOR, James. *Christian Hermeneutics: Paul Ricoeur and the Refiguring of Theology.* Oxford, UK: Clarendon Press, 1995.

————. "Postliberal Theology." En David F. Ford y Rachel Muers (eds.), *Modern Theologians*. 3rd ed. Oxford: Blackwell, 2005, 229–48.

FORD, David F. Recensión de Lindbeck, *The Nature of Doctrine* (1984b). *Journal of Theological Studies* 37 (1986), 277–82.

————. "'The Best Apologetics Is Good Systematics': A Proposal about the Place of Narrative in Christian Systematic Theology." *Anglican Theological Review* 67 (1985), 232–54.

FORD, John T. Recensión de Lindbeck, *The Future of Roman Catholic Theology* (1970c). *Journal of Ecumenical Studies* 8 (1971), 152.

FOWL, Stephen E. Recensión de Lindbeck, *The Church in a Postliberal Age* (2003a). *Pro Ecclesia* 13 (2004), 497–99.

FREDERICKS, James L. "A Universal Religious Experience? Comparative Theology as an Alternative to a Theology of Religions." *Horizons* 22 (1995) 67–87.

FREI, Hans. "Epilogue: George Lindbeck and *The Nature of Doctrine*." En B. Marshall (ed.), *Theology and Dialogue*, 275–82.

GARRETT, Graeme. "Rule 4? Gender Difference and the Nature of Doctrine." *Pacifica* 10 (1997), 173–86.

GASCOIGNE, Robert. "The Relation between Text and Experience in Narrative Theology of Revelation." *Pacifica* 5 (1992), 43–58.

GERRISH, B. A. Recensión de Lindbeck, *The Nature of Doctrine* (1984b). *Journal of Religion* 56 (1988), 87–92.

GERSTNER, John H. Recensión de Lindbeck, *The Future of Roman Catholic Theology* (1970c). *Perspective* (Pittsburgh) 13 (1972), 90.

GOH, Jeffrey Choo-Kee. *Christian Tradition Today: A Postliberal Vision of Church and World.* Louvain Theological and Pastoral Monographs. Grand Rapids: Eerdmans, 2000.

GREEN, Garrett. "Kant as Christian Apologist: The Failure of Accommodationist Theology." *Pro Ecclesia* 4 (1995), 01–17.

GREER, Robert Charles. "Lindbeck on the Catholicity of the Church: The Problem of Foundationalism and Realism in George A. Lindbeck's Ecumenical Methodology." Tesis, Marquette University, 2000.

GREEVE DAVANEY, Sheila. "Opinions in Post-Modern Theology." *Dialog* 26 (1987), 196–200.

GREEVE DAVANEY, Sheila, and Delwin Brown. "Postliberalism." En Alister E. McGrath (ed.), *The Blackwell Encyclopedia of Modern Christian Thought.* Oxford, UK, y Cambridge, MA: Blackwell, 1993, 453–56.

GRIFFITHS, Paul J. "An Apology for Apologetics." *Faith and Philosophy* 5/4 (1988), 399–420.

GUALTIERI, Antonio R. "Doctrines, Implicit Beliefs, and Cosmologies in Recent Religious Studies." En Klaus K. Klostermair y Larry W. Hurtado (eds.), *Religious Studies: Issues, Prospects, and Proposals.* Atlanta: Scholars Press, 1991, 225–46.

GUSTAFSON, James. "The Sectarian Temptation: Reflections on Theology, the Church, and the University." *Proceedings of the Catholic Theological Society of America* 40 (1985), 83–94.

HAILER, Martin. Recensión de Lindbeck, *Christliche Lehre als Grammatik des Glaubens* (1984b). *Ökumenische Rundschau* 46 (1997), 118–19.

HARMON, Steven R. "The Authority of the Community (of All the Saints): Toward a Postmodern Baptist Hermeneutic of Tradition." *Review and Expositor* 100 (2003), 587–621.

HASTINGS, Thomas John. "George Lindbeck and Thomas F. Torrance on Christian Language and the Knowledge of God." En John D. Kuentzel y Dana R. Wright (eds.), *Redemptive Transformation in Practical Theology.* Grand Rapids: Eerdmans, 2004, 252–78.

HAUERWAS, Stanley. *Against the Nations: War and Survival in a Liberal Society.* Notre Dame, IN: University of Notre Dame Press, 1992.

HAUERWAS, Stanley, y L. Gregory Jones. Recensión de Lindbeck, *The Nature of Doctrine* (1984b). *Books and Religion* 13 (1985), 7.

HAUERWAS, Stanley, y William H. Willimon. "Embarassed by God's Presence." *Christian Century* 102 (1985), 98–100.

HEBBLETHWAITE, Brian L. "God and Truth." *Kerygma und Dogma* 40 (1994), 2–19.

HEIM, S. Mark. Recensión de Lindbeck, *The Nature of Doctrine* (1984b). *Christian Scholar's Review* 14 (1985), 393–94.

HEYER, Kristin E. "How Does Theology Go Public? Rethinking the Debate between David Tracy and George Lindbeck." *Political Theology* 5 (2004), 307–27.

HIGGINS, Gregory C. "The Significance of Postliberalism for Religious Education." *Religious Education* 84 (1989), 77–89.

HIGTON, Mike. "Frei's Christology and Lindbeck's Cultural-Linguistic Theory." *Scottish Journal of Theology* 50 (1997), 83–95.

HINZE, Bradford E. "Reclaiming Rhetoric in the Christian Tradition." *Theological Studies* 57 (1996), 481–99.

HINZE, Bradford E., y George P. Schner. "Postliberal Theology and Roman Catholic Theology." *Religious Studies Review* 21 (1995), 299–310.

HOFFMAN, Bengt R. "Luther and the Mystical." *Journal of Religion and Psychical Research* 5 (1982), 163–76.

HOLLAND, Scott. "How Do Stories Save Us? Two Contemporary Theological Responses." *Conrad Grebel Review* 12 (1994), 131–53.

HORST, Mark L. "Engendering the Community of Faith in an Age of Individualism: A Recensión de George Lindbeck, *The Nature of Doctrine: Religion and Theology in a Postliberal Age*." *Quarterly Review* 8 (1988), 89–97.

HOVEY, Craig. "Story and Eucharist: Postliberal Reflections on Anabaptist Nachfolge." *Mennonite Quarterly Review* 75 (2001), 315–24.

———. "Truth in Wittgenstein, Truth in Lindbeck." *Asbury Theological Journal* 56–57 (2001–2002), 137–42.

HOWE, Leroy T. Recensión de Lindbeck, *The Future of Roman Catholic Theology* (1970c). *Perkins School of Theology Journal* 23 (1970), 35–36.

HUNSINGER, George. "Postliberal Theology." En Kevin J. Vanhoozer (ed.), *The Cambridge Companion to Postmodern Theology*. Cambridge y Nueva York: Cambridge University Press, 2003, 42–57.

———. "Truth as Self-Involving: Barth and Lindbeck on the Cognitive and Performative Aspects of Truth in Theological Discourse." *Journal of the American Academy of Religion* 61 (1993), 41–56. Reeditado en *Disruptive Grace: Studies in the Theology of Karl Barth* (Grand Rapids: Eerdmans, 2000), 305–18.

HÜTTER, Reinhard. *Theologie als kirchliche Praktik: Zur Verhältnisbestimmung von Kirche, Lehre und Theologie*. Gütersloh: Chr. Kaiser, 1997. Inglés: *Suffering Divine Things: Theology as Church Practice*. Traducido por Doug Stott. Grand Rapids: Eerdmans, 1999.

HUYSSTEEN, J. Wentzel van. *Essays in Postfoundationalist Theology*. Grand Rapids: Eerdmans, 1997.

INMAN, Anne E. *Evidence and Transcendence: Religious Epistemology and the God-World Relationship*. Notre Dame, IN: University of Notre Dame Press, 2008.

JACKSON, Timothy P. "Against Grammar." Recensión de Lindbeck, *The Nature of Doctrine* (1984b). *Religious Studies Review* 11 (1985), 140–45.

JACOBITZ, Gerard. "Earthly Manifolds/Heavenly Identities: Metaphor and Christian Revelation." En Guy Mansini, OSB, y James G. Hart (eds.), *Ethics and Theological Disclosures: The Thought of Robert Sokolowski*. Washington, DC: Catholic University of America Press, 2003, 55–68.

JOHNSON, Clare V. "Paradigms of Translation." *Worship* 77 (2003), 151–70.

JOHNSON, William. Recensión de Lindbeck, *The Future of Roman Catholic Theology* (1970c). *Anglican Theological Review* 54 (1972), 31–33.

JORDAHL, Leigh. Recensión de Lindbeck, *The Future of Roman Catholic Theology* (1970c). *Dialog* 12 (1973), 71–72.

JOVEN, Fernando. "La propuesta de Lindbeck acerca de las *doctrinas religiosas*. Hacia una visión postliberal de la Teología." *Estudio Agustiniano* 32 (1997), 431–498.

KALLENBERG, Brad J. "Unstuck from Yale: Theological Method after Lindbeck." *Scottish Journal of Theology* 50 (1997), 191–218.

KAMITSUKA, David G. "The Justification of Religious Belief in the Pluralistic Public Realm: Another Look at Postliberal Apologetics." *Journal of Religion* 76 (1996),588–606.

———. "Salvation, Liberation, and Christian Character Formation: Postliberal and Liberation Theologians in Dialogue." *Modern Theology* 13 (1997), 171–89.

KANG, Phee Seng. "Doctrine and Truth in a Postliberal Understanding." *CGST [China Graduate School of Theology] Journal* 22 (1997), 141–66.

KASPER, Walter. "¿Una dogmática postmoderna?" *Communio* 12 (1990), 149–58.

KAUFMAN, Gordon D. Recensión de Lindbeck, *The Nature of Doctrine* (1984b). *Theology Today* 42 (1985), 240–41.

KEIFERT, Patrick R. Recensión de Lindbeck, *The Nature of Doctrine* (1984b). *Word and World* 5 (1985), 338–39, 342–44.

KELLY, Thomas M. "Epilogue: The Challenge of Postmodernism and Fundamental Theology." En H. Fries, *Fundamental Theology*. Washington, DC: Catholic University of America Press, 1996, 634–54.

———. *Theology at the Void: The Retrieval of Experience*. Notre Dame, IN: University of Notre Dame Press, 2002.

KELSEY, David. "Church Discourse and Public Realm." En B. Marshall (ed.), *Theology and Dialogue*, 7–33.

KENNEDY, Joseph. "A Critical Analysis of George A. Lindbeck's *The Nature of Doctrine*." Diss., University of Oxford, 2006.

KITCHENER, Michael. Recensión de Lindbeck, *The Nature of Doctrine* (1984b). *Theology* 89 (1986), 51–53.

KNAPP, Markus. "Postmoderne Dogmatik? Überlegungen zu einer Grundlagendiskussion im Anschluss an einen Vorschlag von George A. Lindbeck." *Münchener Theologische Zeitschrift* 45 (1994), 1–10.

KORT, Wesley A. *"Take, Read": Scripture, Textuality, and Cultural Practice*. University Park, PA: Pennsylvania State University Press, 1996.

KÖRTNER, Ulrich H. J. *Evangelische Sozialethik: Grundlagen und Themenfelder*. Göttingen: Vandenhoeck & Ruprecht, 1999.

KREINER, Armin. "Versöhnung ohne Kapitulation: Überlegungen zu George A. Lindbecks 'The Nature of Doctrine.'" *Catholica* 46 (1992), 307–2l.

LaCUGNA, Catherine M. *God for Us: The Trinity and Christian Life*. San Francisco: HarperSanFrancisco, 1993.

LAKELAND, Paul. *Postmodernity: Christian Identity in a Fragmented Age*. Minneapolis: Fortress Press, 1997.

LANE, Tony. *A Concise History of Christian Thought*. Grand Rapids: Baker Academic, 2006.

LASH, Nicholas. Recensión de Lindbeck, *The Nature of Doctrine* (1984b). *New Blackfriars* 66 (1985), 509–10.

———. "When Did the Theologians Lose Interest in Theology?" En B. Marshall (ed.), *Theology and Dialogue*, 131–48.

LeFEVRE, Perry. Recensión de Lindbeck, *The Nature of Doctrine* (1984b). *Chicago Theological Seminary Register* 74 (1984), 37–38.

LEITHART, Peter J. "Marcionism, Postliberalism, and Social Christianity." *Pro Ecclesia* 8 (1999), 85–97.

LINTS, Richard. "The Postpositivist Choice: Tracy or Lindbeck?" *Journal of the American Academy of Religion* 61 (1993), 655–77.

LIVINGSTON, James C. "Christian Thought at the End of the Twentieth Century." En Livingston, Francis Schüssler Fiorenza, et al., *Modern Christian Thought*, vol. 2: *The Twentieth Century*. Upper Saddle River, NJ: Prentice-Hall, 2000, 493–533.

LOUGHLIN, Gerard. *Telling God's Story: Bible, Church, and Narrative Theology*. Cambridge, UK: Cambridge University Press, 1996.

LOVIN, Robin W. "When the Church Is a Church: Doctrinal Standards in Denominational Contexts." *Drew Gateway* 57 (1987), 1–15.

LYSAUGHT, M. T. Recensión de Lindbeck, *The Church in a Postliberal Age* (2003a). *Horizons* 31 (2004), 445–46.

MANNION, M. Francis. "The Marian Formation of Christians: A Pastoral Perspective." *Marian Studies* 45 (1994), 9–31.

———. "Modern Culture and the Monastic Paradigm." *Communio* 20 (1993), 503–27.

———. "Monasticism and Modern Culture: III. The Labor of Tradition—Monasticism as a Cultural System." *American Benedictine Review* 44 (1993), 290–307.

MARSHALL, Bruce D. "Absorbing the World: Christianity and the Universe of Truths." En Marshall (ed.), *Theology and Dialogue*, 69–102.

———. "Aquinas as Postliberal Theologian." *The Thomist* 53 (1989), 353–402.

———. "George Lindbeck." En Donald W. Musser y Joseph L. Price (eds.), *A New Handbook of Christian Theologians*. Nashville: Abingdon Press, 1996, 271–77.

———. "Lindbeck Abroad." *Pro Ecclesia* 15 (2006), 223–41.

———. "Lindbeck on What Theology Is." *Dialog* 31 (1992), 44–47.

——— (ed.). *Theology and Dialogue: Essays in Conversation with George Lindbeck*. Notre Dame, IN: University of Notre Dame Press, 1990.

MARTINSON, Paul Varo. "Speaking the Truth: Contemporary Approaches to Religious Pluralism." *Lutheran World Federation Report* 23/24 (1988), 40–73.

MARTY, Martin E. *Modern American Religion*, vol. 3: *Under God Invisible, 1941–1960*. Chicago: University of Chicago Press, 1996, 206.

MASSA, James. "The Communion Theme in the Writings of Joseph Ratzinger: Unity in the Church and in the World through Sacramental Encounter." Tesis, Fordham University, 1996.

MAY, John D'arcy. "Integral Ecumenism." *Journal of Ecumenical Studies* 25 (1988), 573–91.

McGRATH, Alister. *The Genesis of Doctrine: A Study in the Foundations of Doctrinal Criticism*. Oxford, UK: Blackwell, 1990.

McKIM, Donald K. Recensión de Lindbeck, *The Nature of Doctrine* (1984b). *Reformed Review* 39 (1986), 129–30.

———. Recensión de Lindbeck, *The Nature of Doctrine* (1984b). *Reformed Journal* 36/3 (1986), 18–20.

MEEKS, Wayne A. "A Hermeneutics of Social Embodiment." En George W. E. Nickelsburg y George W. Macrae (eds.), *Christians among Jews and Gentiles: Essays in Honor of Krister Stendahl on His Sixty-fifth Birthday*. Philadelphia: Fortress Press, 1986, 176–86; also in *Harvard Theological Review* 79 (1986), 176–86.

METZGER, Paul Louis. Recensión de Lindbeck, *The Church in a Postliberal Age* (2003a). *Neue Zeitschrift für systematische Theologie und Religionsphilosophie* 45 (2003), 380–81.

MICHALSON, Gordon E. "The Response to Lindbeck." *Modern Theology* 4 (1988), 107–19.

MILBANK, John. *Teología y teoría social. Más allá de la razón secular*. Barcelona: Herder, 2004.

MILLER, Ed. L., y Stanley J. Grenz. "Theology in a Postliberal Age: George Lindbeck." En Miller y Grenz (eds.), *Fortress Introduction to Contemporary Theologies*. Minneapolis: Fortress Press, 1998, 200–216.

MOREROD, Charles. "La contribution de George Lindbeck à la méthodologie oecuménique." En Marc Boss, Gilles Emery, y Pierre Gisel (ed.), *Postlibéralisme? La théologie de George Lindbeck et sa reception*. Ginebra: Labor et Fides, 157–82.

MOULAISON, Jane Barter. *Lord, Giver of Life: Toward a Pneumatological Complement to George Lindbeck's Theory of Doctrine*. Waterloo, ON: Wilfrid Laurier University Press, 2007.

———. Recensión de Lindbeck, *The Church in a Postliberal Age* (2003a). *Toronto Journal of Theology* 19 (2003), 263–65.

MUIS, J. "De Schrift, het dogma en de dogmatiek." *Hervormde teologiese studies* 59/3 (2003), 859–79.

MURCHLAND, Bernard. Recensión de Lindbeck, *The Future of Roman Catholic Theology* (1970c), *Journal of Religion* 53 (1973), 141–43.

MURPHY, David. Recensión de Lindbeck, *The Nature of Doctrine* (1984b). *Nederlands theologisch tijdschrift* 42 (1988), 173–74.

MURPHY, Nancey. *Beyond Liberalism and Fundamentalism: How Modern and Postmodern Philosophy Set the Theological Agenda*. Valley Forge, PA: Trinity Press,1996.

MURPHY, Nancey, y James Wm. McClendon. "Distinguishing Modern and Postmodern Theologies." *Modern Theology* 5 (1989), 191–214.

NEED, Stephen W. "Language, Metaphor, and Chalcedon: A Case of Theological Double Vision." *Harvard Theological Review* 88/2 (1995), 237–55.

NEUHAUS, Richard John. "Is There Theological Life after Liberalism? The Lindbeck Proposal." *Dialog* 24 (1985), 66–72.

———. *The Catholic Moment: The Paradox of the Church in a Postmodern World*. San Francisco: Harper & Row, 1987.

——— (ed.). *Biblical Interpretation in Crisis: The Ratzinger Conference on Bible and Church*. Grand Rapids: Eerdmans, 1989.

NICHOLSON, Hugh. "Comparative Theology after Liberalism." *Modern Theology* 23 (2007), 229–51.

NICHOLSON, Michael W. "Abusing Wittgenstein: The Misuse of the Concept of Language Games in Contemporary Theology." *Journal of the Evangelical Theological Society* 39 (1996), 617–29.

OAKES, Edward T. "Apologetics and the Pathos of Narrative Theology." *Journal of Religion* 72 (1992), 37–58.

OCHS, Peter. "An Introduction to Postcritical Scriptural Interpretation." En Ochs (ed.), *The Return to Scripture in Judaism and Christianity: Essays in Postcritical Scriptural Interpretation*. Nueva York: Paulist Press, 1993, 3–51.

———. "Books on Jewish-Christian Dialogue: George Lindbeck, *The Nature of Doctrine: Religion and Theology in a Postliberal Age*." *Review and Expositor* 103 (2006), 238–39.

———. "Pragmatic Conditions for Jewish-Christian Theological Dialogue." *Modern Theology* 9 (1993), 123–40.

O'CONNOR, Steve. "A Cultural-Linguistic Approach to Worship and Conversion." *Stimulus* 9 (2001), 25–30.

OLSON, Roger E. "Back to the Bible (Almost): Why Yale's Postliberal Theologians Deserve an Evangelical Hearing." *Christianity Today* (May 20, 1996), 31–34.

O'NEILL, Colman E. "The Rule Theory of Doctrine and Propositional Truth." *The Thomist* 49 (1985), 417–42.

PADGETT, Alan. Recensión de Lindbeck, *The Nature of Doctrine* (1984b). *Theological Students Fellowship Bulletin* 8 (1985), 31.

PATTERSON, Sue. *Realist Christian Theology in a Postmodern Age*. Cambridge: Cambridge University Press, 1999.

PECKNOLD, C. C. *Transforming Postliberal Theology: George Lindbeck, Pragmatism, and Scripture*. Londres: T&T Clark International, 2005.

PHILLIPS, Dewi Z. *Faith after Foundationalism*. Londres y Nueva York: Routledge, 1988.

———. "Lindbeck's Audience." *Modern Theology* 4 (1988), 133–54.

PHILLIPS, Timothy R., y Dennis L. Okholm (eds.). *The Nature of Confession: Evangelicals and Postliberals in Conversation*. Downers Grove, IL: InterVarsity Press, 1996.

PINNOCK, Clark. *Tracking the Maze: Finding Our Way through Modern Theology from an Evangelical Perspective*. San Francisco: Harper & Row, 1990.

PITTENGER, W. Norman. Recensión de Lindbeck, *The Future of Roman Catholic Theology* (1970c). *Modern Churchman* 15 (1972), 146–47.

PLACHER, William C. "Paul Ricoeur and Postliberal Theology: A Conflict of Interpretations?" *Modern Theology* 4 (1987), 35–52.

———. "Postliberal Theology." En David F. Ford (ed.), *Modern Theologians*. 2ª ed. Oxford: Blackwell, 1997, 343–56.

———. "Postmodern Theology." En Donald W. Musser y Joseph L. Price (eds.), *A New Handbook of Christian Theology*. Nashville: Abingdon Press, 1992, 372–75.

———. "Revisionist and Postliberal Theologies and the Public Character of Theology." *The Thomist* 49 (1985), 392–416.

———. *Unapologetic Theology: A Christian Voice in a Pluralistic Conversation*. Louisville, KY: Westminster Press, 1989.

PLANTINGA PAUW, Amy. "The Word Is Near You: A Feminist Conversation with Lindbeck." *Theology Today* 50 (1993), 45–55.

POLKINGHORNE, John. *Reason and Reality*. London: SPCK, 1991.

POWER, William L. "Homo Religiosus: From a Semiotic Point of View." *International Journal for Philosophy of Religion* 21/2 (1987), 65–81.

PROUDFOOT, Wayne. "*Regula fidei* and Regulative Idea: Two Contemporary Theological Strategies." En Sheila Greeve Davaney (ed.), *Theology at the End of Modernity*. Philadelphia: Trinity Press International, 1991, 99 –113.

RAMELOW, Tilman. *Beyond Modernism? George Lindbeck and the Linguistic Turn in Theology*. Neuried: Ars Una, 2005.

RAYNAL, Charles E. Recensión de Lindbeck, *The Nature of Doctrine* (1984b). *Interpretation* 41 (1987), 81–85.

RENDTORFF, Trutz. "Karl Barth und die Neuzeit." *Evangelische Theologie* 46 (1986), 298–314.

REUMANN, John. "A New Way for Reading Confessional Documents on Bishops and Ministry?" *Currents in Theology and Mission* 18 (1991), 245–55.

REYNOLDS, Terrence. "Parting Company at Last: Lindbeck and McFague in Substantive Theological Dialogue." *Concordia Theological Quarterly* 63/2 (1999), 97–118.

———. "Walking Apart, Together: Lindbeck and McFague on Theological Method." *Journal of Religion* 77 (1997), 44–67.

RICHARDS, Jay Wesley. "Truth and Meaning in George Lindbeck's *The Nature of Doctrine*." *Religious Studies* 33 (1997), 33–53.

RICHES, John. Recensión de Lindbeck, *The Nature of Doctrine* (1984b). *Modern Churchman* 28 (1985), 64–65.

RIGBY, Paul, John van den Hengel, y Paul O'Grady. "The Nature of Doctrine and Scientific Progress." *Theological Studies* 52 (1991), 669–88.

ROBERTS, J. J. M. "Historical-Critical Method, Theology, and Contemporary Exegesis." En Steven J. Kraftchick, Charles D. Meyers, y Ben C. Ollenburger (eds.), *Biblical Theology: Problems and Perspectives*. Nashville: Abingdon Press 1995, 131–41.

ROOT, Michael. "Truth, Relativism, and Postliberal Theology." *Dialog* 25 (1986), 175–80.

SAARINEN, Risto. *God and the Gift: An Ecumenical Theology of Giving*. Collegeville, MN: Liturgical Press, 2005.

———. "Forgiveness, the Gift, and Ecclesiology." *Dialog* 45 (2006), 55–62.

SCALISE, Charles J. "Agreeing on Where We Disagree: Lindbeck's Postliberalism and Pastoral Theology." *Journal of Pastoral Theology* 8 (1998), 43–51.

SCHNEIDERS, Sandra M. "Does the Bible Have a Postmodern Message?" En F. Burnham (ed.), *Postmodern Theology*, 56–73.

SCHÜSSLER FIORENZA, Francis. "Religion: A Contested Site in Theology and the Study of Religion." *Harvard Theological Review* 93 (2000), 7–34.

SCOTT, David A. "Anglican and Episcopal Theologians: A Usable Past for Postliberal Theology." *Anglican and Episcopal History* 56 (1987), 7–26.

SEARLE, Mark. "Issues in Christian Initiation: Uses and Abuses of the RCIA." *Living Light* 22 (1986), 199–214.

SGROI, Placido. "In Dialogo con George A. Lindbeck: La Traduzione Italiana de La Natura della Doctrina." *Studi Ecumenici* 23 (2005), 125–36.

SHELLEY, Jack C., Jr. Recensión de Lindbeck, *The Nature of Doctrine* (1984b). *Perspectives in Religious Studies* 12 (1985), 54–56.

SHULTS, F. LeRon. *The Postfoundationalist Task of Theology: Wolfhart Pannenberg and the New Theological Rationality*. Grand Rapids: Eerdmans, 1999.

SIGNER, Michael A. "Searching the Scriptures: Jews, Christians, and the Book." En Tikva Simone Frymer-Kensky et al. (eds.), *Christianity in Jewish Terms*. Boulder, CO: Westview Press, 2000, 85–98.

SLATER, Peter. "Lindbeck, Hick, and the Nature of Religious Truth." *Studies in Religion/ Sciences Religieuses* 24 (1995), 59–75.

SLOYAN, Gerard S. Recensión de Lindbeck, *The Future of Roman Catholic Theology* (1970c). *Worship* 44 (1970), 376–77.

SMITH, Brian K. "Christianity as a Second Language: Rethinking Mission in the West." *Theology Today* 53 (1997), 439–48.

SMITH, Harmon L. *Where Two or Three Are Gathered: Liturgy and the Moral Life*. Cleveland: Pilgrim Press, 1995.

SOMMERVILLE, C. John. "Is Religion a Language Game? A Real World Critique of the Cultural-Linguistic Theory." *Theology Today* 51 (1995), 594–99.

SPONHEIM, Paul R. "The Word in the World Is True." *Dialog* 25 (1986), 167–74.

STACKHOUSE, Max L. "Liberalism Dispatched vs. Liberalism Engaged." *Christian Century* 112 (1995), 962–67.

STELL, Stephen L. "Hermeneutics in Theology and the Theology of Hermeneutics: Beyond Lindbeck and Tracy." *Journal of the American Academy of Religion* 61 (1993), 679–702.

STONE, Jerome A. "The Anglo-American Paradigm: Lost and Found in Current Theology." *Hervormde teologiese studies* 52 (1996), 415–30.

———. "Philip Hefner and the Modernist/Postmodernist Divide." *Zygon* 39 (2004), 755–72.

STOSCH, Klaus von. *Glaubensverantwortung in doppelter Kontingenz: Untersuchungen zur Verortung fundamentaler Theologie nach Wittgenstein*. Diss., Bonn, 2000.

SURIN, Kenneth. "Many Religions and the One True Faith: An Examination of Lindbeck's Chapter Three." *Modern Theology* 4 (1988), 187–209.

———. *The Turnings of Darkness and Light*. Cambridge: Cambridge University Press, 1989.

TAMBOUR, Hans-Joachim. *Theologischer Pragmatismus: Semiotische Überlegungen zu George A. Lindbecks kulturell-sprachlichen Ansatz*. Munich: LIT, 2003.

TANNER, Kathryn. *Theories of Culture: A New Agenda for Theology*. Minneapolis: Fortress Press, 1997.

THIEL, John E. *Imagination and Authority: Theological Authorship in the Modern Tradition*. Minneapolis: Fortress Press, 1991.

———. *Nonfoundationalism*. Minneapolis: Fortress Press, 1994.

———. Recensión de Lindbeck, *The Nature of Doctrine* (1984b). *Heythrop Journal* 29 (1988), 107–9.

———. "Theological Authorship: Postmodern Alternatives?" *Heythrop Journal* 30 (1989), 32–50.

THIEMANN, Ronald F. "Response to George Lindbeck." *Theology Today* 43 (1986), 377–82.

THOMAS, Günter. "Religionstheorie und Theologie in einer nachliberalen Zeit: George A. Lindbecks Entwurf der christlichen Lehre als Grammatik des Glaubens und der Religion als kulturelles Symbolsystem." *Berliner Theologische Zeitschrift* 12 (1996), 285–93.

THOMAS, Owen C. "On Stepping Twice into the Same Church: Essence, Development, and Pluralism." *Anglican Theological Review* 70 (1988), 293–306.

———. Recensión de Lindbeck, *The Nature of Doctrine* (1984b). *Anglican Theological Review* 67 (1985), 106–8.

THOMPSON, Geoffrey. "A Question of Posture: Engaging the World with Justin Martyr, George Lindbeck, and Hans Frei." *Pacifica* 13 (2000), 267–87.

THUESEN, Peter J. "George Lindbeck on Truth." *Lutheran Quarterly* 10 (1996), 47–58.

TILLEY, Terrence W. "Der Gegenwart einen Namen geben." *Concilium* 26 (1990), 41–57.

———. "Incommensurability, Intratextuality, and Fideism." *Modern Theology* 5 (1989), 87–111.

———. *Postmodern Theologies: The Challenge of Religious Diversity.* Maryknoll, NY: Orbis Books, 1995.

———. Recensión de Lindbeck, *The Church in a Postliberal Age* (2003a). *Commonweal* 130 (2003), 21–23.

TRACY, David. "Lindbeck's New Program for Theology: A Reflection." *The Thomist* 49 (1985), 460–72.

———. "The Uneasy Alliance Reconceived: Catholic Theological Method, Modernity, and Postmodernity." *Theological Studies* 50 (1989), 548–70.

TRIPOLE, Martin R. Recensión de Lindbeck, *The Nature of Doctrine* (1984b). *Theological Studies* 46 (1985), 384.

TRUE, Marina. "Static Meaning in Neutral Territory: Clifford Geertz's Thought on Religion Applied to Christian Mission and Theology." *Missionalia* 31 (2003), 518–41.

ULRICH, Hans G., y Reinhard Hütter. "Einführung in die deutsche Ausgabe." En Lindbeck, *Christliche Lehre als Grammatik des Glaubens: Religion und Theologie im postliberalen Zeitalter.* Gütersloh: Chr. Kaiser, 1994, 7–15.

VAJTA, Vilmos. Recensión de Lindbeck, *The Future of Roman Catholic Theology* (1970c). *Lutheran World* 18 (1971), 301.

VENTIS, Haralambos. "Toward Apophatic Theological Realism: An Orthodox Realistic Critique of Postmodernism with Special Attention to the Work of George Lindbeck." Tesis, Boston University, 2001.

VIGNAUX, Paul. "L'avenir de la théologie catholique vu par un luthérien." En A. Vital Mbadu Kwalu (ed.), *Dieu connu en Jésus-Christ: Une approche paulienne d'après l'Épître aux Romains.* Paris: Éditions du Seuil, 1973, 115–18.

VOLF, Miroslav. "Theologie, Sinn, Macht." En Carmen Krieg, Thomas Kucharz, y Volf (eds.), *Die Theologie auf dem Weg in das dritte Jahrtausend* (Festschrift for Jürgen Moltmann). Gütersloh: Chr. Kaiser, 1996, 126–45; inglés: "Theology, Meaning, and Power." En Grieg, Kucharz, y Volf (eds.), *The Future of Theology: Essays in Honor of Jürgen Moltmann.* Grand Rapids: Eerdmans, 1996, 98–113.

WAINWRIGHT, Geoffrey. "Bemerkungen aus Amerika zu Dietrich Ritschls 'Logik der Theologie.'" *Evangelische Theologie* 46 (1986), 555–61.

———. "Ecumenical Dimensions of Lindbeck's 'Nature of Doctrine.'" *Modern Theology* 4 (1988), 121–33.

WALLACE, Mark. "The New Yale Theology." *Christian Scholar's Review* 17 (1987), 154–70.

————. *The Second Naiveté: Barth, Ricoeur, and the New Yale Theology*. Macon, GA: Mercer University Press, 1990.

WARREN, Virgil. Recensión de Lindbeck, *The Nature of Doctrine* (1984b). *Journal of the Evangelical Theological Society* 29 (1986), 325.

WATSON, Francis. *Text, Church, and World: Biblical Interpretation in Theological Perspective*. Grand Rapids: Eerdmans, 1994.

WEAVER, J. Denny. "Mennonites: Theology, Peace, and Identity." *Conrad Grebel Review* 6 (1988), 119–45.

————. Recensión de Lindbeck, *The Nature of Doctrine* (1984b). *Conrad Grebel Review* 3 (1985), 221–24.

WEBSTER, John. "Theology after Liberalism?" En Webster y P. Schner (eds.), *Theology after Liberalism*, 52–61.

WEBSTER, John, y George P. Schner (ed.). *Theology after Liberalism. A Reader*. Oxford, UK, y Malden, MA: Blackwell, 2000.

WENZEL, Knut. *Zur Narrativität des Theologischen: Prolegomena zu einer narrativen Texttheorie in soteriologischer Hinsicht*. Frankfurt: Lang, 1997, 154.

WERPEHOWSKI, William. "Ad Hoc Apologetics." *Journal of Religion* 66 (1986), 282–301.

WICKS, Jared. "Biblical Criticism Criticized." *Gregorianum* 72 (1991), 117–28.

WIEDENHOFER, Siegfried. Recensión de Lindbeck, *The Nature of Doctrine* (1984b). *Theologische Revue* 84 (1988), 47–49.

WIERTZ, Oliver J. "George A. Lindbecks Entwurf einer postliberalen Theologie: Ein neues Paradigma der Theologie?" *Reflektierter Glaube*. Egelsbach: Verlag Dr. Hänsel- Hohenhausen, 1999, 109–30.

WILES, Maurice F. "Scriptural Authority and Theological Construction: The Limitations of Narrative Interpretation." En Garrett Green (ed.), *Scriptural Authority and Narrative Interpretation* (Festschrift for Hans Frei). Philadelphia: Fortress Press, 1987, 42–58.

WILLIAMS, Rowan D. "Postmodern Theology and the Judgment of the World." En F. Burnham (ed.), *Postmodern Theology*, 92–112.

WILLIAMS, Stephen. "Lindbeck's Regulative Christology." *Modern Theology* 4 (1988), 174–86.

WILLIMON, William H. "Answering Pilate: Truth and the Postliberal Church." *Christian Century* 104 (1987), 82–85.

WOOD, Charles M. Recensión de Lindbeck, *The Nature of Doctrine* (1984b). *Religious Studies Review* 11 (1985), 235–40.

————. "Theological Hermeneutics." *Quarterly Review* 7 (1987), 91–100.

YEAGO, David S. Recensión de Lindbeck, *The Nature of Doctrine* (1984b). *Lutheran Forum* 18/3 (1984), 29–32.

ZORN, Hans. "Grammar, Doctrines, and Practice." *Journal of Religion* 75 (1995), 509–20.

ÍNDICE DE MATERIAS